カクテル完全ガイド

うまいつくり方の方程式

池田書店

目次

カクテルの材料カタログ

第2章 カクテル・カタログ 55

第3章 カクテルの基礎知識 219

色と見た目で選べる

ベース別インデックス

名前だけではイメージできないカクテルも
見た目とベースの酒がわかれば選びやすいはず。
気になるカクテルを見つけたら、詳細ページへGo!

※丸の中の数字は掲載ページ。

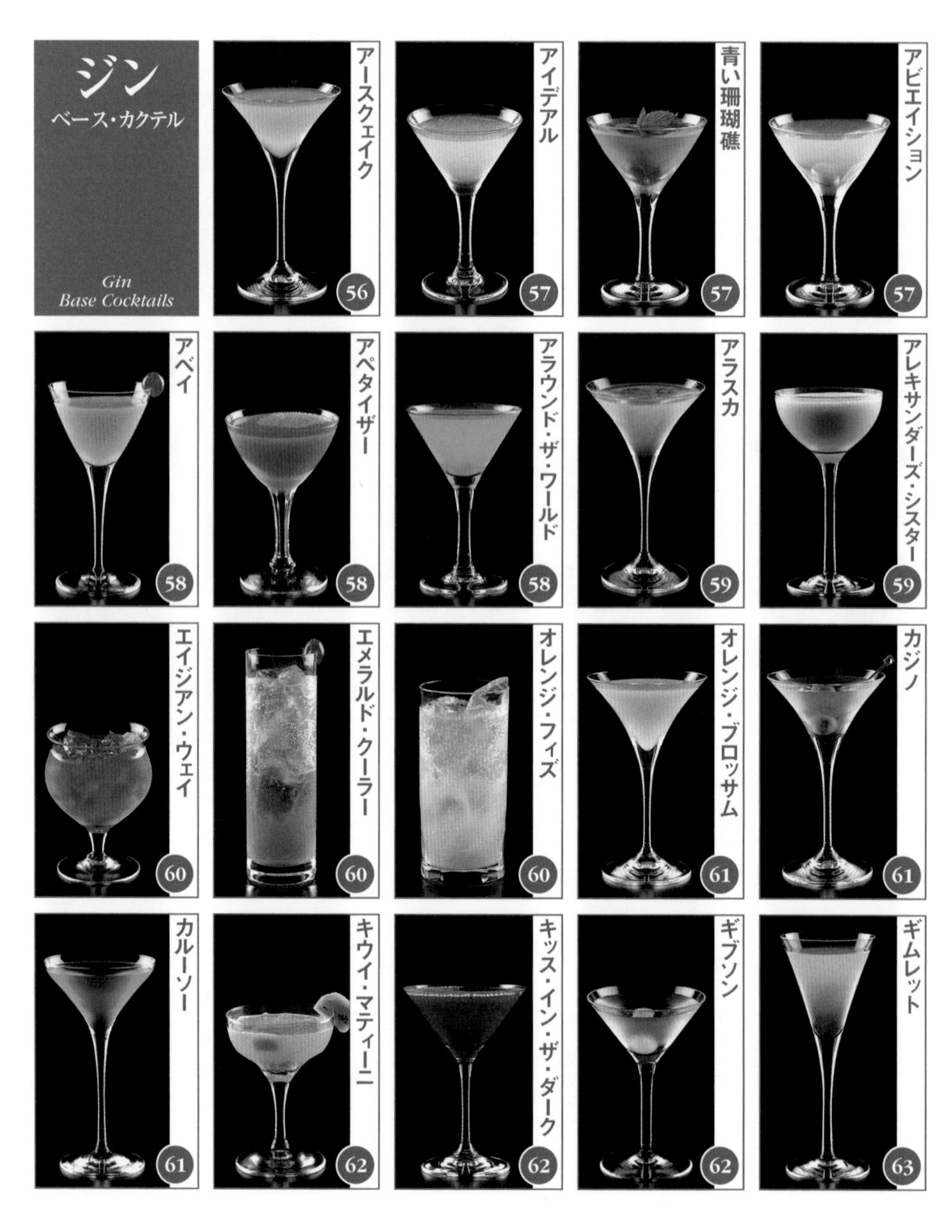

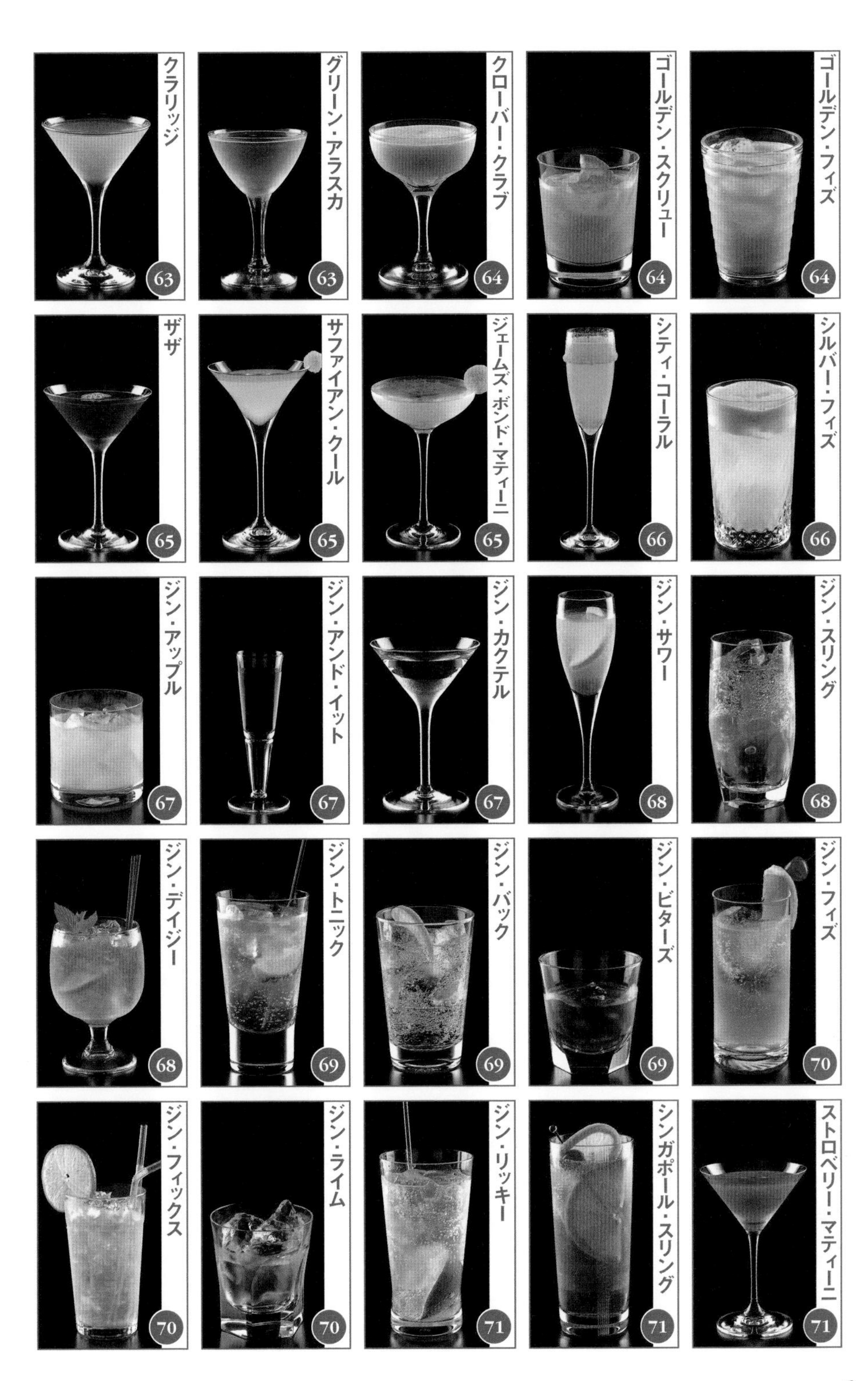
クラリッジ
63
グリーン・アラスカ
63
クローバー・クラブ
64
ゴールデン・スクリュー
64
ゴールデン・フィズ
64
ザザ
65
サファイアン・クール
65
ジェームズ・ボンド・マティーニ
65
シティ・コーラル
66
シルバー・フィズ
66
ジン・アップル
67
ジン・アンド・イット
67
ジン・カクテル
67
ジン・サワー
68
ジン・スリング
68
ジン・デイジー
68
ジン・トニック
69
ジン・バック
69
ジン・ビターズ
69
ジン・フィズ
70
ジン・フィックス
70
ジン・ライム
70
ジン・リッキー
71
シンガポール・スリング
71
ストロベリー・マティーニ
71

ジン・ベース・カクテル
スプリング・オペラ 72
スプリング・フィーリング 72
スモーキー・マティーニ 73
セブンス・ヘブン 73
タンカレー・フォレスト 73
タンゴ 74
テキサス・フィズ 74
トム・コリンズ 74
ニッキーズ・フィズ 75
ニンジャ・タートル 75
ネグローニ 75
ノック・アウト 76
バーテンダー 76
バミューダ・ローズ 76
パラダイス 77
パリジャン 77
ハワイアン 77
ビジュー 78
ピュア・ラブ 78
ビューティ・スポット 78
ピンク・ジン 79
ピンク・レディ 79
ブラッディ・サム 79
プリンセス・メアリー 80
ブルー・ムーン 80

ブルドッグ・ハイボール
80
フレンチ75
81
ブロンクス
81
ホノルル
81
ホワイト・ウイングス
82
ホワイト・リリー
82
ホワイト・レディ
82
ホワイト・ローズ
83
マグノリア・ブロッサム
83
マティーニ
83
マティーニ(スイート)
84
マティーニ(ドライ)
84
マティーニ(ミディアム)
84
マティーニ・オン・ザ・ロック
85
マリオネット
85
ミリオン・ダラー
85
メリー・ウィドウ
86
メロン・スペシャル
86
ヨコハマ
86
レディ80
87
ロイヤル・フィズ
87
ロング・アイランド・アイス・ティー
87

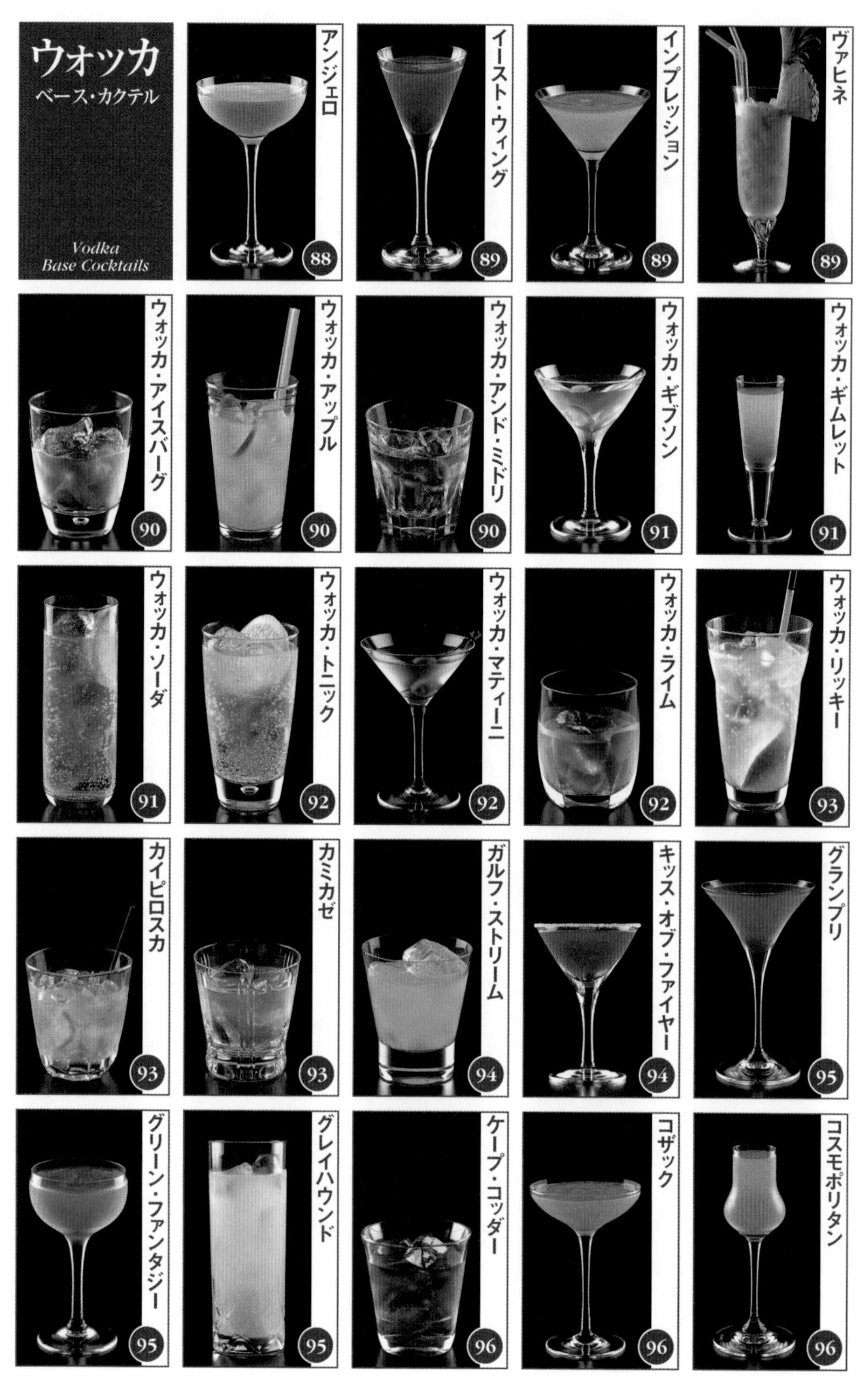
ウォッカ
ベース・カクテル
Vodka
Base Cocktails
アンジェロ
88
イースト・ウィング
89
インプレッション
89
ヴァヒネ
89
ウォッカ・アイスバーグ
90
ウォッカ・アップル
90
ウォッカ・アンド・ミドリ
90
ウォッカ・ギブソン
91
ウォッカ・ギムレット
91
ウォッカ・ソーダ
91
ウォッカ・トニック
92
ウォッカ・マティーニ
92
ウォッカ・ライム
92
ウォッカ・リッキー
93
カイピロスカ
93
カミカゼ
93
ガルフ・ストリーム
94
キッス・オブ・ファイヤー
94
グランプリ
95
グリーン・ファンタジー
95
グレイハウンド
95
ケープ・コッダー
96
コザック
96
コスモポリタン
96

ゴッドマザー
97
コロニー
97
シー・ブリーズ
97
ジプシー
98
スクリュードライバー
98
スレッジ・ハンマー
98
セックス・オン・ザ・ビーチ
99
ソルティー・ドッグ
99
チチ
99
ツァリーヌ
100
テイク・ファイブ
100
バーバラ
100
ハーベイ・ウォールバンガー
101
バカラ
101
バラライカ
101
ファンキー・グラスホッパー
102
ブラック・ルシアン
102
ブラッディ・ブル
102
ブラッディ・メアリー
103
プラム・スクエア
103
フランボワーズ・サワー
103
ブル・ショット
104
ブルー・ラグーン
104
ボルガ
104
ボルガ・ボートマン
105

ウォッカ・ベース・カクテル
ホワイト・スパイダー
105
ホワイト・ルシアン
105
モスコー・ミュール
106
雪国
106
ルシアン
107
ロード・ランナー
107
ロベルタ
107
ラム
ベース・カクテル
Rum
Base Cocktails
エックス・ワイ・ジィ
108
エル・プレジデンテ
109
キューバ・リバー
109
キューバン
109
キングストン
110
グリーン・アイズ
110
グロッグ
111
コーラル
111
ゴールデン・フレンド
111
ジャマイカ・ジョー
112
シャンハイ
112
スカイ・ダイビング
113
スコーピオン
113
ソノラ
113
ゾンビー
114
ダイキリ
114
チャイニーズ
115

ネバダ
115
パイナップル・フィズ
115
バカルディ
116
ハバナ・ビーチ
116
バハマ
117
ピニャ・カラーダ
117
プラチナ・ブロンド
117
プランターズ・カクテル
118
プランターズ・パンチ
118
ブルー・ハワイ
118
フローズン・ストロベリー・ダイキリ
119
フローズン・ダイキリ
119
フローズン・バナナ・ダイキリ
119
ボストン・クーラー
120
ホット・バタード・ラム
120
マイアミ
120
マイタイ
121
ミリオネーア
121
メアリー・ピックフォード
122
モヒート
122
ラム・アンド・パイン
122
ラム・カイピリーニャ
123
ラム・クーラー
123
ラム・コーク
123
ラム・コリンズ
124

ラム・ベース・カクテル
ラム・ジュレップ 124
ラム・ソーダ 125
ラム・トニック 125
リトル・プリンセス 125
テキーラ
ベース・カクテル
Tequila
Base Cocktails
アイスブレーカー 126
アンバサダー 127
エバー・グリーン 127
エル・ディアブロ 127
オレンジ・マルガリータ 128
コルコバード 128
コンテッサ 129
シクラメン 129
シルク・ストッキング 129
ストロー・ハット 130
スロー・テキーラ 130
テキーラ・グレープフルーツ 130
テキーラ・サンセット 131
テキーラ・サンライズ 131
テキーラ・マティーニ 132
テキーラ・マンハッタン 132
テコニック 132
ピカドール 133
ブレイブ・ブル 133

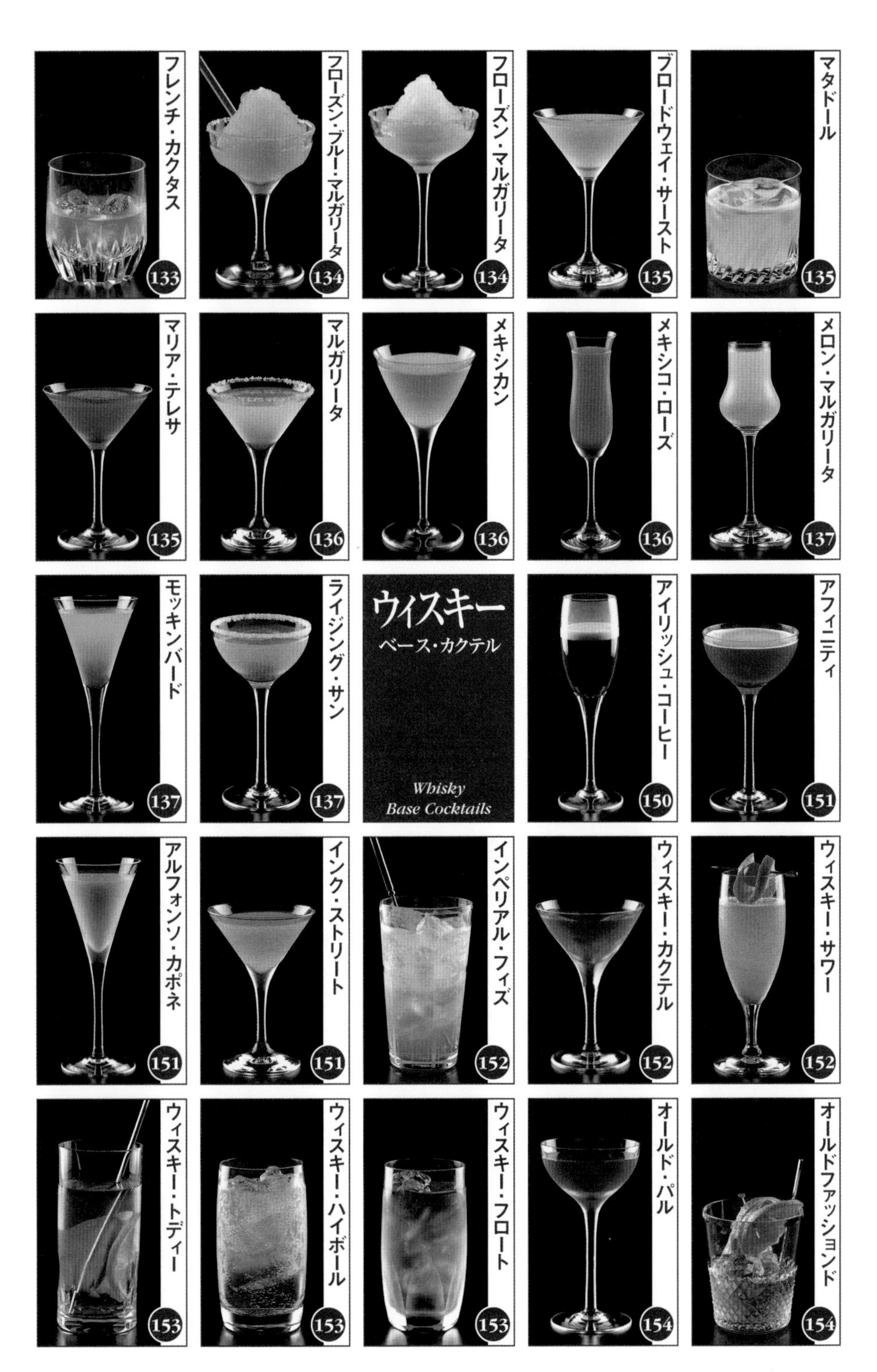
フレンチ・カクタス
133
フローズン・ブルー・マルガリータ
134
フローズン・マルガリータ
134
ブロードウェイ・サースト
135
マタドール
135
マリア・テレサ
135
マルガリータ
136
メキシカン
136
メキシコ・ローズ
136
メロン・マルガリータ
137
モッキンバード
137
ライジング・サン
137
ウィスキー
ベース・カクテル
Whisky
Base Cocktails
アイリッシュ・コーヒー
150
アフィニティ
151
アルフォンソ・カポネ
151
インク・ストリート
151
インペリアル・フィズ
152
ウィスキー・カクテル
152
ウィスキー・サワー
152
ウィスキー・トディー
153
ウィスキー・ハイボール
153
ウィスキー・フロート
153
オールド・パル
154
オールドファッションド
154

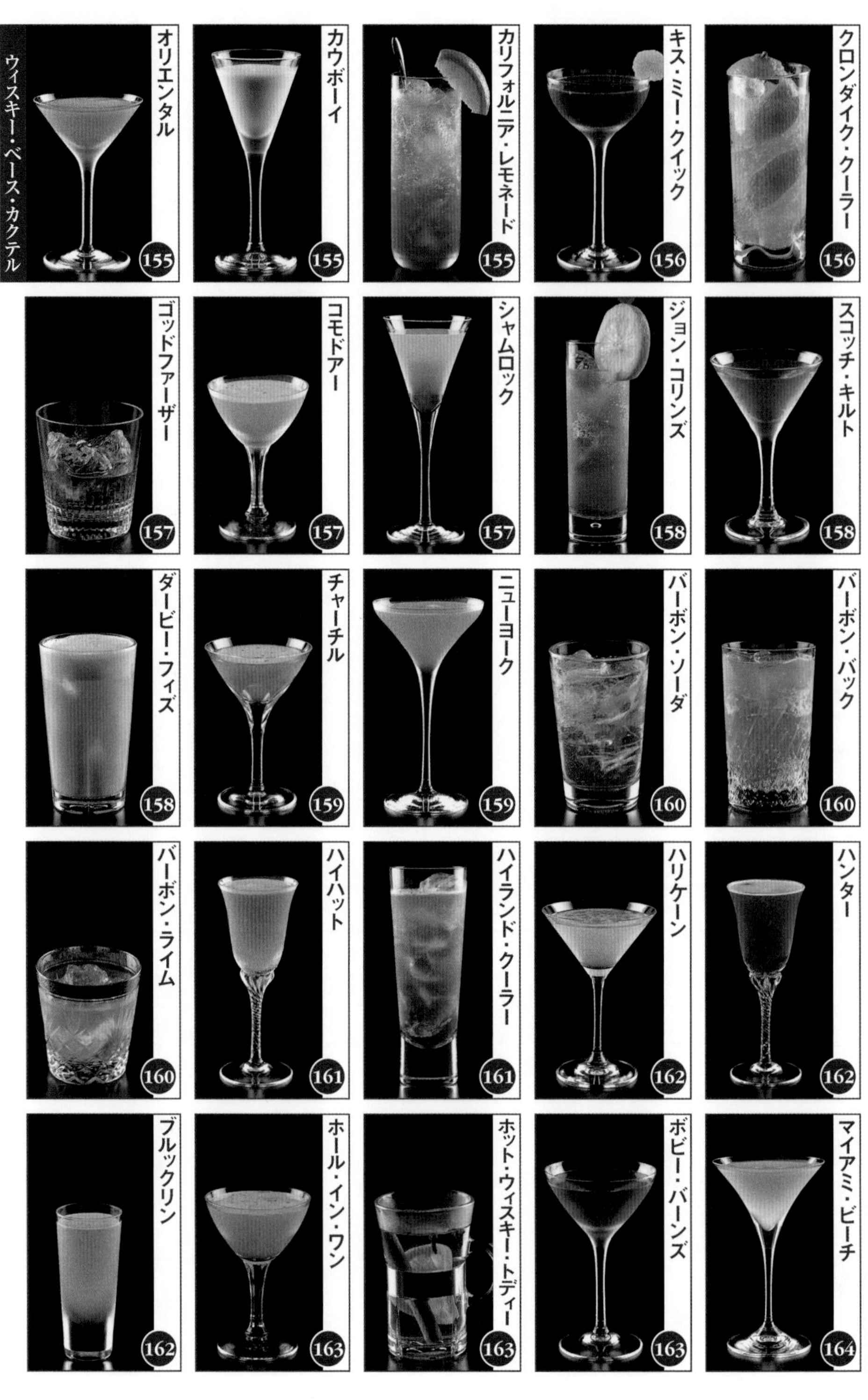
ウィスキー・ベース・カクテル
オリエンタル
155
カウボーイ
155
カリフォルニア・レモネード
155
キス・ミー・クイック
156
クロンダイク・クーラー
156
ゴッドファーザー
157
コモドアー
157
シャムロック
157
ジョン・コリンズ
158
スコッチ・キルト
158
ダービー・フィズ
158
チャーチル
159
ニューヨーク
159
バーボン・ソーダ
160
バーボン・バック
160
バーボン・ライム
160
ハイハット
161
ハイランド・クーラー
161
ハリケーン
162
ハンター
162
ブルックリン
162
ホール・イン・ワン
163
ホット・ウィスキー・トディー
163
ボビー・バーンズ
163
マイアミ・ビーチ
164

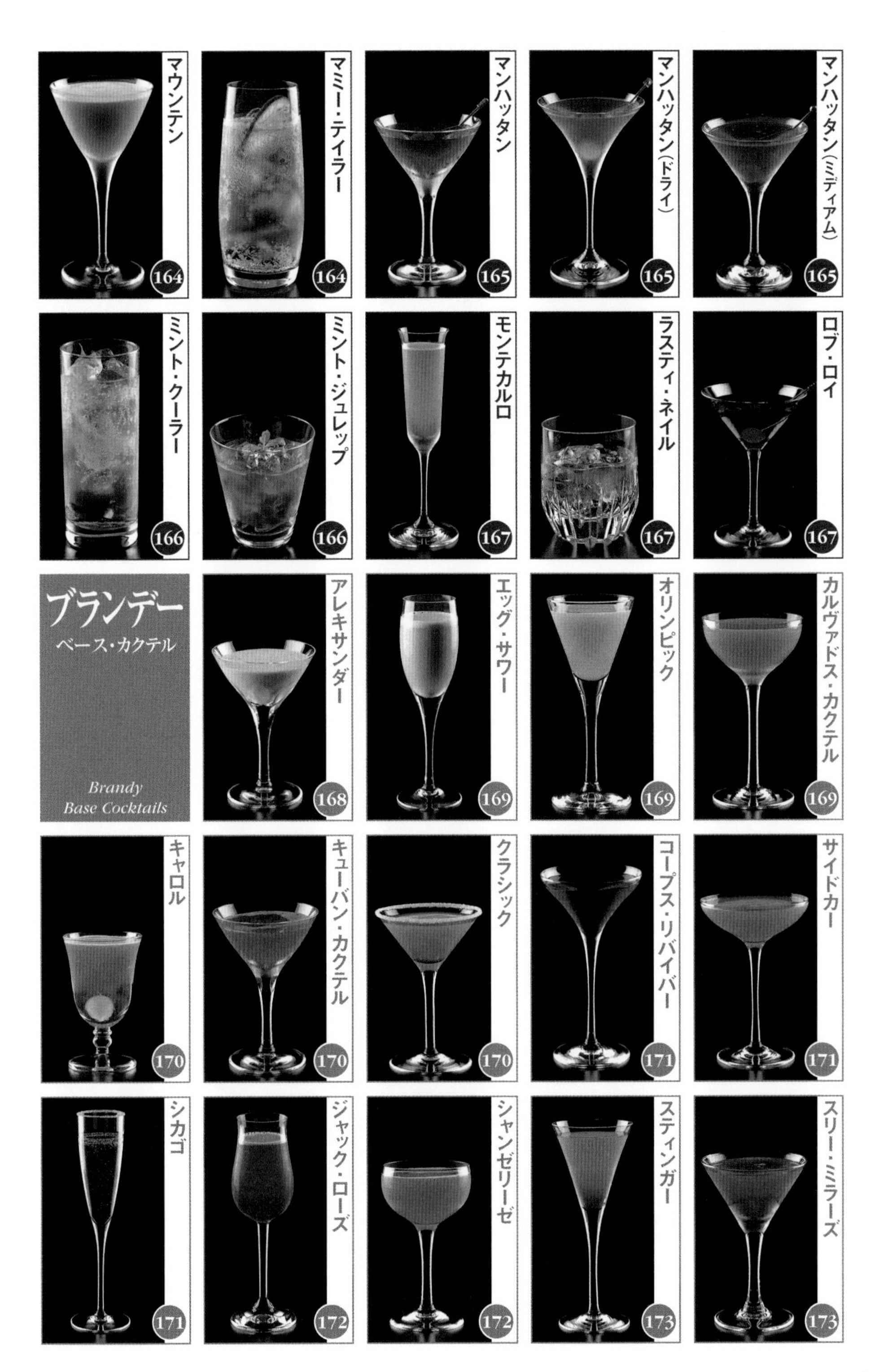
マウンテン
164
マミー・テイラー
164
マンハッタン
165
マンハッタン（ドライ）
165
マンハッタン（ミディアム）
165
ミント・クーラー
166
ミント・ジュレップ
166
モンテカルロ
167
ラスティ・ネイル
167
ロブ・ロイ
167
ブランデー
ベース・カクテル
Brandy
Base Cocktails
アレキサンダー
168
エッグ・サワー
169
オリンピック
169
カルヴァドス・カクテル
169
キャロル
170
キューバン・カクテル
170
クラシック
170
コープス・リバイバー
171
サイドカー
171
シカゴ
171
ジャック・ローズ
172
シャンゼリーゼ
172
スティンガー
173
スリー・ミラーズ
173

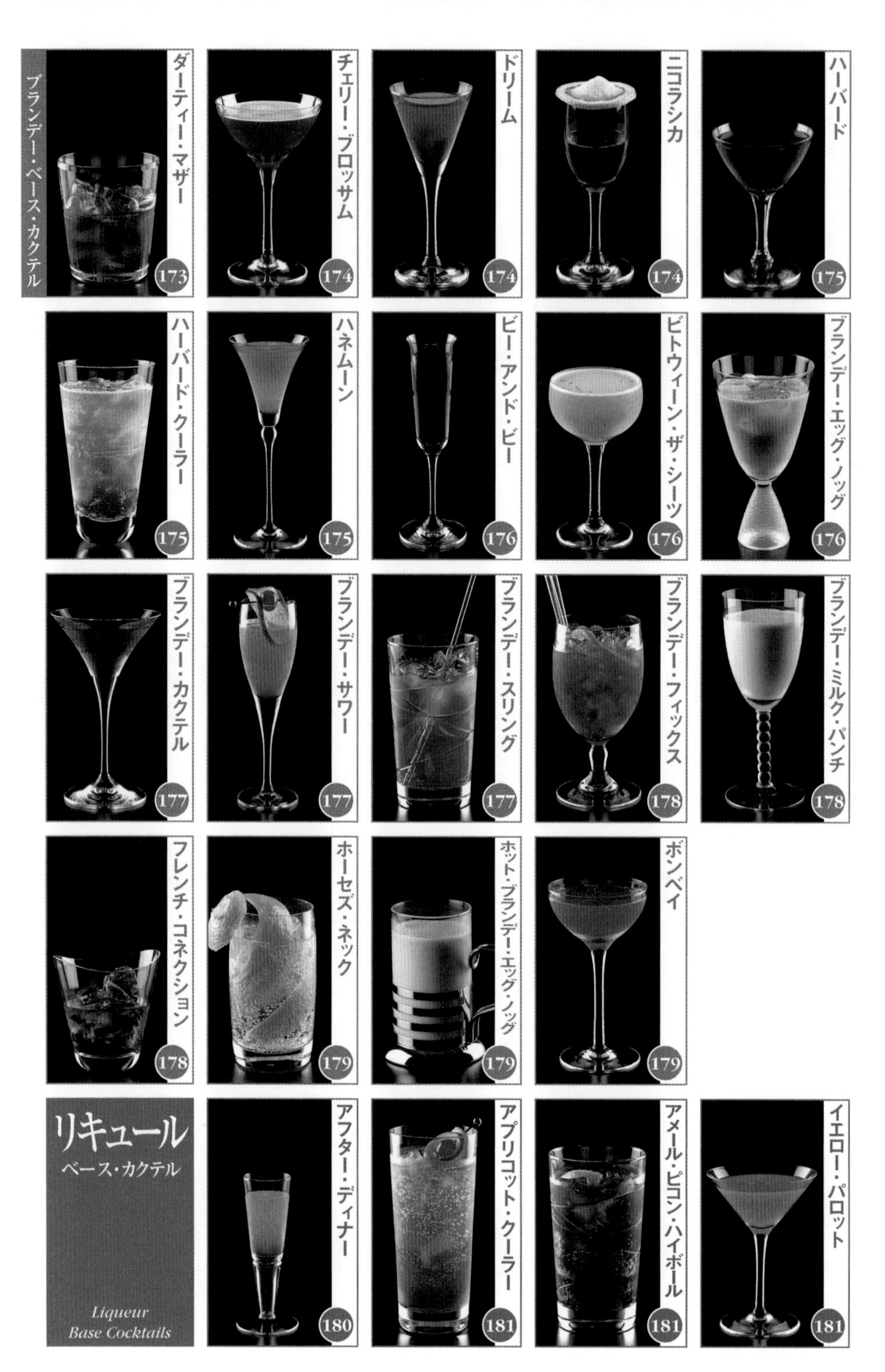
ブランデー・ベース・カクテル
ダーティー・マザー 173
チェリー・ブロッサム 174
ドリーム 174
ニコラシカ 174
ハーバード 175
ハーバード・クーラー 175
ハネムーン 175
ビー・アンド・ビー 176
ビトウィーン・ザ・シーツ 176
ブランデー・エッグ・ノッグ 176
ブランデー・カクテル 177
ブランデー・サワー 177
ブランデー・スリング 177
ブランデー・フィックス 178
ブランデー・ミルク・パンチ 178
フレンチ・コネクション 178
ホーセズ・ネック 179
ホット・ブランデー・エッグ・ノッグ 179
ボンベイ 179
リキュール
ベース・カクテル
Liqueur
Base Cocktails
アフター・ディナー 180
アプリコット・クーラー 181
アメール・ピコン・ハイボール 181
イエロー・パロット 181

カカオ・フィズ
182
カシス・ウーロン
182
カルーア・ミルク
183
カンパリ・オレンジ
183
カンパリ・ソーダ
183
キング・ピーター
184
クリスタル・ハーモニー
184
グラスホッパー
184
ゴールデン・キャデラック
185
ゴールデン・ドリーム
185
サンジェルマン
185
シャルトリューズ・トニック
186
スカーレット・オハラ
186
スプモーニ
186
スロー・ジン・カクテル
187
スロー・ジン・フィズ
187
チナール・コーラ
187
チャーリー・チャップリン
188
チャイナ・ブルー
188
ディサリータ
188
ディスカバリー
189
ディタ・フェアリー
189
バイオレット・フィズ
189
バナナ・ブリス
190
バレンシア
190

リキュール・ベース・カクテル
ピコン・カクテル 190
ピンポン 191
ファジー・ネーブル 191
プース・カフェ 191
ブルー・レディ 192
ブルドッグ 192
ベルベット・ハンマー 192
ボッチ・ボール 193
ホット・カンパリ 193
ボヘミアン・ドリーム 193
ミント・フラッペ 194
メロン・ボール 194
メロン・ミルク 194
ライチ・グレープフルーツ 195
ルビー・フィズ 195
レット・バトラー 195
ワイン&シャンパン
ベース・カクテル
Wine & Champagne Base Cocktails
アディントン 196
アドニス 197
アメリカーノ 197
アメリカン・レモネード 197
キール 198
キール・ロワイヤル 198
グリーン・ランド 199
クロンダイク・ハイボール 199

シャンパン・カクテル
199
シンフォニー
200
スプリッツァー
200
ソウル・キッス
200
デュボネ・フィズ
201
バックス・フィズ
201
バンブー
201
ベリーニ
202
ホワイト・ミモザ
202
マウント・フジ
202
ミモザ
203
ワイン・クーラー
203
ワイン・フロート
203
ビール
ベース・カクテル
Beer
Base Cocktails
カンパリ・ビア
204
クランベリー・ビア
205
サブマリノ
205
シャンディー・ガフ
206
ドッグズ・ノーズ
206
パナシェ
206
ビア・スプリッツァー
207
ピーチ・ビア
207
ブラック・ベルベット
208
ミント・ビア
208
レッド・アイ
209

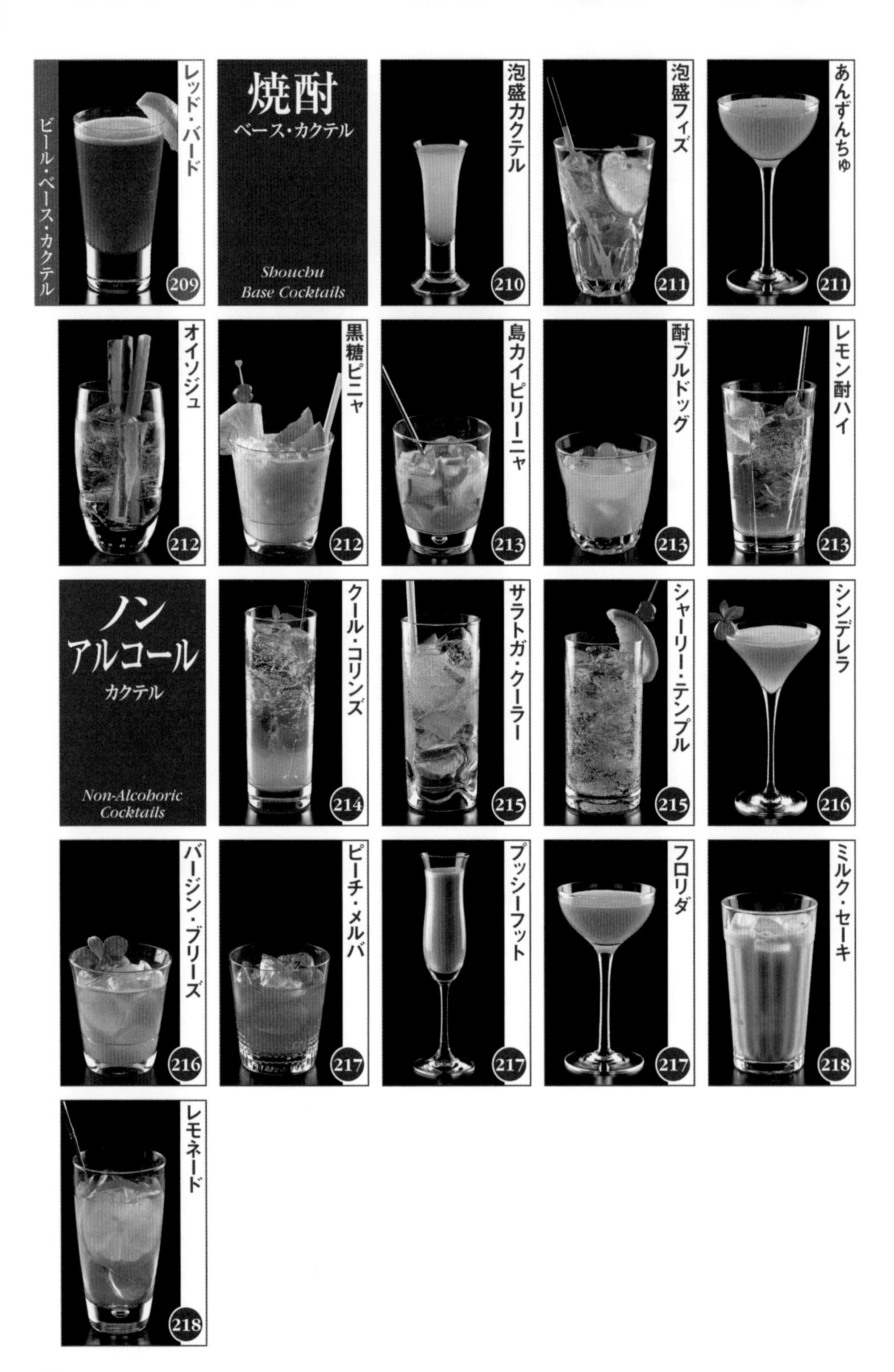
ビール・ベース・カクテル
レッド・バード
209
焼酎
ベース・カクテル
Shouchu
Base Cocktails
泡盛カクテル
210
泡盛フィズ
211
あんずんちゅ
211
オイソジュ
212
黒糖ピニャ
212
島カイピリーニャ
213
酎ブルドッグ
213
レモン酎ハイ
213
ノン
アルコール
カクテル
Non-Alcohoric
Cocktails
クール・コリンズ
214
サラトガ・クーラー
215
シャーリー・テンプル
215
シンデレラ
216
バージン・ブリーズ
216
ピーチ・メルバ
217
プッシーフット
217
フロリダ
217
ミルク・セーキ
218
レモネード
218

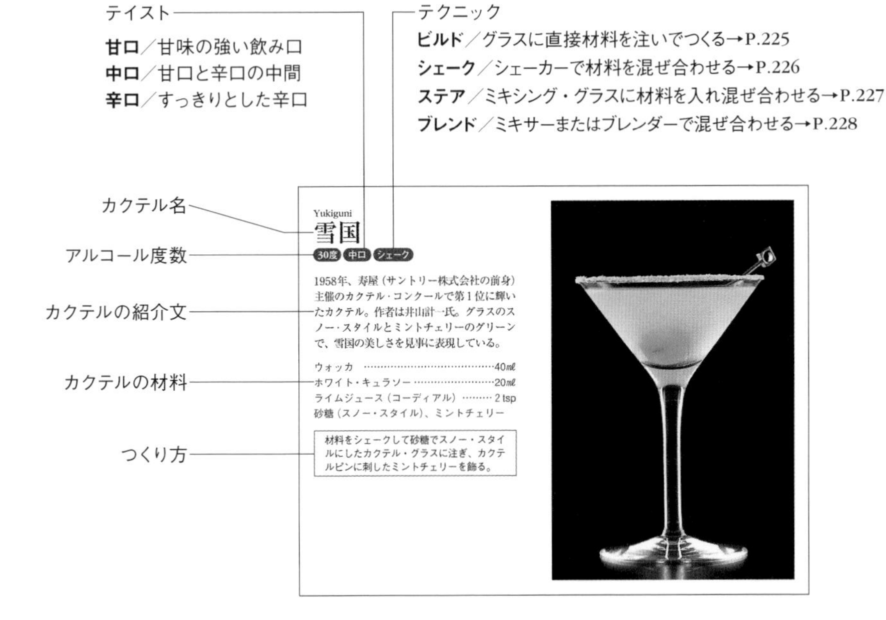

▼単位の表記と目安について

1tsp（ティースプーン）＝約 5mℓ
1dash（ダッシュ）
＝約1mℓ（ビターズ・ボトル1ふり分＝4～6滴）
1drop（ドロップ）
＝約1/5mℓ（ビターズ・ボトル1滴分）
1glass（グラス）＝約 60mℓ
1cup（カップ）＝ 200mℓ
※メジャー・カップの詳しい使い方は224ページを参照のこと。

▼レシピ内の酒について

材料の酒は、とくに種類や銘柄の表記のないものはどのブランドのものを使ってもOK。「テキーラ」と表記しているものは基本「ブランコ・テキーラ」でつくりますが、「レポサド・テキーラ」でつくってもOK。「ウィスキー」はとくに種類の表記のないものは何を使ってもOK。「シャンパン」は各国の「発泡性ワイン（スパークリング・ワイン）」で代用可。「コアントロー」は「ホワイト・キュラソー」で代用可。

▼ジュースについて

本書で使用しているフルーツジュースは果汁100％のものを使用。ただし「ライムジュース（コーディアル）」と表記しているものは加糖してあるジュース（P.149）を使うか、シュガーシロップ等で甘味の調整をしてください。

▼酒類のデータ表記について

輸入元／製品を輸入・販売している会社名。または取扱い先。
価格／2021年9月現在の取扱業者の希望小売価格、参考小売価格（税別）を記載。
（※酒類の輸入元、販売元、取扱い先、価格等は変更される場合があるのでご容赦ください）

5本で120種以上つくれる

カクテルスタートセット

Cocktail Start Set

ベース酒3本

1 ドライ・ジン

—カクテル・ベースの定番

キリッとした飲み口
イギリスの伝統的な
ドライ・ジンが主流

→つくれるカクテルはP.24

2 ウォッカ

—無色透明でクリアな味わい

混ぜる素材を選ばない
クセのない味わいは
カクテルに最適

→つくれるカクテルはP.26

3 ウィスキー

—ジャンル別の個性が楽しめる

カクテルに使うなら
特徴が出すぎない
ソフトなタイプを

→つくれるカクテルはP.28

「カクテルをつくりたいけど酒類はなにから揃えたらいいのか」。そんな方におすすめなのがこの5本の「カクテルスタートセット」。どれもカクテルづくりに汎用性が高いので、まずは気になる1〜2本からはじめてみよう。ジュースや炭酸系と割るだけでも、かなりたくさんのカクテルがつくれるはず。

カクテルの世界を広げる2本

4 ホワイト・キュラソー（コアントロー）

——香り高いフランス産オレンジリキュール

スイートでビターなオレンジ風味はさまざまなベース酒とマッチする

→つくれるカクテルはP.30

5 ドライ・ベルモット

——ハーブ香るフレーバード・ワイン

ハーブやフルーツスパイスの風味がカクテルに気品を加える

→つくれるカクテルはP.30

1

Cocktail Start Set

ドライ・ジンでつくれるカクテル 全39種

＋ ジュース 炭酸系 甘味類 ＝ 34種

→P.70

ジン・フィズ

ドライ・ジン……45mℓ
レモンジュース…20mℓ
シュガーシロップ
………………1～2tsp
ソーダ……………適量

→P.61

オレンジ・ブロッサム

ドライ・ジン……40mℓ
オレンジジュース…20mℓ

→P.79

ピンク・レディ

ドライ・ジン……45mℓ
グレナデンシロップ
…………………20mℓ
レモンジュース…1tsp
卵白……………1個分

→P.70

ジン・ライム

ドライ・ジン……45mℓ
ライムジュース（コーディアル）
…………………15mℓ

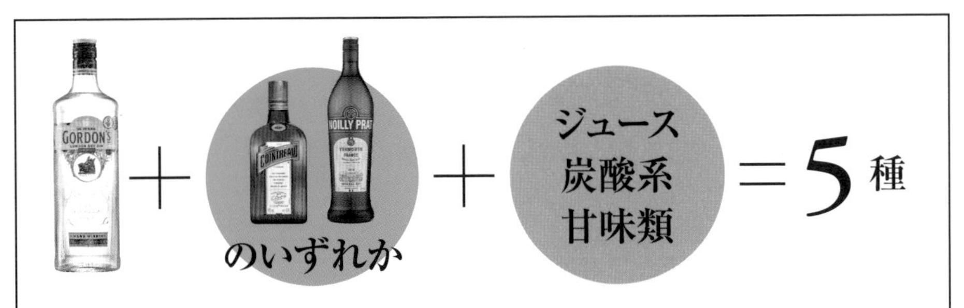

→P.62

→P.82

→P.83

ギブソン

ドライ・ジン …………50mℓ
ドライ・ベルモット …10mℓ

ホワイト・レディ

ドライ・ジン …………30mℓ
ホワイト・キュラソー
(コアントロー)………15mℓ
レモンジュース………15mℓ

マティーニ

ドライ・ジン …………45mℓ
ドライ・ベルモット …15mℓ

マティーニ・オン・ザ・ロック …P.85　　マティーニ（ドライ） ……………P.84

※黒字は写真入りで紹介しているカクテル。赤字はベース酒をかえるだけでつくれるカクテル（ページは関連ページ）。

オレンジ・フィズ ………P.60
キウイ・マティーニ ……P.62
ギムレット………………P.63
クローバー・クラブ ……P.64
ゴールデン・フィズ ……P.64
シルバー・フィズ ………P.66
ジン・アップル …………P.67
ジン・サワー ……………P.68
ジン・スリング …………P.68
ジン・デイジー …………P.68
ジン・トニック …………P.69
ジン・バック ……………P.69
ジン・フィックス ………P.70
ジン・リッキー …………P.71
ストロベリー・マティーニ …P.71
テキサス・フィズ ………P.74
トム・コリンズ …………P.74
ニッキーズ・フィズ ……P.75
ブラッディ・サム ………P.79
ブルドッグ・ハイボール …P.80
ホノルル…………………P.81
マグノリア・ブロッサム …P.83
ロイヤル・フィズ ………P.87
ジン・ソーダ ……………P.91
ジン・クランベリー＊1 …P.96
ジン・オレンジ＊2………P.98
ジン・アンド・パイン …P.122
ジン・コーク ……………P.123
ジン・クーラー …………P.123
ジン・グレープフルーツ …P.130

＊1 ケープ・コッダー　＊2 スクリュードライバー

2

Cocktail Start Set

ウォッカでつくれるカクテル 全37種

＋ ジュース 炭酸系 甘味類 ＝ 30種

スクリュードライバー

ウォッカ………… 45mℓ
オレンジジュース
……………………… 適量

→P.98

ソルティー・ドッグ

ウォッカ………… 45mℓ
グレープフルーツジュース
……………………… 適量

→P.99

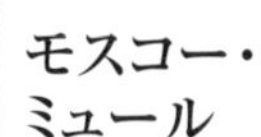

モスコー・ミュール

ウォッカ………… 45mℓ
ライムジュース… 15mℓ
ジンジャーエール
……………………… 適量

→P.106

ブラッディ・メアリー

ウォッカ………… 45mℓ
トマトジュース… 適量

→P.103

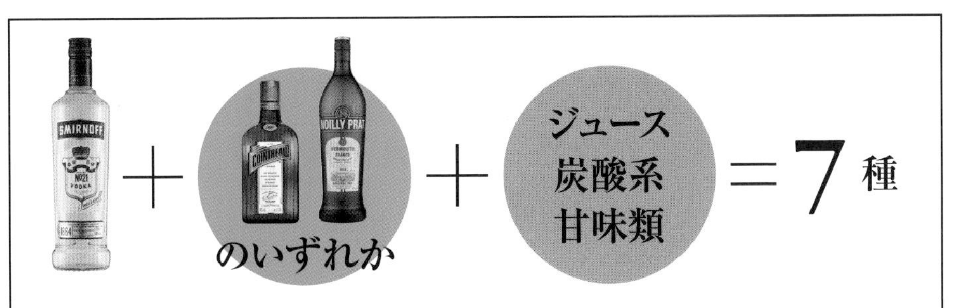

グランプリ

ウォッカ……………30mℓ
ドライ・ベルモット…25mℓ
コアントロー………… 5mℓ
レモンジュース………1tsp
グレナデンシロップ…1tsp

コスモポリタン

ウォッカ……………30mℓ
ホワイト・キュラソー…10mℓ
クランベリージュース…10mℓ
ライムジュース………10mℓ

雪国

ウォッカ……………40mℓ
ホワイト・キュラソー…20mℓ
ライムジュース(コーディアル)
……………………2tsp

ウオッカ・ギブソン ……………P.91
ウォッカ・マティーニ …………P.92
カミカゼ……………………………P.93
バラライカ…………………………P.101

※黒字は写真入りで紹介しているカクテル。赤字はベース酒をかえるだけでつくれるカクテル（ページは関連ページ）。

ウォッカ・サワー ………P.68
ウォッカ・スリング ……P.68
ウォッカ・デイジー ……P.68
ウォッカ・バック ………P.69
ウォッカ・フィズ ………P.70
ウォッカ・フィックス …P.70
ウォッカ・コリンズ ……P.74
ウォッカ・マティーニ・
オン・ザ・ロック ………P.85
ウォッカ・アップル ……P.90
ウォッカ・ギムレット …P.91
ウォッカ・ソーダ ………P.91
ウォッカ・トニック ……P.92
ウォッカ・ライム ………P.92
ウォッカ・リッキー ……P.93
カイピロスカ……………P.93
グレイハウンド…………P.95
ケープ・コッダー ………P.96
シー・ブリーズ …………P.97
スレッジ・ハンマー ……P.98
チチ………………………P.99
ブラッディ・ブル ………P.102
ブル・ショット …………P.104
ボルガ……………………P.104
ウォッカ・アンド・パイン…P.122
ウォッカ・クーラー ……P.123
ウォッカ・コーク ………P.123

3

Cocktail Start Set

ウィスキーでつくれるカクテル 全31種

＋ ジュース 炭酸系 甘味類 ＝ 28種

ウィスキー・カクテル

ウィスキー……… 60mℓ
アンゴスチュラ・ビターズ……… 1dash
シュガーシロップ …………………… 1dash

→P.152

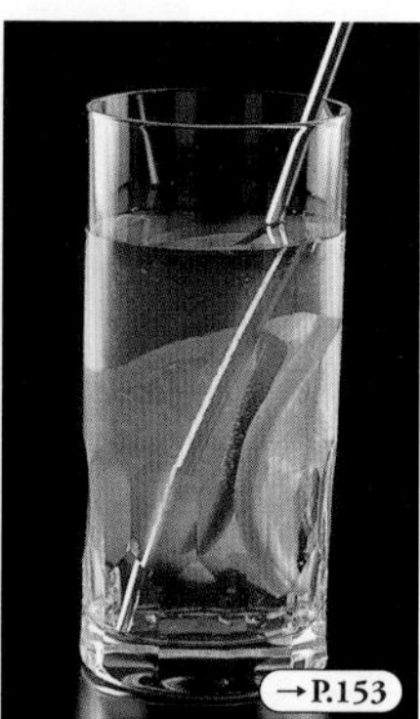
→P.153

ウィスキー・トディー

ウィスキー……… 45mℓ
砂糖（シュガーシロップ） …………………… 1tsp
水（ミネラルウォーター） …………………… 適量

ウィスキー・サワー

ウィスキー……… 45mℓ
レモンジュース… 20mℓ
砂糖（シュガーシロップ） …………………… 1tsp

→P.152

→P.164

マミー・テイラー

スコッチ・ウィスキー …………………… 45mℓ
レモンジュース… 20mℓ
ジンジャーエール …………………… 適量

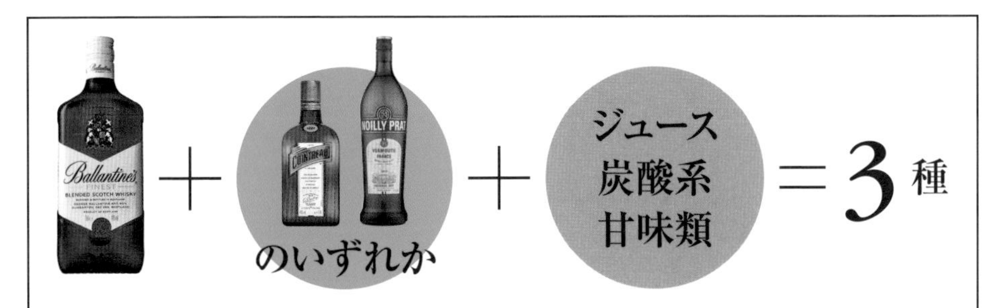

ホール・イン・ワン

ウィスキー……………40mℓ
ドライ・ベルモット …20mℓ
レモンジュース…2dashes
オレンジジュース…1dash

マイアミ・ビーチ

ウィスキー……………35mℓ
ドライ・ベルモット …10mℓ
グレープフルーツジュース
………………………15mℓ

ウィスキー・マンハッタン(ドライ)

ウィスキー……………48mℓ
ドライ・ベルモット …12mℓ
アンゴスチュラ・ビターズ
……………………… 1dash

※黒字は写真入りで紹介しているカクテル。赤字はベース酒をかえるだけでつくれるカクテル（ページは関連ページ）。

＊1 ケープ・コッダー　＊2 スクリュードライバー

4 ホワイト・キュラソー（コアントロー）でつくれるカクテル

＋ ジュース 炭酸系 甘味類 ＝ 13種

- ホワイト・キュラソー・アップル ……… P.90
- ホワイト・キュラソー・ブリーズ ……… P.97
- ホワイト・キュラソー・クーラー ……… P.181
- ホワイト・キュラソー・ハイボール …… P.181
- ホワイト・キュラソー・ミルク ………… P.183
- ホワイト・キュラソー・オレンジ ……… P.183
- ホワイト・キュラソー・ソーダ ………… P.183
- ホワイト・キュラソー・トニック ……… P.186
- ホワイト・キュラソー・フィズ ………… P.187
- ホワイト・キュラソー・コーラ ………… P.187
- ホワイト・キュラソー・ジンジャーエール*1 … P.189
- ホワイト・キュラソー・フラッペ ……… P.194
- ホワイト・キュラソー・グレープフルーツ … P.195

＊1 ディスカバリー

5 ドライ・ベルモットでつくれるカクテル

＋ ジュース 炭酸系 甘味類 ＝ 4種

- ドライ・ベルモット・アイスティ*2 …… P.182
- ドライ・ベルモット・オレンジ ………… P.183
- ドライ・ベルモット・トニック ………… P.186
- ドライ・ベルモット・スプリッツァー … P.200

※赤字はベース酒をかえるだけでつくれるカクテル（ページは関連ページ）。

＊2 カシス・ウーロン

第1章

カクテルづくりの方程式

カクテルの分類

まずは、カクテルの分類について理解しよう。ポイントは2つ。「カクテルは大別するとロング・ドリンクとショート・ドリンクに分かれる」、「カクテルのつくり方には4つの基本テクニックがある」。

カクテルってなに？

簡単にいうと、「酒をベースにして2つ以上の材料を混ぜ合わせてつくるミックス・ドリンク」のこと。カクテルは通常、スピリッツ（蒸留酒）やリキュールなどをベース酒としてつくるが、酒が入らない「ノンアルコール・カクテル」もカクテルの仲間とされる。

カクテルの由来は？

語源は「テール・オブ・コック(Tail of Cock)＝雄鶏の尻尾」という意味。由来については諸説あり、「ドリンクをかき混ぜるのに雄鶏の尻尾を使ったから」、「雄鶏の尻尾がカクテルのように多彩な色をしているから」、「グラスの中身にアルコールが含まれていることを示すために雄鶏の尻尾をさす風習があったから」などさまざまあり、本当のところはわからないというのが定説。

カクテルは「ロング」と「ショート」に分類

カクテルは、グラスの大きさや飲みきる時間などにより、「ロング・ドリンク」と「ショート・ドリンク」に大別される。ロング・ドリンクは、タンブラーやコリンズグラスなど大きめのグラスでつくられ、氷を入れて炭酸やジュースなどで割った時間をかけて楽しめるカクテル。ショート・ドリンクは、シェーカーまたはミキシング・グラスに材料を氷と一緒に入れてミックスし、カクテル・グラスに注いで、冷たいうちに短時間で飲むカクテル。

温度による分類とスタイル

ロング・ドリンクは、仕上がりの温度によって「コールド・ドリンク」と「ホット・ドリンク」に分けられる。また、ロング・ドリンクには「つくり方が決まったスタイル（P.42参照）」が多くあるのがポイントで、代表的なスタイルを覚えておけば、ベース酒をかえて味わいのバリエーションを楽しむことができる。

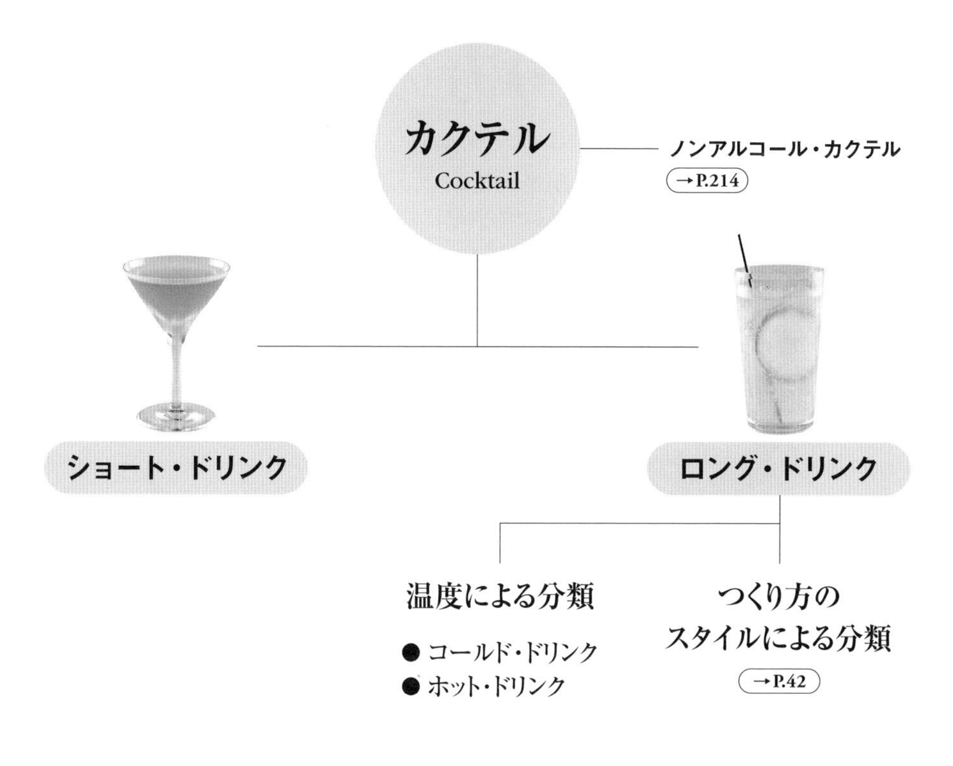

カクテルとは、

酒をベースにして2つ以上の材料を
混ぜ合わせてつくるミックス・ドリンクのこと

その混ぜ方には、
4つの基本テクニックがある。

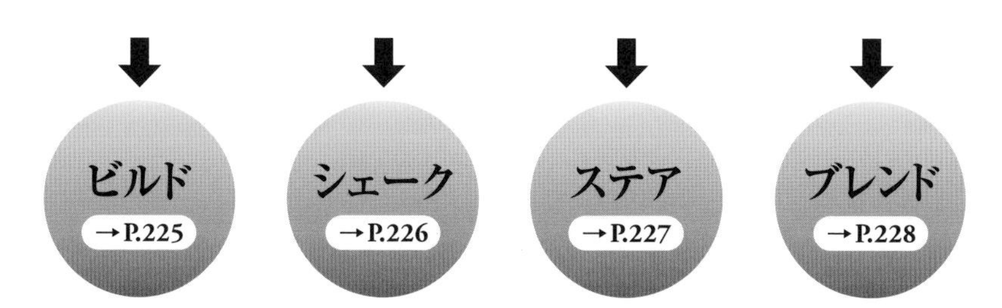

カクテル つくり方の方程式

カクテルを構成するおもな材料は3つの群に分けることができる。
ABC＝3群の味の基本構造を知り、そのミックスの基本方程式を理解すれば、カクテルづくりは誰にでも簡単にできる。

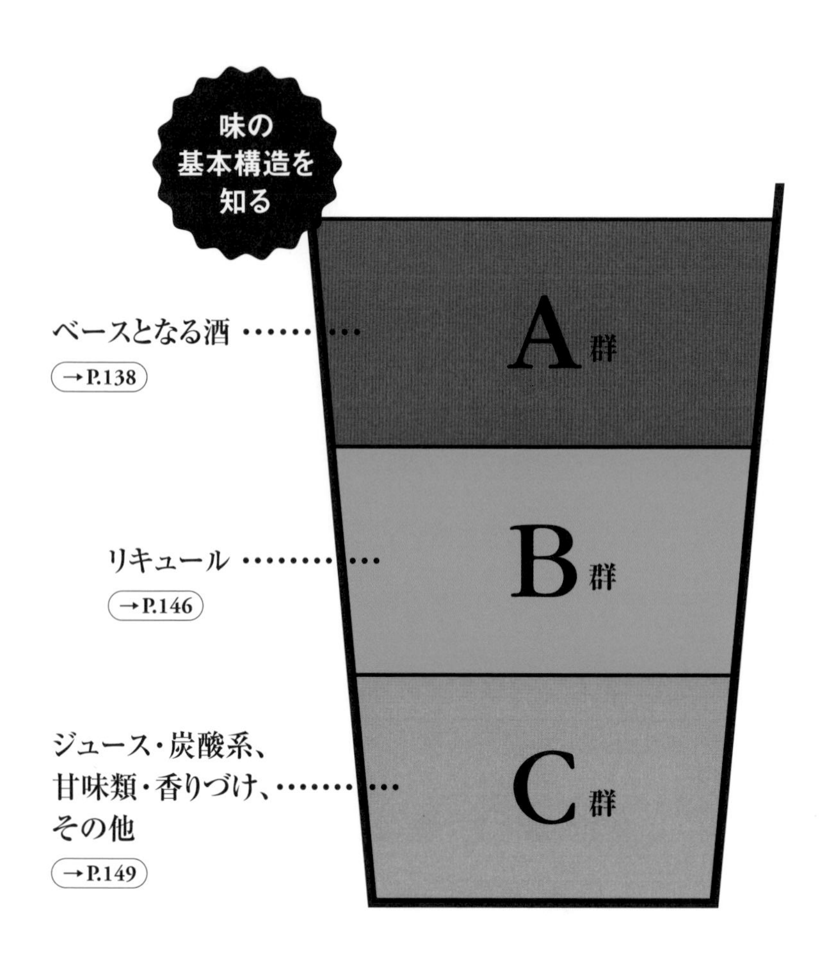

カクテルを構成するおもな材料は、大まかに3つに分けられる

カクテルを構成する3つの材料について

群

ベースとなる酒

ドライ・ジン、ウォッカ、ホワイト・ラム、ダーク・ラム、テキーラ、スコッチ・ウィスキー、バーボン・ウィスキー、ブランデー、ワイン、シャンパン、スパークリング・ワイン、ビール、焼酎など。

➡詳しくは P.138～

B群

リキュール

アプリコット・ブランデー、ホワイト・キュラソー、メロン・リキュール、チェリー・リキュール、カンパリ、シャルトリューズ、ドランブイ、ペルノ、コーヒー・リキュール、アマレットなど。

➡詳しくは P.146～

C群

ジュース・炭酸系、甘味類・香りづけ、その他

ライムジュース、レモンジュース、オレンジジュース、ソーダ、トニックウォーター、ジンジャーエール、砂糖、シュガーシロップ、グレナデンシロップ、アンゴスチュラ・ビターズ、乳製品、卵など。

➡詳しくは P.149

カクテルとは、A～C群から2つ以上の材料をミックスしてつくるドリンクのこと

そこには2つの基本方程式がある

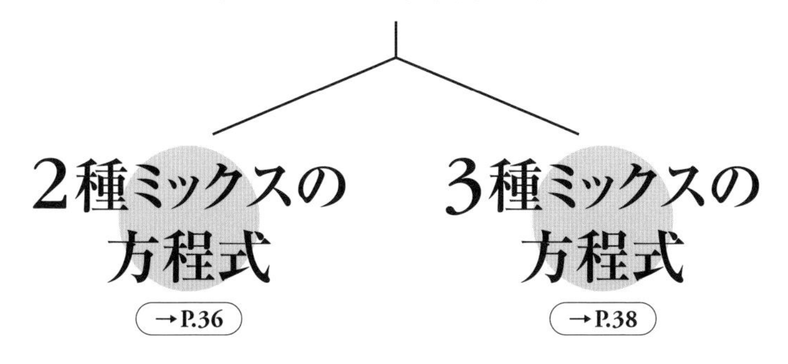

2種ミックスの方程式

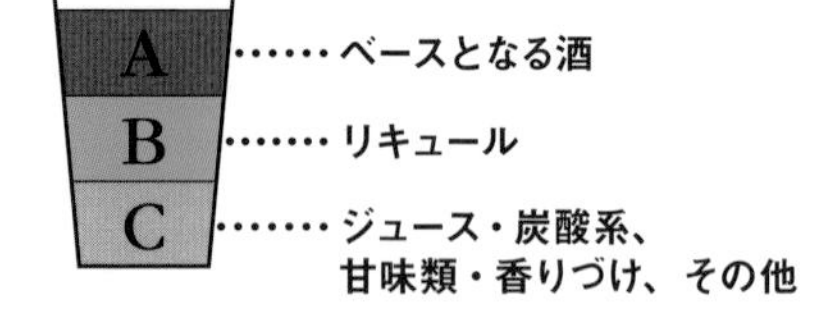

代表例

ウォッカ・トニック →P.92

ミックスする

A ベースとなる酒
ウォッカ

＋

C ジュース・炭酸系
トニックウォーター

もっとも簡単でつくりやすい単純な組み合わせ

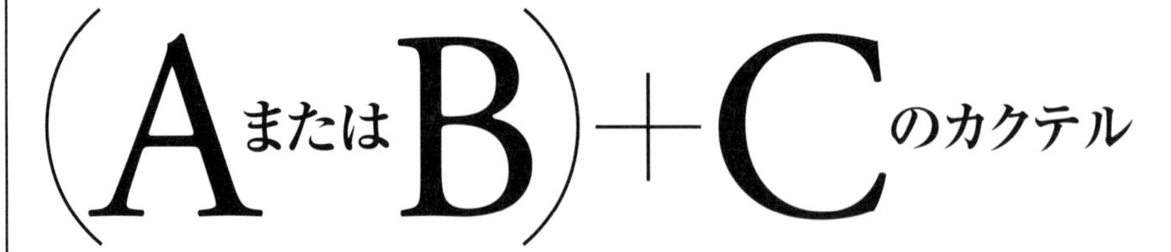

ベースとなる酒（またはリキュール）とジュース・炭酸系をグラス（またはシェーカー）で混ぜ合わせる

本書で紹介する代表的なカクテル例

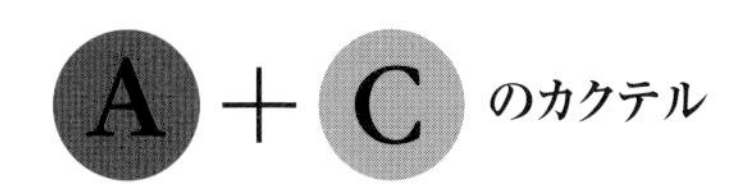

B＋C のカクテル

3種ミックスの方程式

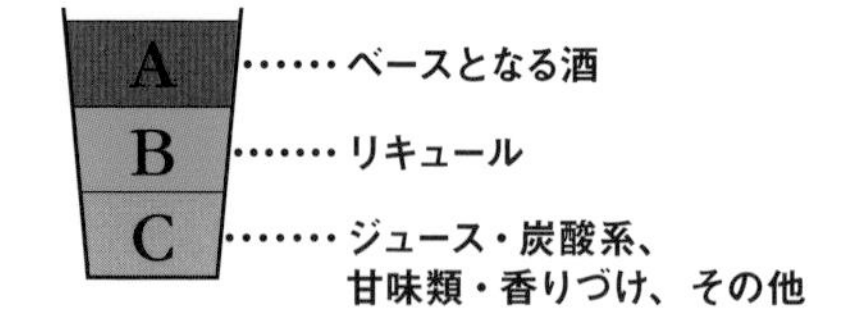

A ベースとなる酒 **ブランデー**

B リキュール **ホワイト・キュラソー**（コアントロー）

C ジュース・炭酸系 **レモンジュース**

代表例

サイドカー （→P.171）

最もオーソドックスなカクテルの基本形

A+B+Cのカクテル

ベースとなる酒とリキュール
ジュース・炭酸系、甘味類・香りづけを
シェーカー（またはグラス）で混ぜ合わせる

本書で紹介する代表的なカクテル例

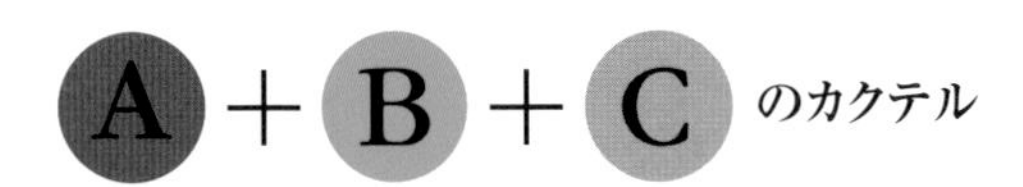

ロング・ドリンクのつくり方

大きめのグラスでゆっくりと時間をかけて楽しむロング・ドリンク。「ビルド」、「シェーク」、「ブレンド」の3つの基本テクニックのほか、「ホット・ドリンク」のスタイルも含まれる。

〈代表例〉

ジン・トニック →P.69

材料の基本構造

A……ベースとなる酒
B……リキュール
C……ジュース・炭酸系、甘味類・香りづけ、その他

●グラスで材料をミックスする基本テクニック

ビルド Build

➡詳しくは P.225

代表例

キューバ・リバー
(P.109)

氷を入れたグラスに
「ベースとなる酒A（＋リキュールB）」を入れ、
「材料C」を注いでバー・スプーンで混ぜる。

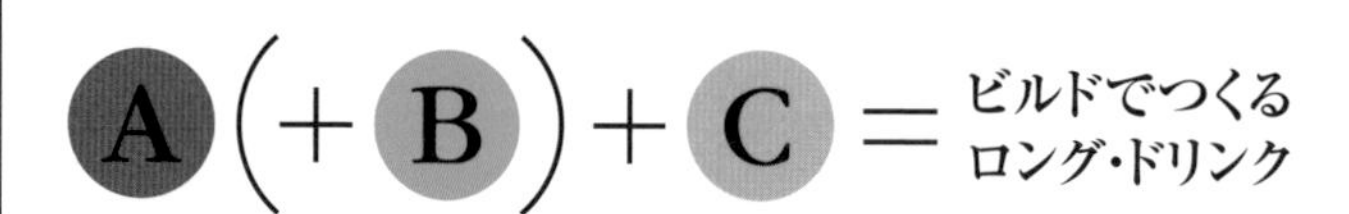

●シェーカーで材料をミックスするテクニック

ジン・フィズ
(P.70)

シェーク Shake

➡詳しくは P.226

代表例

シェーカーに「ベースとなる酒A+(リキュール B)(ジュース・甘味類・香りづけC)」を入れてシェークし、氷を入れたグラスに注ぐ。
さらに「炭酸系 C」で割るパターンもある。

A +(B・C)= シェークでつくるロング・ドリンク

●フローズン・スタイルのカクテルをつくるテクニック

フローズン・ダイキリ
(P.119)

ブレンド Blend

➡詳しくは P.228

代表例

専用のブレンダー(またはミキサー)に「ベースとなる酒A+(リキュール B)(ジュース・甘味類・香りづけC)」と「クラッシュドアイス」を入れ、ミックスする。

A +(B・C)+ クラッシュドアイス = ブレンドでつくるロング・ドリンク

●あたたかいロング・ドリンクのスタイル

ホット・ウィスキー・トディー
(P.163)

ホット・ドリンク Hot drink

「ベースとなる酒A」と「甘味類・香りづけC」を湯などで割るか、Aそのものをあたためる。

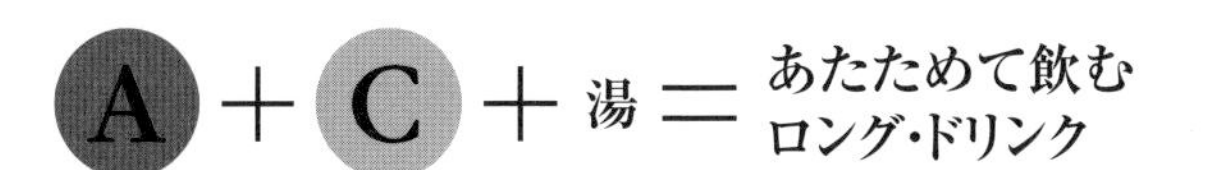

ロング・ドリンクのスタイル

ロング・ドリンクは、つくり方や材料の違いによりいくつかの決まったスタイルがある。数あるスタイルの中から代表的なものを紹介しよう。

オン・ザ・ロック On The Rocks

氷を入れたオールドファッションド・グラスに材料を注いでつくるスタイル。「マティーニ」や「マルガリータ」などのショート・カクテルをこのスタイルで楽しむのも人気。

▶フレンチ・カクタス（P.133）

クーラー Cooler

スピリッツにレモンやライムジュース、シロップなどの甘味を加え、ソーダなどの炭酸飲料で満たしたスタイル。クーラーとは「冷たくて心地よい清涼感を感じるドリンク」の意味。

▶ラム・クーラー（P.123）

コリンズ Collins

スピリッツにレモンジュースとシュガーシロップ（砂糖）を加え、ソーダで満たしたスタイル。「フィズ」と似ているが、「コリンズ・グラス」でつくるので量が多くなる特徴が。

▶トム・コリンズ（P.74）

サワー Sour

スピリッツにレモンジュースと砂糖などの甘味を加えてつくるスタイル。原則的にソーダは加えない。サワーとは「酸っぱい」という意味。

▶ウィスキー・サワー（P.152）

スリング Sling

スピリッツにレモンジュースと甘味を加え、ミネラルウォーターやソーダ、ジンジャーエールなどで満たしたスタイル。スリングの語源はドイツ語の「飲み込む」から。

▶ジン・スリング（P.68）

ハイボール Highball

スピリッツやリキュールなどあらゆるベースとなる酒を、ソーダやジンジャーエール、コーラ、ジュース類などで割ってつくるスタイル。

▶ウィスキー・ハイボール（P.153）

バック Buck

スピリッツにレモンジュースを加え、ジンジャーエールで割ってつくるスタイル。バックとは「雄鹿」の意味でアルコールの強い飲み物という意味から。

▶バーボン・バック（P.160）

パンチ Punch

ワインやスピリッツなどをベースに、リキュール、フルーツ、ジュースなどをパンチ・ボールでミックスしてつくるスタイル。パーティドリンクだが1人分のレシピもある。

▶プランターズ・パンチ（P.118）

フィズ Fizz

スピリッツやリキュールにレモンジュースとシュガーシロップ（砂糖）を加えてシェークし、グラスに注いでソーダで満たすスタイル。「フィズ」とは炭酸ガスがはじける音から。

▶ジン・フィズ（P.70）

フローズン・スタイル Frozen Style

材料をクラッシュドアイスと一緒にブレンダー（またはミキサー）に入れ、シャーベット状に仕立てるスタイル。凍らせたフルーツを加えてつくることも。

▶フローズン・マルガリータ（P.134）

リッキー Ricky

グラスに生ライム（生レモン）をしぼってそのままグラスに落とし入れ、氷とスピリッツを加えてソーダで割るスタイル。マドラーで果肉をつぶしながら飲んでも。

▶ウォッカ・リッキー（P.93）

エッグ・ノッグ Egg Nogg

ブランデーやラムなどのスピリッツに卵、牛乳、砂糖などを加えてつくるスタイル。元はアメリカ南部のクリスマス・ドリンクで「ホット」と「コールド」があり、ノンアルコールでもつくる。

▶ブランデー・エッグ・ノッグ（P.176）

ジュレップ Julep

グラスにミントの葉、砂糖、水（またはソーダ）を入れ、バー・スプーンでミントをつぶしながら砂糖を溶かし、スピリッツやワインを加えて氷をつめ、ステアしてつくるスタイル。

▶ラム・ジュレップ（P.124）

デイジー Daisy

スピリッツに柑橘類のジュース、シロップまたはリキュールなどを加え、ゴブレットなどにクラッシュドアイスをつめてつくるスタイル。デイジーとは「ひな菊（または素敵なもの）」という意味。

▶ジン・デイジー（P.68）

トディー Toddy

タンブラーかオールドファッションド・グラスに砂糖を入れ、スピリッツを注いで水または熱湯で満たしてつくるスタイル。イギリスでホット・カクテルとして古くから親しまれる。

▶ウィスキー・トディー（P.153）

フィックス Fix

スピリッツに柑橘類のジュース、シロップ、またはリキュールを加えてつくるスタイル。大きめのタンブラーやゴブレットにクラッシュドアイスをつめ、フルーツやストローを添える。

▶ジン・フィックス（P.70）

フラッペ Frappé

カクテル・グラスやソーサー型シャンパン・グラスにクラッシュドアイスを盛り、リキュールを注いでつくるスタイル。材料をクラッシュドアイスごとシェークしてつくるスタイルもある。

▶ミント・フラッペ（P.194）

ロング・ドリンクの スタイル解剖図

ベース酒や副材料をかえるだけで、別のカクテルになるものが数多くあるのがロング・ドリンクの特徴。共通するスタイルからのベース別の展開や味わいのバリエーションについて紹介しよう。

★ウォッカにかえると、「ウォッカ・フィズ」、ウィスキーなら「ウィスキー・フィズ」、メロン・リキュールなら「メロン・フィズ」、パルフェタムールなら「バイレット・フィズ」など。

「バック・スタイル(P.42)」なら、

バーボン ＋ レモンジュース ＋ ジンジャーエール ＝ バーボン・バック
(P.160)

ベース酒を…

→ ドライ・ジン にかえると ＝ ジン・バック(P.69)

同様に…

→ ウォッカ にかえると ＝ ウォッカ・バック

→ ラム にかえると ＝ ラム・バック

→ テキーラ にかえると ＝ テキーラ・バック

→ ウィスキー にかえると ＝ ウィスキー・バック

「リッキー・スタイル(P.43)」なら、

ドライ・ジン ＋ 生ライム ＋ ソーダ ＝ ジン・リッキー
(P.71)

ベース酒を…

→ ウォッカ にかえると ＝ ウォッカ・リッキー(P.93)

同様に…

→ ラム にかえると ＝ ラム・リッキー

→ テキーラ にかえると ＝ テキーラ・リッキー

→ ウィスキー・ブランデー にかえると ＝ ウィスキー・リッキー
ブランデー・リッキー

→ 梅酒 にかえると ＝ 梅酒リッキー

→ チェリー・リキュール にかえると ＝ チェリー・リッキー

「オン・ザ・ロック・スタイル(P.42)」なら、

ウィスキー ＋ アマレット ＝ ゴッドファーザー(P.157)

ベース酒を…

→ ブランデー にかえると ＝ フレンチ・コネクション(P.178)

→ ウォッカ にかえると ＝ ゴッドマザー(P.97)

「クーラー・スタイル(P.42)」なら、

ブランデー ＋ レモンジュース ＋ シロップ ＋ ソーダ ＝ ハーバード・クーラー(P.175)

ベース酒を…

→ スコッチ・ウィスキー にかえると ＝ ハイランド・クーラー(P.161)

→ ドライ・ジン ＋ グリーン・ペパーミント にかえると ＝ エメラルド・クーラー(P.60)

→ アプリコット・ブランデー にかえ、
シロップを グレナデンシロップ にかえると ＝ アプリコット・クーラー(P.181)

→ ラム(ホワイト) にかえ、
ジュースを ライムジュース にかえ、
シロップを グレナデンシロップ にかえると ＝ ラム・クーラー(P.123)

シャンパンから広がる（スパークリングワイン）バリエーション

材料をグラスで混ぜ合わせるだけ

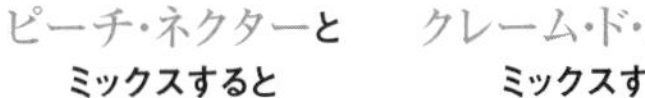
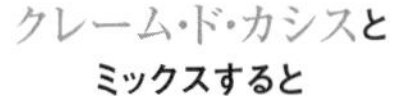

オレンジジュースと
ミックスすると

ミモザ
（P.203）

ピーチ・ネクターと
ミックスすると

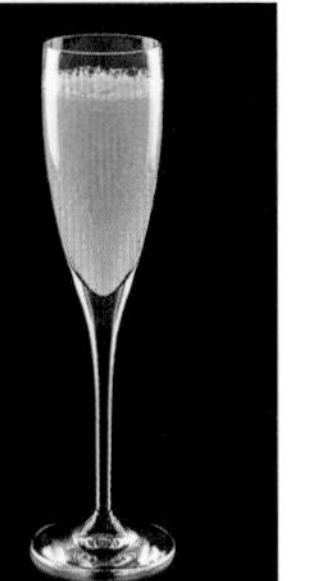

ベリーニ
（P.202）

クレーム・ド・カシスと
ミックスすると

キール・ロワイヤル
（P.198）

ライチ・リキュールと
ミックスすると

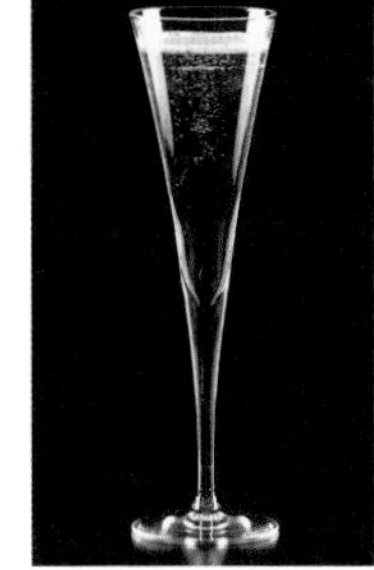

スパークリングワイン・ライチ

メロン・リキュールと
ミックスすると

ミドリ・ミモザ

スタウト（濃色ビール）と
ミックスすると

ブラック・ベルベット
（P.208）

その他

- グレープフルーツジュースとミックスすると　**ホワイト・ミモザ**（P.202）
- フランボワーズ・リキュールとミックスすると　**キール・アンペリアル**
- ペルノとミックスすると　**ヘミングウェイ**
- ブランデーとミックスすると　**プース・ラピエール**

ショート・ドリンクのつくり方

カクテル・グラスに注がれ、冷たいうちに短時間で楽しむショート・カクテル。「シェーク」と「ステア」の2つ基本テクニックがある。

ショート・ドリンクのレシピ分量

本書では、「ショート・ドリンク」の材料の合計は「60mℓ」を基本としている。これは「シェーク」または「ステア」することにより氷が溶けて「約70mℓ」になり、基準となる「容量90mℓ」のカクテル・グラスの8分目ほどのちょうどいい分量になるため。また、レシピによっては、材料の表記を「mℓ」ではなく「½」「¼」「¾」といった分数で表すことがあるが、その場合は合計「60mℓ」を基本として計算する。

〈例〉

サイドカー

ブランデー………… ½(30mℓ)
ホワイト・キュラソー
……………………… ¼(15mℓ)
レモンジュース…… ¼(15mℓ)
＊材料をシェークしてカクテル・グラスに注ぐ。

●シェーカーでミックスする基本テクニック

シェーク Shake

➡詳しくは P.226

代表例

シェーカーに氷を入れ、
「ベースとなる酒A＋(リキュール B)(材料 C)」を
入れてシェークする。

A＋(B・C)＝シェークでつくる
ショート・ドリンク

バカルディ
(P.116)

●ミキシング・グラスでミックスするテクニック

ステア Stir

➡詳しくは P.227

代表例

ミキシング・グラスに
「ベースとなる酒A＋(リキュール B)(材料 C)」を
入れ、バー・スプーンでミックスする。

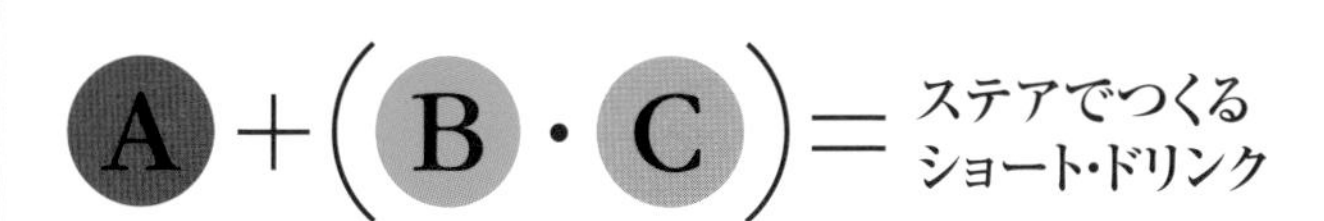

スコッチ・キルト
(P.158)

分量が多いショート・ドリンクのグラス

「クローバー・クラブ(P.64)」、「ピンク・レディ(P.79)」、「ホワイト・ローズ(P.83)」、「サンジェルマン(P.185)」などのように、材料の合計が60mℓ以上ある場合は大型のカクテル・グラスやワイン・グラス、シャンパン・グラスなど容量の大きいグラスを使用する。

ホワイト・ローズ

ドライ・ジン	45mℓ
マラスキーノ	15mℓ
オレンジジュース	15mℓ
レモンジュース	15mℓ
卵白	1個分

＊材料を十分シェークして、大きめのカクテル・グラスに注ぐ。

→P.83

ショート・ドリンクの バリエーション

ベース酒をかえるだけで、カクテル名がバリエーション豊かに変化するのがショート・ドリンクの特徴。シェークとステアに分けて代表的なパターンを紹介しよう。

その他

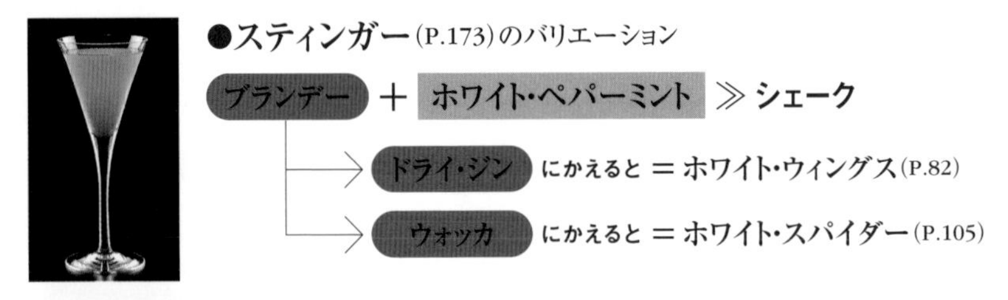

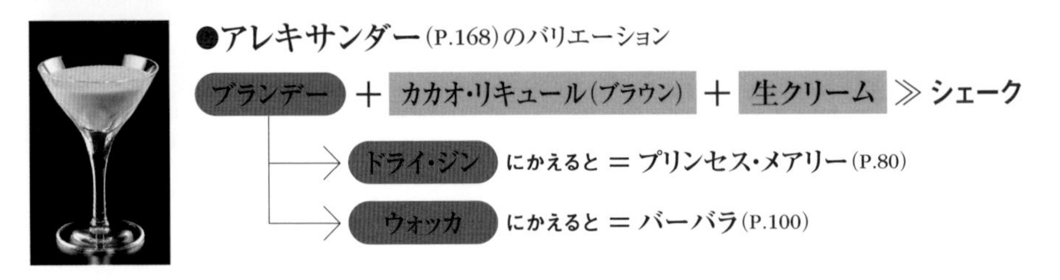

[バラライカ]

[エックス･ワィ･ズィ]

[サイドカー]

[ウィスキー･サイドカー]

※ウィスキー30mℓ、ホワイト・キュラソー15mℓ、レモンジュース15mℓをシェークする。

ステアでつくるショート・ドリンクの代表例❶

［マンハッタン］のバリエーション

→P.165

＋

ライ・ウィスキー
またはバーボン・ウィスキー

スイート・ベルモット

ベースをかえると

ベルモットをかえると

［ドライ・マンハッタン］

ライ・ウィスキー
またはバーボン・ウィスキー

＋

ドライ・ベルモット

→

→P.165

［ミディアム・マンハッタン］

ライ・ウィスキー
またはバーボン・ウィスキー

＋

ドライ&スイート・ベルモット

→

→P.165

［ロブ・ロイ］

スコッチ・ウィスキー

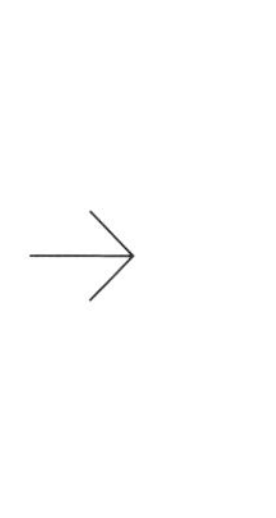

スイート・ベルモット

→P.167

［キャロル］

ブランデー

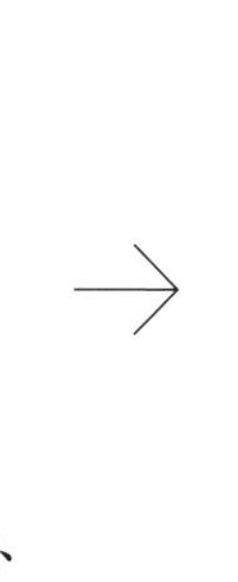

スイート・ベルモット

→P.170

［リトル・プリンセス］

ラム

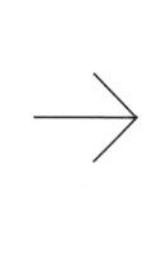

スイート・ベルモット

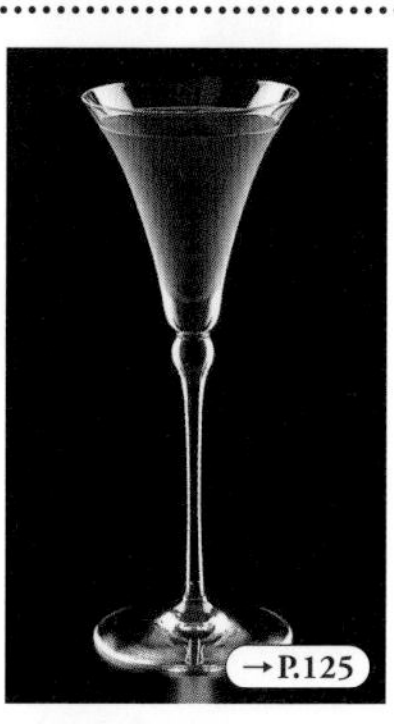

→P.125

［テキーラ・マンハッタン］

テキーラ

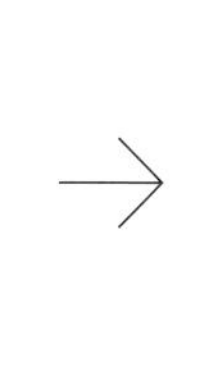

スイート・ベルモット

→P.132

ステア でつくるショート・ドリンクの代表例❷

［マティーニ］のバリエーション

→P.83

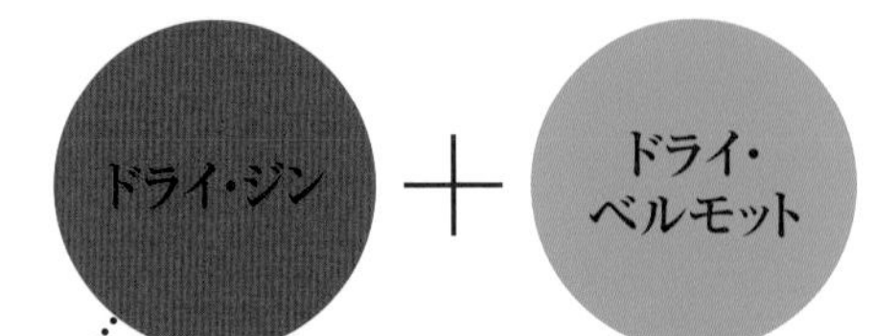

ベースをかえると

にかえると

→P.92

ウォッカ・マティーニ

テキーラ
にかえると

→P.132

テキーラ・マティーニ

※ベース酒を「日本酒」にかえると「サケティーニ」、「焼酎」にかえると「酎ティーニ」というカクテルになる。

ベルモットをかえると

スイート・ベルモット
にかえると

→P.84

スイート・マティーニ

ドライ&スイート・ベルモット
にかえると

→P.84

ミディアム・マティーニ

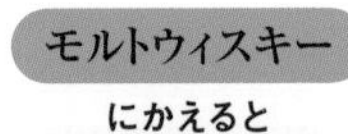

にかえると

→P.73

スモーキー・マティーニ

ドライ・ベルモット
の割合を減らすと

→P.84

ドライ・マティーニ

第2章

カクテル・カタログ

ジン・ベース

Gin Base Cocktails

もっともカクテル数が多く、親しみやすいのがジン・ベース。
ドライ・ジン特有のキレのある香味を生かしたカクテルが主流。

Earthquake
アースクェイク

40度 辛口 シェーク

地震という名のアルコール度数のかなり高いカクテル。飲めば体がグラグラ揺れるほど強いという意味から名づけられた。ハード・ドリンカー向きの辛口カクテルといえる。

ドライ・ジン……20mℓ
ウィスキー……20mℓ
ペルノ……20mℓ

材料をシェークして、カクテル・グラスに注ぐ。

Ideal

アイデアル

30度 中口 シェーク

辛口のジンとドライ・ベルモットにグレープフルーツの酸味とマラスキーノの芳香をプラスしたマティーニのアレンジ版ともいえるカクテル。甘さひかえめですっきりした飲み口は、食前酒におすすめ。

ドライ・ジン ……………………40mℓ
ドライ・ベルモット ………20mℓ
グレープフルーツジュース …1 tsp
マラスキーノ ………… 3 dashes

材料をシェークして、カクテル・グラスに注ぐ。

Aoi Sangoshou

青い珊瑚礁

33度 中口 シェーク

1950年「第2回オール・ジャパン・ドリンクス・コンクール」で第1位に輝いた作品。作者は名古屋市の鹿野彦司氏。ジンとペパーミントの清々しい味わいに、レモン・フレーバーが香る。

ドライ・ジン ……………………40mℓ
グリーン・ペパーミント …20mℓ
レモン（リンス用）、マラスキーノチェリー、ミントの葉

材料をシェークして、グラスの縁をレモンでリンス（P.229）したカクテル・グラスに注ぎ、マラスキーノチェリー沈めて、ミントの葉を飾る。

Aviation

アビエイション

30度 辛口 シェーク

アビエイションとは「飛行、飛行機」などの意味。レモンの酸味がきいたドライ・テイストの辛口カクテルで、マラスキーノの甘美な芳香がアクセントに。

ドライ・ジン ……………………45mℓ
レモンジュース ……………15mℓ
マラスキーノ…………………… 1 tsp

材料をシェークして、カクテル・グラスに注ぐ。

Abbey
アベイ

28度 中口 シェーク

「オレンジ・ブロッサム(P.61)」の爽快感に、オレンジビターズの苦味をアクセントに加えた中口カクテル。深みのあるフルーティな味わいは、食前酒にもおすすめ。

ドライ・ジン ……………………40mℓ
オレンジジュース ……………20mℓ
オレンジ・ビターズ …… 1 dash
マラスキーノチェリー

材料をシェークしてカクテル・グラスに注ぎ、好みでマラスキーノチェリーを飾る。

Appetizer
アペタイザー

24度 中口 シェーク

アペタイザーとは「食前酒」のこと。オレンジの風味とデュボネの甘味でやわらかなテイストのカクテルに仕上がっている。オレンジジュースを省いてつくるレシピもある。

ドライ・ジン ……………………30mℓ
デュボネ ………………………15mℓ
オレンジジュース ……………15mℓ

材料をシェークして、カクテル・グラスに注ぐ。

Around The World
アラウンド・ザ・ワールド

30度 中口 シェーク

「世界一周」という意味の淡いグリーンが印象的な中口カクテル。パイナップルのほのかな酸味とペパーミントの涼しげな香りで、すっきりとした飲み口に仕上がっている。

ドライ・ジン ……………………40mℓ
グリーン・ペパーミント …10mℓ
パイナップルジュース ……10mℓ
ミントチェリー

材料をシェークしてカクテル・グラスに注ぎ、ミントチェリーを沈める。

Alaska

アラスカ

40度 中口 シェーク

ロンドン「ザ・サヴォイ・ホテル」のハリー・クラドック氏が創作したカクテル。酸味と甘味が調和し豊かな味わいで飲みやすいが、アルコール度数はかなり高め。

ドライ・ジン ……………………………………45mℓ
シャルトリューズ（ジョーヌ） …………15mℓ

材料をシェークして、カクテル・グラスに注ぐ。

Alexander's Sister

アレキサンダーズ・シスター

25度 甘口 シェーク

「アレキサンダー（P.168）」の変形バージョンで、ミントの香りとクリーミィーな味わいで女性に人気の甘口カクテル。アフターディナーにもおすすめ。

ドライ・ジン ……………………………………30mℓ
グリーン・ペパーミント ……………………15mℓ
生クリーム ……………………………………15mℓ

材料を十分にシェークして、カクテル・グラスに注ぐ。

Asian Way

エイジアン・ウェイ

30度 中口 シェーク

ジンにパルフェタムールの甘美な味わいをプラスした、すっきりとして飲みやすい中口カクテル。バイオレットの妖艶な色合いがロマンチックな雰囲気を醸し出す。

- ドライ・ジン ……………40mℓ
- パルフェタムール ……………20mℓ
- レモンの皮 ……………少々

材料をミキシング・グラスでステアしてクラッシュドアイスを入れたグラスに注ぎ、レモンの皮を浮かべる。

Emerald Cooler

エメラルド・クーラー

7度 中口 シェーク

グリーン・ペパーミントとレモンジュースをソーダで割った清々しい飲み口が特徴。宝石を思わせる透明感あふれるエメラルド・グリーンが美しい。

- ドライ・ジン ……………30mℓ
- グリーン・ペパーミント …15mℓ
- レモンジュース ……………15mℓ
- シュガーシロップ………… 1 tsp
- ソーダ ……………適量
- マラスキーノチェリー

ソーダ以外の材料をシェークして氷を入れたグラスに注ぎ、冷えたソーダで満たして軽くステアし、マラスキーノチェリーを飾る。

Orange Fizz

オレンジ・フィズ

14度 中口 シェーク

人気の「ジン・フィズ(P.70)」にオレンジジュースをプラスして、よりフルーティに仕上げたカクテル。シュガーシロップを抜いて、甘さひかえめに仕上げてもOK。

- ドライ・ジン ……………45mℓ
- オレンジジュース …………20mℓ
- レモンジュース ……………15mℓ
- シュガーシロップ………… 1 tsp
- ソーダ ……………適量

ソーダ以外の材料をシェークして氷を入れたグラスに注ぎ、冷えたソーダで満たして軽くステアする。

Orange Blossom

オレンジ・ブロッサム

24度 中口 シェーク

オレンジ・ブロッサムとは「オレンジの花」のこと。アメリカ禁酒法時代に、粗悪なジンのにおいをオレンジジュースでごまかしたのがこのカクテルのはじまりとか。フルーティな味わいは、とくに食前酒におすすめ。

ドライ・ジン ……………………40mℓ
オレンジジュース …………20mℓ

材料をシェークして、カクテル・グラスに注ぐ。

Casino

カジノ

40度 辛口 ステア

ジンを1グラス分使っているので、アルコール度数のきわめて高い辛口カクテルに仕上がっている。マラスキーノとオレンジ・ビターズの芳香が、ジンの風味を引き立てる。

ドライ・ジン ……………………60mℓ
マラスキーノ ………… 2 dashes
オレンジ・ビターズ … 2 dashes
レモンジュース ……… 2 dashes
オリーブ（またはマラスキーノチェリー）

材料をミキシング・グラスでステアしてカクテル・グラスに注ぎ、カクテルピンに刺したオリーブ（またはマラスキーノチェリー）を飾る。

Caruso

カルーソー

29度 中口 ステア

19世紀末から20世紀初めにかけて活躍したイタリアのオペラ歌手エンリコ・カルーソーにちなんでつくられたというカクテル。ミントのグリーンが見た目にも清々しい。

ドライ・ジン ……………………30mℓ
ドライ・ベルモット ………15mℓ
グリーン・ペパーミント …15mℓ

材料をミキシング・グラスでステアして、カクテル・グラスに注ぐ。

Kiwi Martini

キウイ・マティーニ

25度 中口 シェーク

フレッシュ・キウイのナチュラルな色合いとフルーティな味わいが楽しめるフルーツ・カクテル。甘さが気になるなら、シュガーシロップは入れなくてもＯＫ。キウイをパイナップルやピーチなどにかえても。

- ドライ・ジン ……………………45ml
- フレッシュ・キウイ ………1/2個
- シュガーシロップ……1/2～1 tsp

キウイは飾り用を残して細かく刻み、その他の材料とともにシェークして大きめのカクテル・グラスに注ぎ、キウイを飾る。

Kiss In The Dark

キッス・イン・ザ・ダーク

39度 中口 シェーク

「暗闇でキス」と名のついたロマンティックなイメージのカクテル。ジンとチェリー・ブランデーが甘く刺激的な味わいを醸し出し、ベルモットが味に深みを加えている。

- ドライ・ジン ……………………30ml
- チェリー・ブランデー ……30ml
- ドライ・ベルモット ……… 1 tsp

材料をシェークして、カクテル・グラスに注ぐ。

Gibson

ギブソン

36度 辛口 ステア

超辛口な大人のカクテルとして人気。レシピはデコレーション以外は「マティーニ (P.83)」と同じだが、標準的なマティーニよりもジンの割合が多く、よりドライな仕上りになっている。

- ドライ・ジン ……………………50ml
- ドライ・ベルモット ………10ml
- パールオニオン

材料をミキシング・グラスでステアしてカクテル・グラスに注ぎ、パールオニオンを沈める。

Gimlet
ギムレット

30度 中口 シェーク

「ギムレットには早すぎる」（レイモンド・チャンドラー「長いお別れ」）というセリフで有名なカクテル。ギムレットとは大工道具の「錐（きり）」の意味。シンプルだが文字通り鋭い切れ味の飲み口が特徴。

ドライ・ジン ……………………45mℓ
ライムジュース（コーディアル）
……………………………………15mℓ

材料をシェークして、カクテル・グラスに注ぐ。

Claridge
クラリッジ

28度 中口 シェーク

パリ「クラリッジ・ホテル」のスペシャル・カクテル。ジンとベルモットのドライな味わいにリキュールのフルーティなテイストを加えたアフター・ディナー・カクテル。

ドライ・ジン ……………………20mℓ
ドライ・ベルモット …………20mℓ
アプリコット・ブランデー 10mℓ
コアントロー …………………10mℓ

材料をシェークして、カクテル・グラスに注ぐ。

Green Alaska
グリーン・アラスカ

39度 辛口 シェーク

ロンドン「ザ・サヴォイ・ホテル」のハリー・クラドック氏の考案。飲み口爽快な上級者向けカクテルで、シャルトリューズ（ジョーヌ）でつくる「アラスカ（P.59）」をベースにしている。

ドライジン ………………………45mℓ
シャルトリューズ（ヴェール）
……………………………………15mℓ

材料をシェークして、カクテル・グラスに注ぐ。

Clover Club

クローバー・クラブ

17度 中口 シェーク

グレナデンシロップのピンクが鮮やかなクラブ・カクテル（ディナーでオードブルやスープのかわりに出されるカクテル）の代表的なもの。甘味と酸味がほどよくミックスされている。

ドライ・ジン ……………………36mℓ
ライムジュース（またはレモンジュース） ……………………12mℓ
グレナデンシロップ ………12mℓ
卵白 …………………………1個分

材料を十分にシェークして、大きめのカクテル・グラス、またはソーサー型シャンパン・グラスに注ぐ。

Golden Screw

ゴールデン・スクリュー

10度 中口 ビルド

「スクリュードライバー（P.98）」のウォッカをジンにかえ、アンゴスチュラ・ビターズを加えたもの。フルーツジュースのようにさっぱりとして飲みやすい。

ドライ・ジン ……………………40mℓ
オレンジジュース…100〜120mℓ
アンゴスチュラ・ビターズ…1 dash
スライスオレンジ

氷を入れたオールドファッションド・グラスに材料を注ぎ、よくステアしてオレンジを飾る。

Golden Fizz

ゴールデン・フィズ

12度 中口 シェーク

「ジン・フィズ（P.70）」のバリエーションの1つで、卵黄を加えることで濃厚な味わいのフィズに仕上っている。よく混ざり合うよう十分にシェークするのがポイント。

ドライ・ジン ……………………45mℓ
レモンジュース ………………20mℓ
シュガーシロップ……1〜2 tsp
卵黄 …………………………1個分
ソーダ …………………………適量

ソーダ以外の材料を十分にシェークしてタンブラーに注ぎ、氷を加えて冷えたソーダで満たし、軽くステアする。

Zaza
ザザ

27度 中口 ステア

ジンとフレーバードワインを組み合わせた香味豊かなカクテル。アンゴスチュラ・ビターズを抜いて、レモンピールをしぼりかけると「デュボネ・カクテル」に。

- ドライ・ジン ……………………30mℓ
- デュボネ ……………………30mℓ
- アンゴスチュラ・ビターズ… 1 dash

材料をミキシング・グラスでステアして、カクテル・グラスに注ぐ。

Sapphirine Cool
サファイアン・クール

39度 中口 シェーク

1990年「エトワール・ド・ビスキー・カクテル・コンペティション」入賞作品。サファイアのような神秘的なブルーが印象的。飲む直前にレモンピールをしぼりかける。

- ドライ・ジン ……………………25mℓ
- コアントロー ……………………15mℓ
- グレープフルーツジュース …15mℓ
- ブルーキュラソー………… 1 tsp
- レモンピール

材料をシェークしてカクテル・グラスに注ぎ、レモンピールを飾る。

James Bond Martini
ジェームズ・ボンド・マティーニ

36度 辛口 シェーク

ジェームズ・ボンドが映画「007」の中でつくったオリジナルカクテル。ウォッカをプラスしてシェークするのが特徴。リレ・ブラン（甘口のアペリティフワイン）は、ドライ・ベルモットで代用してもＯＫ。

- ドライ・ジン ……………………40mℓ
- ウォッカ ……………………10mℓ
- リレ・ブラン（P.145） ……10mℓ
- レモンピール

材料をシェークしてカクテル・グラスに注ぎ、レモンピールを飾る。

City Coral
シティ・コーラル
9度 中口 シェーク

1984年「全国カクテル・コンクール」優勝作品で、日本代表として「国際カクテル・コンペティション」にも出品された上田和男氏の作品。コーラルスタイルの淡いブルーとメロンリキュールの鮮やかなグリーンが、南の島のラグーンを思わせる。

ドライ・ジン……20mℓ
ミドリ（メロンリキュール）……20mℓ
グレープフルーツジュース……20mℓ
ブルーキュラソー……1 tsp
トニックウォーター……適量

トニックウォーター以外の材料をシェークして、コーラル・スタイル（P.229）にして氷を入れたフルート型シャンパン・グラスに注ぎ、冷えたトニックウォーターで満たして軽くステアする。

Silver Fizz
シルバー・フィズ
12度 中口 シェーク

「ゴールデン・フィズ（P.64）」の卵黄を卵白にかえたフィズ・スタイルのカクテル。卵白が入っているので、十分にシェークすること。あっさりした口当たりの中に、ほんのりと酸味と甘味がきいている。

ドライ・ジン……45mℓ
レモンジュース……20mℓ
シュガーシロップ……1～2 tsp
卵白……1個分
ソーダ……適量

ソーダ以外の材料を十分にシェークしてタンブラーに注ぎ、氷を加えて冷えたソーダで満たし、軽くステアする。

Gin & Apple

ジン・アップル

15度 中口 ビルド

ジンとアップルジュースをグラスでミックスしただけのイージー・カクテル。フルーティな甘さが心地よい。ジュースはグレープフルーツジュースでもOK。

ドライ・ジン …………30〜45㎖
アップルジュース …………適量

氷を入れたグラスにジンを入れ、冷えたアップルジュースで満たして軽くステアする。

Gin & It

ジン・アンド・イット

36度 中口 ビルド

マティーニの原形とされるシンプルレシピの古典的カクテル。ジンもベルモットも冷やさないのが本来のスタイルだが、ミキシング・グラスでステアしてから飲んでもよい。

ドライ・ジン ………………30㎖
スイート・ベルモット ……30㎖

ジンとスイート・ベルモットをそれぞれ同量ずつカクテル・グラスに注ぐ。

Gin Cocktail

ジン・カクテル

40度 辛口 ステア

ドライ・ジンをストレートに近い形で飲むアルコール度数の高いカクテル。オレンジ・ビターズとレモンピールの香りづけがポイント。

ドライ・ジン ………………60㎖
オレンジ・ビターズ … 2 dashes
レモンピール

材料をミキシング・グラスでステアしてカクテル・グラスに注ぎ、レモンピールをしぼりかける。

Gin Sour
ジン・サワー

24度 中口 シェーク

サワーとは「酸っぱい」という意味で、ベースをかえればそれぞれ別のサワーになる。レモンジュースのほどよい酸味で、口当たりのよいカクテルに仕上がっている。

ドライ・ジン ……………………45mℓ
レモンジュース ………………20mℓ
シュガーシロップ………… 1 tsp
マラスキーノチェリー、スライスレモン

材料をシェークしてサワー・グラスに注ぎ、マラスキーノチェリーとスライスレモンを飾る。

Gin Sling
ジン・スリング

14度 中口 ビルド

甘味をつけたジンのソーダ割り(水割り)といった風情の古いスタイルのカクテル。通常「スリング」と名のつくものにはレモンジュースを加えるが、ここでは使用しない。

ドライ・ジン ……………………45mℓ
砂糖……………………………… 1 tsp
ソーダ(または冷水) ……適量

タンブラーにジンと砂糖を入れてよくステアし、氷を加えて冷えたソーダ(または冷水)を満たして軽くステアする。

Gin Daisy
ジン・デイジー

22度 中口 シェーク

透明感のある淡いピンクとミントの葉が涼しげなロング・ドリンク。同じつくり方で、ベースをラムやウィスキー、ブランデーにかえたさまざまな「デイジー」がある。

ドライ・ジン ……………………45mℓ
レモンジュース ………………20mℓ
グレナデンシロップ……… 2 tsp
スライスレモン、ミントの葉

材料をシェークしてクラッシュドアイスをつめたグラスに注ぎ、スライスレモンとミントの葉を飾る。

Gin & Tonic

ジン・トニック

14度 中口 ビルド

ライム（またはレモン）の酸味とトニックのほろ苦さがマッチした爽快感あふれるドリンク。近ごろは、トニックウォーターとソーダを半量ずつ加える「ジン・ソニック」と呼ばれるカクテルも人気。

ドライ・ジン ……………………45mℓ
トニックウォーター ………適量
カットライム（またはカットレモン）

氷を入れたグラスにドライ・ジンを注いでカットライム（またはカットレモン）をしぼり入れ、冷えたトニックウォーターで満たして軽くステアする。

Gin Buck

ジン・バック

14度 中口 ビルド

ジンとレモンジュースをジンジャーエールで割った清涼感あふれるロング・ドリンク。別名「ロンドン・バック」。同様のスタイルのものにラム・バック、ブランデー・バックなどがある。

ドライ・ジン ……………………45mℓ
レモンジュース ………………20mℓ
ジンジャーエール …………適量
スライスレモン

氷を入れたタンブラーにジンとレモンジュースを注ぎ、冷えたジンジャーエールで満たして軽くステアし、スライスレモンを飾る。

Gin & Bitters

ジン・ビターズ

40度 辛口 ビルド

ジンにアンゴスチュラ・ビターズの苦味を加えた辛口カクテル。リンスしたシェリー・グラスに冷やしたジンを注ぐレシピもある。

ドライ・ジン ……………………60mℓ
アンゴスチュラ・ビターズ
………………………… 2 ～ 3 dashes

アンゴスチュラ・ビターズをオールドファッションド・グラスに振り入れ、グラスを回して内側にリンス（P.229）して余分なビターズは捨てる。氷を入れてジンを注ぎ、軽くステアする。

Gin Fizz
ジン・フィズ

14度 中口 シェーク

フィズ・スタイル（P.43）のロング・ドリンクの代表格。レモンの酸味がジンを引き立て、シンプルながら飲みやすいテイストに仕上がっている。甘さは好みの加減に調整して。

ドライ・ジン ……………………45mℓ
レモンジュース ………………20mℓ
シュガーシロップ…… 1～2 tsp
ソーダ ……………………………適量
カットレモン、マラスキーノチェリー

ソーダ以外の材料をシェークして氷を入れたグラスに注ぎ、冷えたソーダで満たして軽くステアする。好みでカットレモンとマラスキーノチェリーを飾る。

Gin Fix
ジン・フィックス

28度 中口 ビルド

フィックスとは、柑橘類のジュースと甘味（またはリキュール）を加えたサワー系のドリンクのこと。ほどよい甘さと酸味で爽快感あふれる味わいが楽しめる。

ドライ・ジン ……………………45mℓ
レモンジュース ………………20mℓ
シュガーシロップ………… 2 tsp
スライスライム（またはスライスレモン）

材料をグラスに入れて混ぜ合わせ、クラッシュドアイスをつめて静かにステアし、スライスライム（またはスライスレモン）を飾ってストローを添える。

Gin & Lime
ジン・ライム

30度 中口 ビルド

「ギムレット（P.63）」をオン・ザ・ロック・スタイルにしたもの。フレッシュ・ライムをしぼるなど甘くないライムジュースを使うなら、シュガーシロップを少量加えても。

ドライ・ジン ……………………45mℓ
ライムジュース（コーディアル）
……………………………………15mℓ

氷を入れたオールドファッションド・グラスにドライ・ジンとライムジュースを注ぎ、軽くステアする。

Gin Rickey

ジン・リッキー

14度 辛口 ビルド

生ライムをしぼってジンとソーダで割っただけの辛口ロング・ドリンク。すっきりとした強い酸味が特徴。マドラーでライムをつぶしながら、好みの酸味に調整しても。

ドライ・ジン ……………………45mℓ
生ライム ………………………… $\frac{1}{2}$ 個
ソーダ …………………………適量

グラスに生ライムをしぼってそのまま落とし入れ、氷を加えてドライ・ジンとを注ぎ、冷えたソーダで満たしてマドラーを添える。

Singapore Sling

シンガポール・スリング

17度 中口 シェーク

1915年、シンガポールの名門ホテル「ラッフルズホテル」で考案された世界的に人気のカクテル。ジンの軽快な口当たりとチェリー・ブランデーの豊かな香気がベストマッチ。

ドライ・ジン ……………………45mℓ
チェリー・ブランデー ……20mℓ
レモンジュース ……………20mℓ
ソーダ …………………………適量
スライスレモン、スライスオレンジ、マラスキーノチェリー

ソーダ以外の材料をシェークして氷を入れたグラスに注ぎ、冷えたソーダで満たして軽くステアする。オレンジやマラスキーノチェリーなど、好みのフルーツを飾る。

Strawberry Martini

ストロベリー・マティーニ

25度 中口 シェーク

ストロベリーのナチュラルな色合いと風味が楽しめるフレッシュ・カクテル。甘味づけのシュガーシロップは入れなくてもOK。同様にしてパイナップルやメロン、ピーチなどでも。

ドライ・ジン ……………………45mℓ
フレッシュ・ストロベリー
……………………………… 3～4個
シュガーシロップ …… $\frac{1}{2}$ ～1 tsp

ストロベリーは細かく刻み、その他の材料とともにシェークして大きめのカクテル・グラスに注ぐ。シェーカーのストレーナーをはずし、中に残った果肉をグラスに加える。

Spring Opera
スプリング・オペラ

32度 中口 シェーク

1999年「ザ・カクテル・コンペティション」において「カクテル・オブ・ザ・イヤー」に輝いた三谷裕氏の作品。数種のリキュールとフルーツジュースを使って春の桜をイメージした色合いを演出し、爽やかな飲み口のカクテルに仕上げている。

ドライ・ジン（ビーフィーター）……40mℓ
ジャポネ桜……10mℓ
ピーチ・リキュール……10mℓ
レモンジュース……1 tsp
オレンジジュース……2 tsp
ミントチェリー

オレンジジュース以外の材料をシェークしてカクテル・グラスに注ぎ、オレンジジュースを静かに沈めて、カクテルピンに刺したミントチェリーを飾る。

Spring Feeling
スプリング・フィーリング

32度 中口 シェーク

ドライ・ジンと中世より伝わる薬草系リキュール・シャルトリューズを組み合わせた独特の風味のカクテル。飲み口は小春日和のようにさわやかで、調和のとれた酸味と甘味はツウ好みの味わいといえる。

ドライ・ジン……30mℓ
シャルトリューズ（ヴェール）……15mℓ
レモンジュース……15mℓ

材料をシェークして、カクテル・グラスに注ぐ。

Smoky Martini

スモーキー・マティーニ

40度 辛口 ステア

マティーニ（P.83）の変形バージョンの1つ。ドライ・ベルモットをモルト・ウィスキーにかえて、より辛口でスモーキーな味わいを演出している。

ドライ・ジン ……………………50㎖
モルト・ウィスキー ………10㎖
レモンピール

材料をミキシング・グラスでステアしてカクテル・グラスに注ぎ、レモンピールをしぼりかける。

Seventh Heaven

セブンス・ヘブン

38度 中口 シェーク

セブンス・ヘブンとは、イスラム教において最高位の天使が住むとされる「第7番目の天国」のこと。ジンとマラスキーノ（サクランボのリキュール）の風味がよく合う。

ドライ・ジン ……………………48㎖
マラスキーノ ……………………12㎖
グレープフルーツジュース 1 tsp
ミントチェリー

材料をシェークしてカクテル・グラスに注ぎ、ミントチェリーを沈める。

Tanqueray Forest

タンカレー・フォレスト

16度 中口 シェーク

1993年「HBA/JWS社共催カクテル・コンペティション」においてタンカレー部門の優勝作品。作者は犬養正氏。メロンとグレープフルーツがほんのりと香りづく味わいは絶品。

ドライ・ジン（タンカレー） …20㎖
メロン・リキュール ………10㎖
グレープフルーツジュース …25㎖
レモンジュース ………………5㎖
アンゴスチュラ・ビターズ… 1 dash
ミントの葉

材料をシェークしてカクテル・グラスに注ぎ、ミントの葉を飾る。

Tango
タンゴ

27度 中口 シェーク

ジンとベルモットという相性のいい組み合わせに、オレンジの酸味と甘さをプラスしたフルーティで口当たりのいいカクテル。

ドライ・ジン ……………………24mℓ
ドライ・ベルモット …………12mℓ
スイート・ベルモット ……12mℓ
オレンジ・キュラソー ……12mℓ
オレンジジュース …… 2 dashes

材料をシェークして、カクテル・グラスに注ぐ。

Texas Fizz
テキサス・フィズ

14度 中口 シェーク

「ジン・フィズ（P.70）」のバリエーションの1つで、レモンジュースをオレンジジュースにかえたソフトな飲み口が特徴。甘さは好みで調整して。

ドライ・ジン ……………………45mℓ
オレンジジュース …………20mℓ
砂糖（シュガーシロップ）
……………………………… 1 ～ 2 tsp
ソーダ ……………………………適量
スライスライム、ミントチェリー

ソーダ以外の材料をシェークして氷を入れたグラスに注ぎ、冷えたソーダで満たして軽くステアする。好みでスライスライム、ミントチェリーを飾る。

Tom Collins
トム・コリンズ

16度 中口 シェーク

19世紀初頭から飲み続けられているカクテルで、当初はオランダ産のオールド・トム・ジンをベースにしたためこの名がついた。爽やかな口当たりで飲みやすい。

ドライ・ジン ……………………45mℓ
レモンジュース ………………20mℓ
シュガーシロップ…… 1 ～ 2 tsp
ソーダ ……………………………適量
スライスレモン、マラスキーノチェリー

ソーダ以外の材料をシェークして氷を入れたコリンズ・グラスに注ぎ、冷えたソーダで満たして軽くステアする。好みでスライスレモンとマラスキーノチェリーを飾る。

Nicky's Fizz

ニッキーズ・フィズ

10度 中口 シェーク

「ジン・フィズ（P.70）」のバリエーションの1つ。レモンジュースをグレープフルーツジュースにかえることにより、甘さひかえめで爽快な喉ごしのカクテルに仕上がっている。

- ドライ・ジン ……………30mℓ
- グレープフルーツジュース …30mℓ
- シュガーシロップ………… 1 tsp
- ソーダ ……………………適量
- スライスレモン

ソーダ以外の材料をシェークして氷を入れたグラスに注ぎ、冷えたソーダで満たして軽くステアする。好みでスライスレモンを飾る。

Ninja Turtle

ニンジャ・タートル

14度 中口 ビルド

1990年に公開されたアニメ「ミュータント・タートルズ」に触発されて、アメリカのバーテンダーが考案したカクテル。ブルー・キュラソーとオレンジジュースで鮮やかなグリーンを演出。

- ドライ・ジン（ビーフィーター）……………………………45mℓ
- ブルー・キュラソー ………15mℓ
- オレンジジュース …………適量
- スライスレモン

材料を氷を入れたグラスに注ぎ、軽くステアしてスライスレモンを飾る。

Negroni

ネグローニ

25度 中口 ビルド

イタリアのカミーロ・ネグローニ伯爵が食前酒として愛飲していたカクテルで、1962年に伯爵の許しを得て発表された。ジン、カンパリ、ベルモットの組み合わせは絶品。

- ドライ・ジン ……………30mℓ
- カンパリ …………………30mℓ
- スイート・ベルモット ……30mℓ
- スライスオレンジ

氷を入れたオールドファッションド・グラスに材料を注ぎ、軽くステアしてスライスオレンジを飾る。

Knock-out
ノック・アウト

30度 辛口 シェーク

ジンとドライ・ベルモットにペルノを加え、ペパーミントのフレーバーをきかせたやや辛口のカクテル。アルコール度数はカクテル名ほど強烈ではない。

ドライ・ジン ……………………20mℓ
ドライ・ベルモット ………20mℓ
ペルノ ……………………………20mℓ
ホワイト・ペパーミント … 1 tsp

材料をシェークして、カクテル・グラスに注ぐ。

Bartender
バーテンダー

22度 中口 ステア

バーテンダーとは、本来「酒場の責任者」をいう。ドライ・ジンと3種類のワインを組み合わせたプレ・ディナー・カクテルで、複雑で上品な味わいが特徴。

ドライ・ジン ………………15mℓ
ドライ・シェリー …………15mℓ
ドライ・ベルモット ………15mℓ
デュボネ ………………………15mℓ
グラン・マルニエ ………… 1 tsp

材料をミキシング・グラスでステアして、カクテル・グラスに注ぐ。

Bermuda Rose
バミューダ・ローズ

35度 中口 シェーク

甘酸っぱいアプリコット・ブランデーとジンを組み合わせ、グレナデンシロップで色づけしたソフト＆スイートなカクテル。アプリコット・ブランデーの芳醇な味わいが堪能できる。

ドライ・ジン …………………40mℓ
アプリコット・ブランデー …20mℓ
グレナデンシロップ … 2 dashes

材料をシェークして、カクテル・グラスに注ぐ。

Paradise
パラダイス

25度　中口　シェーク

「楽園」の名にふさわしく明るいイエローが印象的なフルーティ・カクテル。アプリコット・ブランデーとオレンジジュースの絶妙なマッチングは、まさにパラダイス。

ドライ・ジン	30mℓ
アプリコット・ブランデー	15mℓ
オレンジジュース	15mℓ

材料をシェークして、カクテル・グラスに注ぐ。

Parisian
パリジャン

パリジェンヌをイメージしたお洒落なカクテル。フランスを代表するリキュール、クレーム・ド・カシスとドライ・ベルモットの組み合わせが、上品な風味を醸し出している。

ドライ・ジン	20mℓ
ドライ・ベルモット	20mℓ
クレーム・ド・カシス	20mℓ

材料をシェークして、カクテル・グラスに注ぐ。

Hawaiian
ハワイアン

20度　中口　シェーク

常夏の島ハワイをイメージしたオレンジ風味のカクテル。オレンジ・キュラソーを加えて濃厚なオレンジ香をプラスし、トロピカルなテイストを演出している。

ドライ・ジン	30mℓ
オレンジジュース	30mℓ
オレンジ・キュラソー	1 tsp

材料をシェークして、カクテル・グラスに注ぐ。

Bijou
ビジュー
33度 中口 ステア

ビジューとは「宝石」のこと。スイート・ベルモットとシャルトリューズを合わせてゴールドの色彩を創出し、底には宝石に見立てたチェリーが沈む。飲み口はやや甘めの中口。

ドライ・ジン …………………20mℓ
スイート・ベルモット ……20mℓ
シャルトリューズ（ヴェール）
……………………………………20mℓ
オレンジ・ビターズ …… 1 dash
マラスキーノチェリー、レモンピール

材料をミキシング・グラスでステアしてカクテル・グラスに注ぎ、カクテルピンに刺したマラスキーノチェリーを飾り、レモンピールをしぼりかける。

Pure Love
ピュア・ラブ
5度 中口 シェーク

1980年「ANBAカクテル・コンペティション」において作者である上田和男氏が初出場で初優勝を飾った記念すべき作品。初恋のときめきにも似た甘酸っぱい後口が秀逸。

ドライ・ジン …………………30mℓ
フランボワーズリキュール…15mℓ
ライムジュース ……………15mℓ
ジンジャーエール …………適量
スライスライム

ジンジャーエール以外の材料をシェークしてタンブラーに注いで氷を入れ、冷えたジンジャーエールで満たして軽くステアし、スライスライムを飾る。

Beauty Spot
ビューティ・スポット
26度 中口 シェーク

ビューティ・スポットとは「つけぼくろ」のこと。ジンとベルモットという相性のいい組み合わせに、オレンジジュースとグレナデンでアクセントをつけた中口のカクテル。

ドライ・ジン …………………30mℓ
ドライ・ベルモット ………15mℓ
スイート・ベルモット ……15mℓ
オレンジジュース………… 1 tsp
グレナデンシロップ……… 1/2 tsp

グレナデンシロップ以外の材料をシェークして、カクテル・グラスに注ぎ、グレナデンシロップを静かに沈める。

Pink Gin

ピンク・ジン

40度 辛口 ステア

ジンをそのまま飲むようなカクテルで、アルコール度数は非常に高い。アンゴスチュラ・ビターズをオレンジ・ビターズにかえると「イエロー・ジン」というカクテルになる。

ドライ・ジン ……………………60mℓ
アンゴスチュラ・ビターズ
…………………………… 2～3 dashes

材料をミキシング・グラスでステアして、カクテル・グラスに注ぐ。

Pink Lady

ピンク・レディ

20度 中口 シェーク

1912年、ロンドンでヒットした舞台「ピンク・レディ」を記念してつくられたカクテル。グレナデンシロップの美しいピンクが、シャープなジンの味をやさしく包む。

ドライ・ジン ……………………45mℓ
グレナデンシロップ ………20mℓ
レモンジュース……………… 1 tsp
卵白 ……………………………1個分

材料を十分にシェークして、大きめのカクテル・グラスに注ぐ。

Bloody Sam

ブラッディ・サム

12度 辛口 ビルド

「ブラッディ・メアリー(P.103)」のバリエーションの1つで、ウォッカをジンにかえたもの。好みで塩、こしょう、タバスコ、ウスターソースなどを加えても。

ドライ・ジン ……………………45mℓ
トマトジュース ………………適量
カットレモン

氷を入れたグラスにウォッカを注ぎ、トマトジュースで満たして軽くステアし、カットレモンを飾る。

Princess Mary
プリンセス・メアリー

20度 甘口 シェーク

ブランデー・ベースの「アレキサンダー(P.168)」のジン・バージョン。クリーミーで甘美な味わいは、アフター・ディナー・カクテルの代表格。

ドライ・ジン ……………………20ml
カカオ・リキュール(ブラウン) …20ml
生クリーム ……………………20ml

材料を十分にシェークして、カクテル・グラスに注ぐ。

Blue Moon
ブルー・ムーン

30度 中口 シェーク

ネーミングはブルーだが、仕上がりは魅惑的な薄紫色が印象的なカクテル。スミレの香り豊かなリキュールを使ったロマンチックな味わいは「飲む香水」ともいわれる。

ドライ・ジン ……………………30ml
バイオレット・リキュール…15ml
レモンジュース ……………15ml

材料をシェークして、カクテル・グラスに注ぐ。

Bulldog Highball
ブルドッグ・ハイボール

14度 中口 ビルド

ジンをベースにオレンジジュースとジンジャーエールをミックスした爽やかな飲み口が特徴。甘さひかえめで、誰にでも飲みやすい。

ドライ・ジン ……………………45ml
オレンジジュース …………30ml
ジンジャーエール …………適量

氷を入れたグラスにドライ・ジンとオレンジジュースを注ぎ、冷えたジンジャーエールで満たして軽くステアする。

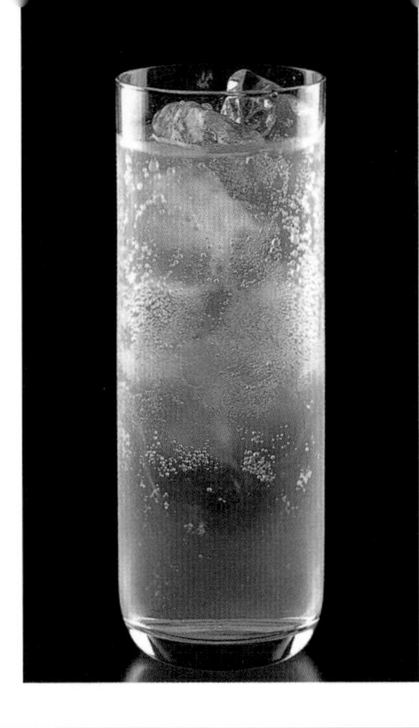

French75

フレンチ75

18度 中口 シェーク

第一次世界大戦中にパリで生まれたカクテル。フランス軍の75 mm口径の大砲をそのままカクテル名とした。ベースをバーボンにかえると「フレンチ95」、ブランデーなら「フレンチ125」。

- ドライ・ジン ……………………45mℓ
- レモンジュース ……………20mℓ
- 砂糖…………………………………1 tsp
- シャンパン ………………………適量

シャンパン以外の材料をシェークして氷を入れたグラスに注ぎ、冷えたシャンパンで満たして軽くステアする。

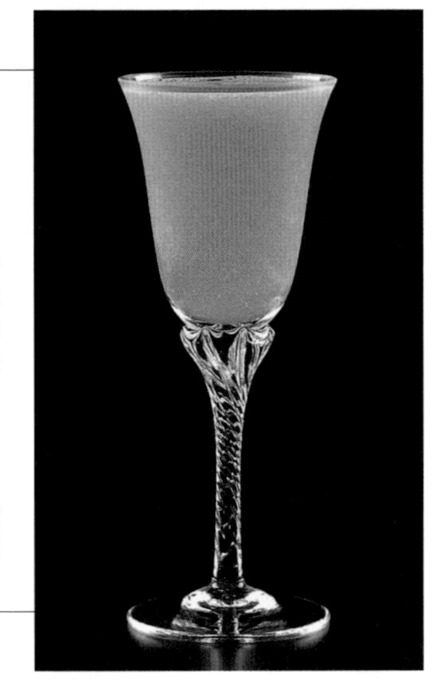

Bronx

ブロンクス

25度 中口 シェーク

ブロンクスは、ニューヨーク市を形成する自治区の1つ。ドライ&スイートベルモットの深い味わいが、ほのかなオレンジ香をまとって絶妙なバランスを生み出している。

- ドライ・ジン …………………30mℓ
- ドライ・ベルモット ………10mℓ
- スイート・ベルモット ……10mℓ
- オレンジジュース …………10mℓ

材料をシェークして、カクテル・グラスに注ぐ。

Honolulu

ホノルル

35度 中口 シェーク

3種のフルーツジュースをジンとミックスしたトロピカルムードいっぱいのカクテル。アンゴスチュラ・ビターズの香気がアクセントになっている。

- ドライ・ジン ……………………60mℓ
- オレンジジュース………… 1 tsp
- パイナップルジュース…… 1 tsp
- レモンジュース…………… 1 tsp
- シュガーシロップ………… 1 tsp
- アンゴスチュラ・ビターズ … 1 dash
- カットパイン、マラスキーノチェリー

材料をシェークして大きめのカクテル・グラスに注ぎ、カットパインとマラスキーノチェリーを飾る。

White Wings

ホワイト・ウイングス

32度 中口 シェーク

別名「ジン・スティンガー」。ブランデー・ベースの「スティンガー（P.173）」のジン・バージョンで、ミントの清涼感がジンの味わいをよりシャープに仕上げている。

ドライ・ジン ……………………40㎖
ホワイト・ペパーミント …20㎖

材料をシェークして、カクテル・グラスに注ぐ。

White Lily

ホワイト・リリー

35度 中口 ステア

まっ白なユリをイメージしてつくられたカクテル。名前はソフトだが、ラムとペルノを加えているため飲み口はかなりハード。ホワイト・キュラソーが絶妙な風味を醸す。

ドライ・ジン ……………………20㎖
ラム（ホワイト） ……………20㎖
ホワイト・キュラソー ……20㎖
ペルノ ………………………… 1 dash

材料をミキシング・グラスでステアして、カクテル・グラスに注ぐ。

White Lady

ホワイト・レディ

29度 中口 シェーク

「白い貴婦人」という名のカクテルで、酸味のきいたシャープな味わいで人気。洗練された香気と後口は、ホワイト・キュラソーの逸品コアントローならではのもの。

ドライ・ジン ……………………30㎖
コアントロー ……………………15㎖
レモンジュース ………………15㎖

材料をシェークして、カクテル・グラスに注ぐ。

White Rose

ホワイト・ローズ

20度 中口 シェーク

「白いバラ」という名のカクテル。柑橘系のジュースとマラスキーノを加え、調和のとれたソフトな味わいに仕上がっている。卵白がよく混ざるよう、シェークは多めに。

ドライ・ジン …………………45mℓ
マラスキーノ …………………15mℓ
オレンジジュース …………15mℓ
レモンジュース ……………15mℓ
卵白 ………………………… 1 個分

材料を十分にシェークして、大きめのカクテル・グラスに注ぐ。

Magnolia Blossom

マグノリア・ブロッサム

20度 中口 シェーク

マグノリア・ブロッサムとは「泰山木（たいざんぼく）の花」のこと。甘さはひかえめで、生クリームたっぷりの女性向きカクテルといえる。グレナデンを加えた淡いピンクが印象的。

ドライ・ジン …………………30mℓ
レモンジュース ……………15mℓ
生クリーム ……………………15mℓ
グレナデンシロップ …… 1 dash

材料を十分にシェークして、カクテル・グラスに注ぐ。

Martini

マティーニ

34度 辛口 ステア

世界中で愛飲されるキング・オブ・カクテルと呼ぶにふさわしい辛口カクテルの代名詞。ジンとベルモットの比率を変えることにより、さまざまに味のバリエーションが広がる。

ドライ・ジン …………………45mℓ
ドライ・ベルモット ………15mℓ
レモンピール、オリーブ

材料をミキシング・グラスでステアしてカクテル・グラスに注ぎ、レモンピールをしぼりかける。好みでカクテルピンに刺したオリーブを飾る。

Martini (Sweet)

マティーニ（スイート）

32度 中口 ステア

「マティーニ（P.83）」の数あるバリエーションの中でも甘口のタイプ。スイート・ベルモットを使っているので、仕上がりの色彩は透明感のある美しいブラウン・カラー。

ドライ・ジン ……………………40mℓ
スイート・ベルモット ……20mℓ
マラスキーノチェリー

材料をミキシング・グラスでステアしてカクテル・グラスに注ぎ、好みでマラスキーノチェリーを飾る。

Martini (Dry)

マティーニ（ドライ）

35度 辛口 ステア

「マティーニ（P.83）」の数あるバリエーションの1つ。文豪アーネスト・ヘミングウェイが愛飲したカクテルとしても有名で、その作品中にもしばしば登場する。

ドライ・ジン ……………………48mℓ
ドライ・ベルモット ………12mℓ
レモンピール、オリーブ

材料をミキシング・グラスでステアしてカクテル・グラスに注ぎ、レモンピールをしぼりかける。好みでオリーブを飾る。

Martini (Medium)

マティーニ（ミディアム）

30度 中口 ステア

ドライとスイートの2つのベルモットでつくる別名「パーフェクト・マティーニ」。マティーニ（ドライ）よりはかなりまろやかな味わいで、飲みやすい。

ドライ・ジン ……………………40mℓ
ドライ・ベルモット ………10mℓ
スイート・ベルモット ……10mℓ
オリーブ

材料をミキシング・グラスでステアしてカクテル・グラスに注ぎ、好みでカクテルピンに刺したオリーブを飾る。

Martini On The Rocks

マティーニ・オン・ザ・ロック

35度 辛口 ステア

「マティーニ (P.83)」をオン・ザ・ロック・スタイルで飲みやすくしたもの。ミキシング・グラスでステアせずに、そのままグラスに注いでミックスしてつくってもOK。

ドライ・ジン ……………………45mℓ
ドライ・ベルモット ………15mℓ
オリーブ、レモンピール

材料をミキシング・グラスでステアして氷を入れたオールドファッションド・グラスに注ぎ、レモンピールをしぼりかける。好みでカクテルピンに刺したオリーブを飾る。

Marionett

マリオネット

22度 中口 シェーク

「第14回HBA創作カクテル・コンペティション」で準優勝に輝いた渡辺一也氏の作品。マリオネットとは「操り人形・人形劇」のこと。個性豊かなアマレットの風味が清々しい。

ドライ・ジン ……………………20mℓ
アマレット ………………………10mℓ
グレープフルーツジュース …30mℓ
グレナデンシロップ……… 1 tsp
オレンジピール

材料をシェークしてカクテル・グラスに注ぎ、オレンジピール (P.229) をしぼりかける。

Million Dollar

ミリオン・ダラー

18度 中口 シェーク

「100万ドル」という名のついた日本生まれのカクテルで、ベルモットとパイナップルの甘味が心地よい。正式なレシピでは、スライスしたパイナップルをグラスの縁に飾る。

ドライ・ジン ……………………45mℓ
スイート・ベルモット ……15mℓ
パイナップルジュース ……15mℓ
グレナデンシロップ……… 1 tsp
卵白 ……………………………1 個分

材料を十分にシェークして、大きめのカクテル・グラスに注ぐ。

Merry Widow

メリー・ウィドウ

25度 辛口 ステア

喜歌劇「メリー・ウィドウ（陽気な未亡人）」から名づけられたカクテル。ジンとベルモットに3種類の薬草・香草系リキュールが調和した辛口の味わい。レシピの異なる同名のカクテルが数種ある。

- ドライ・ジン ……………………30mℓ
- ドライ・ベルモット ………30mℓ
- ベネディクティン ……… 1 dash
- ペルノ ……………………… 1 dash
- アンゴスチュラ・ビターズ… 1 dash
- レモンピール

材料をミキシング・グラスでステアしてカクテル・グラスに注ぎ、レモンピールをしぼりかける。

Melon Special

メロン・スペシャル

24度 中口 シェーク

1966年「全日本バーテンダー協会カクテル・コンペティション」優勝作品。作者は図師健一氏。メロン・リキュールとライムジュースを使って、メロンの色と味を表現した。

- ドライ・ジン（ビーフィーター）……………………………………30mℓ
- メロン・リキュール ………15mℓ
- ライムジュース ……………15mℓ
- オレンジ・ビターズ …… 1 dash
- ミントチェリー、レモンピール

材料をシェークしてカクテル・グラスに注ぎ、ミントチェリーを沈めてレモンピールをしぼりかける。

Yokohama

ヨコハマ

18度 中口 シェーク

港町「横浜」の名を冠した古くから知られる和製スタンダード・カクテル。作者や創作された年代は不明。ジンとウォッカをオレンジとグレナデンが優しく包む爽やかな味わい。

- ドライ・ジン ………………20mℓ
- ウォッカ ……………………10mℓ
- オレンジジュース …………20mℓ
- グレナデンシロップ ………10mℓ
- ペルノ ……………………… 1 dash

材料をシェークして、カクテル・グラスに注ぐ。

Lady 80

レディ80

26度 甘口 シェーク

1980年「HBA創作カクテル・コンペティション」優勝作品。作者は池田勇治氏。アプリコットとパイナップルの濃厚な風味が香るフルーティなスイート・カクテル。

- ドライ・ジン……30mℓ
- アプリコット・ブランデー…15mℓ
- パイナップルジュース……15mℓ
- グレナデンシロップ……2 tsp

材料をシェークして、カクテル・グラスに注ぐ。

Royal Fizz

ロイヤル・フィズ

12度 中口 シェーク

卵が1個入った栄養分のあるカクテル。まろやかな飲み口は意外とさっぱりしていて飲みやすい。全体がよく混ざるようにシェークは多めにするのがポイント。

- ドライ・ジン……45mℓ
- レモンジュース……15mℓ
- シュガーシロップ……2 tsp
- 卵（小）……1個
- ソーダ……適量

ソーダ以外の材料を十分にシェークして氷を入れたタンブラーに注ぎ、冷えたソーダで満たして軽くステアする。

Long Island Iced Tea

ロング・アイランド・アイス・ティー

19度 中口 ビルド

紅茶を使わずに紅茶の色と風味をつくり出すという不思議なカクテル。1980年代初頭にアメリカ西海岸で生まれた。4種類のスピリッツが入るので、アルコール度数は高い。

- ドライ・ジン……15mℓ
- ウォッカ……15mℓ
- ラム（ホワイト）……15mℓ
- テキーラ……15mℓ
- ホワイトキュラソー……2 tsp
- レモンジュース……30mℓ
- シュガーシロップ……1 tsp
- コーラ……40mℓ

コーラ以外の材料をクラッシュドアイスをつめたグラスに注ぎ、冷えたコーラで満たして軽くステアする。好みでスライスレモン・ライム、マラスキーノチェリーを飾る。

ウォッカ・ベース

Vodka Base Cocktails

無味無臭で無色というクリアな味わいがウォッカの最大の特徴。
合わせる副材料の持ち味を生かすようなカクテルが主流に。

Angelo
アンジェロ

12度 中口 シェーク

2つのフルーツジュースに、ガリアーノとサザン・カンフォートという甘く香しいリキュールを組み合わせたフルーティ・カクテル。爽やかな口当たりは、誰にでも飲みやすい。

ウォッカ	30mℓ
ガリアーノ	10mℓ
サザン・カンフォート	10mℓ
オレンジジュース	45mℓ
パイナップルジュース	45mℓ

材料をシェークして、大きめのグラスに注ぐ。氷を入れても。

East Wing

イースト・ウィング

22度 中口 シェーク

チェリー・ブランデーの芳醇な香りとカンパリのほろ苦さが溶け合ったプレ・ディナー・カクテル。ほどよい酸味とほのかな甘味がグラスに漂う。

- ウォッカ……40mℓ
- チェリー・ブランデー……15mℓ
- カンパリ……5 mℓ

材料をシェークして、カクテル・グラスに注ぐ。

Impression

インプレッション

27度 中口 シェーク

東京全日空ホテルのオリジナル・カクテル。まるでフルーツのミックスジュースを飲んでいるかのような甘くやさしい味わいが特徴。

- ウォッカ……20mℓ
- ピーチ・リキュール……10mℓ
- アプリコット・ブランデー……10mℓ
- アップルジュース……20mℓ

材料をシェークして、カクテル・グラスに注ぐ。

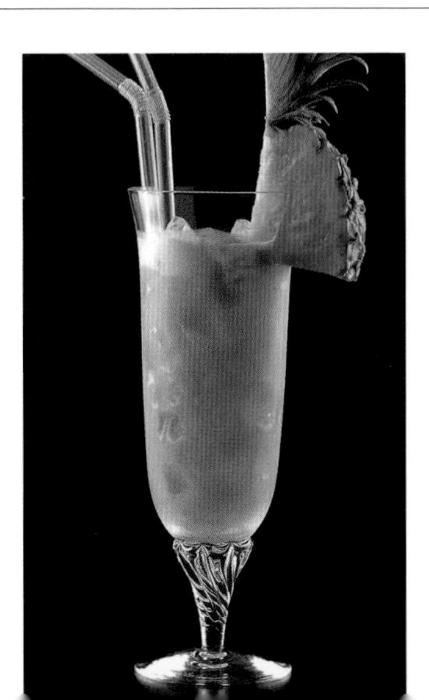

Vahine

ヴァヒネ

20度 中口 シェーク

ヴァヒネとはタヒチ語で「娘さん」の意味。人気のトロピカル・ドリンク「チチ (P.99)」にチェリー・ブランデーの風味と色彩をプラスした夏向きカクテル。

- ウォッカ……30mℓ
- チェリー・ブランデー……45mℓ
- パイナップルジュース……60mℓ
- レモンジュース……10mℓ
- ココナッツ・ミルク……20mℓ
- カットパイン

材料をシェークしてクラッシュドアイスをつめたグラスに注ぎ、カットパインを飾る。

Vodka Ice-Berg
ウォッカ・アイスバーグ
38度 辛口 ビルド

アイスバーグとは「氷山」のこと。香りづけはペルノだけという、ウォッカをオン・ザ・ロックで飲むようなカクテルで、アルコール度数はかなり高め。

ウォッカ……………………60㎖
ペルノ…………………… 1 dash

大きめの氷を入れたオールドファッションド・グラスに材料を注ぎ、軽くステアする。

Vodka & Apple
ウォッカ・アップル
15度 中口 ビルド

「スクリュードライバー（P.98）」のオレンジジュースをアップルジュースにかえたドリンク。アップルジュースの適度の酸味と甘味が、すっきりと飲みやすい。

ウォッカ………………30〜45㎖
アップルジュース …………適量
スライスライム

氷を入れたグラスに材料を注ぎ、軽くステアしてスライスライムを飾る。

Vodka & Midori
ウォッカ・アンド・ミドリ
30度 甘口 ビルド

マスク・メロンを原料にしたメロン・リキュール「ミドリ」のストレートな味わいと香りが楽しめるカクテル。グラスに映える鮮やかなグリーンが美しい。

ウォッカ……………………45㎖
ミドリ（メロン・リキュール）
……………………………15ml

氷を入れたオールドファッションド・グラスに材料を注ぎ、軽くステアする。

Vodka Gibson

ウォッカ・ギブソン

30度 辛口 ステア

「マティーニ（P.83）」のバリエーションとして、ジン・ベースの「ギブソン（P.62）」とともにアメリカで誕生した辛口カクテルの代表。

ウォッカ……………………50mℓ
ドライ・ベルモット………10mℓ
パールオニオン

材料をミキシング・グラスでステアしてカクテル・グラスに注ぎ、カクテルピンに刺したパールオニオンを飾る。

Vodka Gimlet

ウォッカ・ギムレット

30度 中口 シェーク

「ギムレット（P.63）」のウォッカ版だが、ここでは加糖していないライムジュースを使い、別にシュガーシロップを加えて甘さの調整をしている。

ウォッカ……………………45mℓ
ライムジュース……………15mℓ
シュガーシロップ…………1 tsp

材料をシェークして、カクテル・グラスに注ぐ。

Vodka & Soda

ウォッカ・ソーダ

14度 辛口 ビルド

無味無臭のウォッカをソーダで割っただけのシンプル・カクテル。ほとんど味がしないほどクリアーな味わいは、渇いた喉をうるおすのに最適。

ウォッカ……………………45mℓ
ソーダ………………………適量
スライスレモン

氷を入れたグラスにウォッカを注ぎ、冷えたソーダで満たして軽くステアする。好みでスライスレモンを飾る。

Vodka & Tonic

ウォッカ・トニック

14度 中口 ビルド

「ジン・トニック（P.69）」のウォッカ版。クセのないウォッカを使っているため、トニックウォーターの爽やかな喉ごしがダイレクトに楽しめる。

ウォッカ……………………45mℓ
トニックウォーター………適量
スライスレモン

氷を入れたグラスにウォッカを注ぎ、冷えたトニックウォーターで満たして軽くステアする。好みでスライスレモンを飾る。

Vodka Martini

ウォッカ・マティーニ

31度 辛口 ステア

「マティーニ（P.83）」のベースをウォッカにかえたもの。別名「ウォッカティーニ」または「カンガルー」。ジン・ベースよりも、味わいはソフト。

ウォッカ……………………45mℓ
ドライ・ベルモット………15mℓ
オリーブ、レモンピール

材料をステアしてカクテル・グラスに注ぎ、レモンピールをしぼりかける。好みでカクテルピンに刺したオリーブを飾る。

Vodka & Lime

ウォッカ・ライム

30度 中口 ビルド

「ジン・ライム（P.70）」のウォッカ版。ジン・ベースよりもクセがなく、さっぱりとして飲みやすい。加糖していないライムジュースを使う場合は、シュガーシロップで甘味の調整を。

ウォッカ……………………45mℓ
ライムジュース（コーディアル）
……………………………15mℓ

氷を入れたグラスに材料を注ぎ、軽くステアする。

Vodka Rickey

ウォッカ・リッキー

14度 辛口 ビルド

「ウォッカ・ソーダ（P.91）」にフレッシュなライムジュースを加えたもの。マドラーでライムをつぶし、酸味の調整をしながら飲んでもよい。

- ウォッカ……45mℓ
- 生ライム……½個
- ソーダ……適量

グラスにライムをしぼってそのまま落とし入れ、氷を加えてウォッカを注ぎ、冷えたソーダで満たしてマドラーを添える。

Caiprosca

カイピロスカ

28度 中口 ビルド

「ラム・カイピリーニャ（P.123）」のベースをウォッカにかえたもの。ライムは最初によくつぶしておくのがポイント。

- ウォッカ……30〜45mℓ
- 生ライム……½〜1個分
- 砂糖（シュガーシロップ）……1〜2 tsp

ライムを細かく刻んでグラスに入れ、砂糖を加えてよくつぶす。クラッシュドアイスを入れてウォッカを注ぎ、軽くステアしてマドラーを添える。

Kami-kaze

カミカゼ

27度 辛口 シェーク

旧日本海軍の特別攻撃隊「神風」の名がついたアメリカ生まれのカクテル。ウォッカにホワイト・キュラソーの香味とライムの酸味を合わせたドライな一杯。

- ウォッカ……45mℓ
- ホワイト・キュラソー……1 tsp
- ライムジュース……15mℓ

材料をシェークして、氷を入れたオールドファッションド・グラスに注ぐ。

Gulf Stream

ガルフ・ストリーム

19度 中口 シェーク

ガルフ・ストリームとはメキシコ湾流のことで、カリブ海を想わせる美しいブルーが印象的。ピーチ・リキュールのほのかな甘い香りとフルーツジュースの爽やかなテイストが見事なハーモニーを奏でる。

ウォッカ ……15mℓ
ピーチ・リキュール ……15mℓ
ブルー・キュラソー ……1 tsp
グレープフルーツジュース ……20mℓ
パイナップルジュース ……5 mℓ

材料をシェークして、氷を入れたオールドファッションド・グラスに注ぐ。

Kiss of Fire

キッス・オブ・ファイヤー

26度 中口 シェーク

1955年「第5回オールジャパン・ドリンクス・コンクール」で第1位に輝いた作品。作者は石岡賢司氏。スロー・ジンの甘酸っぱさとドライ・ベルモットのハーブ香が漂う魅惑的なカクテル。

ウォッカ ……20mℓ
スロー・ジン ……20mℓ
ドライ・ベルモット ……20mℓ
レモンジュース ……2 dashes
砂糖（スノー・スタイル）

材料をシェークして、砂糖でスノー・スタイルにしたカクテル・グラスに注ぐ。

Grand Prix
グランプリ

28度 中口 シェーク

ドライ・ベルモットの芳香にコアントローの洗練されたオレンジ香をきかせたカクテル。淡い紅色は、グレナデンシロップによるもの。

- ウォッカ……30mℓ
- ドライ・ベルモット……25mℓ
- コアントロー……5mℓ
- レモンジュース……1tsp
- グレナデンシロップ……1tsp

材料をシェークして、カクテル・グラスに注ぐ。

Green Fantasy
グリーン・ファンタジー

25度 中口 シェーク

メロン・リキュールのグリーンが鮮やかなプレ・ディナー・カクテル。ドライ・ベルモットを加えることにより、味に深みを持たせている。

- ウォッカ……25mℓ
- ドライ・ベルモット……25mℓ
- メロン・リキュール……10mℓ
- ライムジュース……1tsp

材料をシェークして、カクテル・グラスに注ぐ。

Greyhound
グレイハウンド

13度 中口 ビルド

「走るときに尾を足の間に入れる犬」の意味で「ソルティ・ドッグ（P.99）」から塩を抜いたもの。別名「ブルドッグ（尾が短い犬）」または「テールレス・ドッグ（尾のない犬）」。

- ウォッカ……45mℓ
- グレープフルーツジュース…適量

氷を入れたグラスにウォッカを注ぎ、冷えたグレープフルーツジュースで満たした軽くステアする。

Cape Codder

ケープ・コッダー

20度 中口 シェーク

「ケープ・コッド（Cape Cod）」はアメリカ・マサチューセッツ州にある半島の名称。ウォッカとクランベリージュースをミックスしたシンプルながら味わい深いカクテル。

ウォッカ	45mℓ
クランベリージュース	45mℓ

材料をシェークして、氷を入れたオールドファッションド・グラスに注ぐ。

Cossack

コザック

30度 辛口 シェーク

コザックとは帝政ロシア時代に活躍した騎馬軍団の名称。ウォッカとブランデーという2種類スピリッツを使っているため、辛口でアルコール度数はやや高め。

ウォッカ	24mℓ
ブランデー	24mℓ
ライムジュース	12mℓ
シュガーシロップ	1 tsp

材料をシェークして、カクテル・グラスに注ぐ。

Cosmopolitan

コスモポリタン

22度 中口 シェーク

「国際人」または「世界主義者」と名のついたピンクのカクテル。ホワイト・キュラソーの豊かな香味が、2種類のジュースと見事に調和している。

ウォッカ	30mℓ
ホワイト・キュラソー	10mℓ
クランベリージュース	10mℓ
ライムジュース	10mℓ

材料をシェークして、カクテル・グラスに注ぐ。

God-Mather

ゴッドマザー

34度 中口 ビルド

「ゴッドファーザー(P.157)」のウォッカ版。アマレット(アンズの核で香りづけしたリキュール)の風味がストレートに感じられる一杯。

ウォッカ……………………45mℓ
アマレット…………………15mℓ

氷を入れたグラスに材料を注ぎ、軽くステアする。

Colony

コロニー

22度 中口 シェーク

ライムの酸味とサザン・カンフォートのピーチ・フレーバーが香るカクテル。すっきりとした飲み口で、甘さはひかえめ。

ウォッカ……………………20mℓ
サザン・カンフォート……20mℓ
ライムジュース……………20mℓ

材料をシェークして、カクテル・グラスに注ぐ。

Sea Breeze

シー・ブリーズ

8度 中口 シェーク

1980年代にアメリカで大流行した「潮風」という名の低アルコール・ドリンク。クランベリージュースの爽やかな色彩と味覚がポイント。

ウォッカ……………………30mℓ
グレープフルーツジュース 60mℓ
クランベリージュース……60mℓ

材料をシェークして氷を入れたグラスに注ぎ、好みで花を飾る。

Gypsy

ジプシー

35度　中口　シェーク

ヨーロッパ各地に散在する流浪の民「ジプシー」の名のついたカクテル。薬草・香草系リキュールを代表するベネディクティンが独特の風味を醸し出す。

ウォッカ……………………48mℓ
ベネディクティン…………12mℓ
アンゴスチュラ・ビターズ… 1 dash

材料をシェークして、カクテル・グラスに注ぐ。

Screwdriver

スクリュードライバー

15度　中口　ビルド

「ネジ回し」と名のついたシンプル・カクテル。かつてマドラーのかわりにネジ回しで混ぜたことからこの名がついたとか。やさしい口当たりで飲みやすい。

ウォッカ……………………45mℓ
オレンジジュース…………適量
スライスオレンジ

氷を入れたグラスにウォッカを注ぎ、冷えたオレンジジュースで満たして軽くステアする。好みでスライスオレンジを飾る。

Sledge Hammer

スレッジ・ハンマー

33度　辛口　シェーク

「ウォッカ・ギムレット(P.91)」よりもウォッカの割合を多くした辛口カクテル。スレッジ・ハンマーとは「両手で扱う大きなハンマー」のこと。

ウォッカ……………………50mℓ
ライムジュース（コーディアル）
……………………………10mℓ

材料をシェークして、カクテル・グラスに注ぐ。

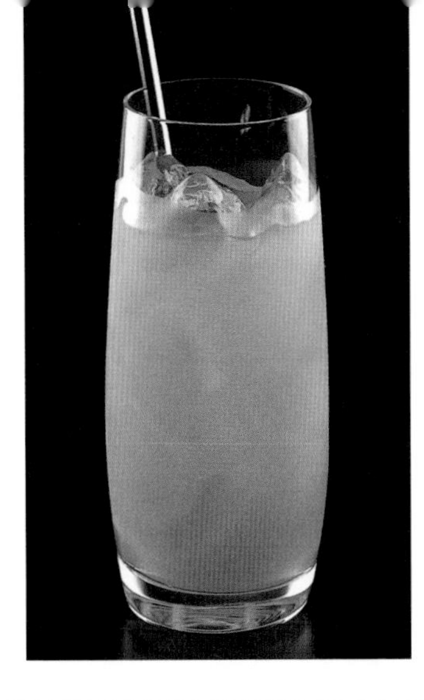

Sex On The Beach

セックス・オン・ザ・ビーチ

10度 中口 ビルド

映画「カクテル」に登場して、すっかりお馴染みになったカクテル。メロンとフランボワーズの爽やかな香味がパイナップルジュースに溶け込み、フルーティな飲み心地が楽しめる。

- ウォッカ……………………15mℓ
- メロン・リキュール………20mℓ
- フランボワーズ・リキュール……………………10mℓ
- パイナップルジュース……80mℓ

氷を入れたグラスに材料を注ぎ、ステアする。材料をシェークしてもよい。

Salty Dog

ソルティー・ドッグ

13度 中口 ビルド

ソルティ・ドッグとは「しょっぱいヤツ」という意味で、船の甲板員をさすスラング。グレープフルーツジュースの酸味と塩味が、ウォッカの味を際立たせる。

- ウォッカ……………………45mℓ
- グレープフルーツジュース…適量
- 塩（スノー・スタイル）

塩でスノー・スタイルにしたグラスに氷とウォッカを入れ、冷えたグレープフルーツジュースで満たして軽くステアする。

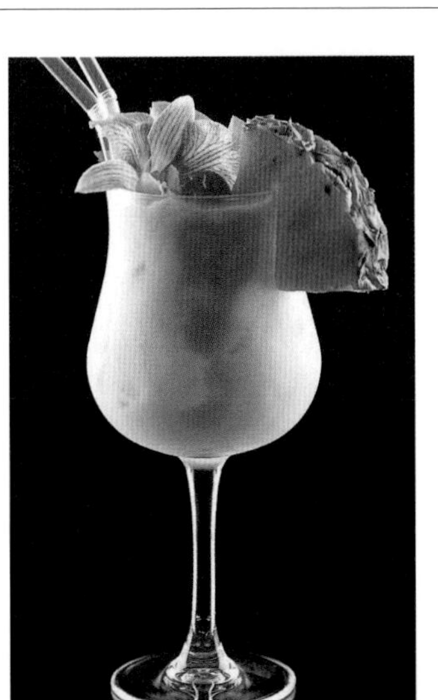

Chi-Chi

チチ

7度 中口 シェーク

チチとは「粋な・スタイリッシュな」という意味のスラング。ハワイで生まれたトロピカル・ドリンクで、パイナップルジュース&ココナッツ・ミルクのクリーミーな味わいは絶品。

- ウォッカ……………………30mℓ
- パイナップルジュース……80mℓ
- ココナッツ・ミルク………45mℓ
- カットパイン、スライスオレンジ

材料をシェークしてクラッシュドアイスをつめたグラスに注ぎ、好みでフルーツや花を飾る。

Czarine

ツァリーヌ

27度 中口 ステア

ツァリーヌとは、帝政ロシア時代の「皇后」のこと。ドライ・ベルモットの深い芳香とアプリコット・ブランデーの芳醇な甘さが、あたかも高貴な味覚を演出しているよう。

ウォッカ……………………30mℓ
ドライ・ベルモット………15mℓ
アプリコット・ブランデー…15mℓ
アンゴスチュラ・ビターズ…1 dash

材料をミキシング・グラスでステアして、カクテル・グラスに注ぐ。

Take Five

テイク・ファイブ

25度 辛口 シェーク

ジャズ・ピアニスト、デイヴ・ブルーベックの名作「テイク・ファイブ」と同名のカクテル。ハーブの香りのするスパイシーな口当たりが特徴。

ウォッカ……………………30mℓ
シャルトリューズ（ヴェール）
……………………………15mℓ
ライムジュース……………15mℓ

材料をシェークして、カクテル・グラスに注ぐ。

Barbara

バーバラ

25度 中口 シェーク

ブランデー・ベースの「アレキサンダー（P.168）」のウォッカ版。カカオ・リキュールと生クリームが溶け合い、まるでチョコレート・ドリンクのような味わいのカクテル。

ウォッカ……………………30mℓ
カカオ・リキュール（ブラウン）…15mℓ
生クリーム…………………15mℓ

材料を十分にシェークして、カクテル・グラスに注ぐ。

Harvey Wallbanger

ハーベイ・ウォールバンガー

15度 中口 ビルド

「スクリュードライバー(P.98)」にガリアーノを加えたもの。カリフォルニアのサーファー、ハーベイが、このカクテルを求めて壁を叩いて回ったという伝説からこの名がついた。

ウォッカ……45mℓ
オレンジジュース……適量
ガリアーノ（P.146）……2 tsp
スライスオレンジ

氷を入れたグラスにウォッカを注ぎ、冷えたオレンジジュースで満たして軽くステアし、最後にガリアーノを浮かべるように入れる。好みでスライスオレンジを飾る。

Baccarat

バカラ

33度 中口 シェーク

ウォッカとテキーラに、ホワイト・キュラソーの上品な香味をプラスした口当たりのいいカクテル。ブルー・キュラソーの澄み切った青が美しい。

ウォッカ……30mℓ
テキーラ……15mℓ
ホワイト・キュラソー……15mℓ
ブルー・キュラソー……1 tsp
レモンジュース……1 tsp

材料をシェークして、カクテル・グラスに注ぐ。

Balalaika

バラライカ

25度 中口 シェーク

飲み口のよさと仕上がりの美しさが人気のカクテル。「ホワイト・レディ(P.82)」などベース違いのカクテルがいくつかある。バラライカとはギターに似た「ロシアの弦楽器」のこと。

ウォッカ……30mℓ
ホワイト・キュラソー……15mℓ
レモンジュース……15mℓ

材料をシェークして、カクテル・グラスに注ぐ。

Funky Grasshopper

ファンキー・グラスホッパー

20度 中口 ステア

「グラスホッパー(P.184)」の生クリームをウォッカにかえたカクテル。カカオとペパーミントのバランスが絶妙で、やや甘口の仕上がりに。

ウォッカ……………………20mℓ
グリーン・ペパーミント…20mℓ
カカオ・リキュール(ホワイト)
……………………………20mℓ

材料をミキシング・グラスでステアして、カクテル・グラスに注ぐ。

Black Russian

ブラック・ルシアン

32度 中口 ビルド

コーヒー・リキュールの味わいがストレートに堪能できるカクテル。上に生クリームを浮かべると「ホワイト・ルシアン(P.105)」、ベースをテキーラにかえると「ブレイブ・ブル(P.133)」になる。

ウォッカ……………………40mℓ
コーヒー・リキュール……20mℓ

氷を入れたオールドファッションド・グラスに材料を注ぎ、軽くステアする。

Bloody Bull

ブラッディ・ブル

12度 辛口 ビルド

「ブラッディ・メアリー(P.103)」と「ブル・ショット(P.104)」をミックスしたようなカクテル。ビーフブイヨンを加えることで、味に深みとコクが出る。

ウォッカ……………………45mℓ
レモンジュース……………15mℓ
トマトジュース……………適量
ビーフブイヨン……………適量
カットレモン、スティックキュウリ

氷を入れたグラスに材料を注ぎ、軽くステアする。好みでカットレモンとスティックキュウリを飾る。

Bloody Mary

ブラッディ・メアリー

12度 辛口 ビルド

カクテル名は、プロテスタントを迫害したことで知られる「血塗られたメアリー」と呼ばれた16世紀のイングランド女王メアリー1世に由来するとする説が有力。好みで塩、こしょう、タバスコなどを加えて。

ウォッカ……45mℓ
トマトジュース……適量
カットレモン、スティックセロリ

氷を入れたグラスにウォッカを注ぎ、冷えたトマトジュースで満たして軽くステアする。好みでカットレモンとスティックセロリを飾る。

Plum Square

プラム・スクエア

28度 中口 シェーク

西洋スモモの一種スロー・ベリーを使った「スロー・ジン」の風味がストレートに味わえる一杯。独特の酸味の中に、ほのかに感じる苦味が絶妙。

ウォッカ……40mℓ
スロー・ジン……10mℓ
ライムジュース……10mℓ

材料をシェークして、カクテル・グラスに注ぐ。

Framboise Sour

フランボワーズ・サワー

12度 中口 シェーク

フランボワーズ（木イチゴ）・リキュールの甘酸っぱさと香りがきいている。甘味はリキュールだけなので、甘さはひかえめ。

ウォッカ……30mℓ
フランボワーズ・リキュール……15mℓ
ライムジュース……15mℓ
ブルー・キュラソー……1 dash

材料をシェークして、カクテル・グラスに注ぐ。

Bull Shot

ブル・ショット

15度 中口 ビルド

スープとウォッカをミックスしたもので、欧米ではポピュラーな食前酒として知られる。シェークしてつくってもよい。好みでコショウ、ウスターソース、タバスコなどを添える。

ウォッカ……………………45㎖
ビーフブイヨン（冷やしたもの）
……………………………適量
スライスライム

氷を入れたグラスに材料を注ぎ、軽くステアする。好みでスライスライムを飾る。

Blue Lagoon

ブルー・ラグーン

22度 中口 シェーク

「青い湖（または湾）」というネーミング通り、ブルー・キュラソーのつくり出す鮮やかな色彩が特徴。1960年にフランスのパリで誕生し、世界中に広まったカクテル。

ウォッカ……………………30㎖
ブルー・キュラソー………20㎖
レモンジュース……………20㎖
スライスオレンジ、マラスキーノチェリー

材料をシェークしてグラスに注ぎ、スライスオレンジとマラスキーノチェリーを飾る。

Volga

ボルガ

25度 中口 シェーク

ロシアの大河、ボルガ川をイメージしたカクテル。ライムジュースの酸味にオレンジジュースとグレナデンの甘さを加え、ソフトな飲み口に仕上がっている。

ウォッカ……………………40㎖
ライムジュース……………10㎖
オレンジジュース…………10㎖
オレンジビターズ………1 dash
グレナデンシロップ…2 dashes

グレナデンシロップ以外の材料をシェークしてカクテル・グラスに注ぎ、グレナデンシロップを静かに沈める。

Volga Boatman

ボルガ・ボートマン

18度 甘口 シェーク

「ボルガ川の船乗り」という名のカクテル。チェリー・ブランデーの芳醇な甘さとオレンジジュースのほのかな酸味をミックスし、バランスのよい味に仕上がっている。

ウォッカ……………………20mℓ
チェリー・ブランデー ……20mℓ
オレンジジュース …………20mℓ

材料をシェークして、カクテル・グラスに注ぐ。

White Spider

ホワイト・スパイダー

32度 中口 シェーク

別名「ウォッカ・スティンガー」。ブランデー・ベースの「スティンガー（P.173）」のウォッカ・バージョンで、ミントの清涼感がシャープな味わいを表現。

ウォッカ……………………40mℓ
ホワイト・ペパーミント …20mℓ

材料をシェークして、カクテル・グラスに注ぐ。

White Russian

ホワイト・ルシアン

25度 甘口 ビルド

「ブラック・ルシアン（P.102）」に生クリームを浮かべたスタイル。コーヒー・リキュールに生クリームが入るため、甘いアイスコーヒーのような味わい。

ウォッカ……………………40mℓ
コーヒー・リキュール ……20mℓ
生クリーム …………………適量

氷を入れたオールドファッションド・グラスにウォッカとコーヒー・リキュールを注ぎ、軽くステアして生クリームをフロートする。

Moscow Mule

モスコー・ミュール

12度 中口 ビルド

「モスクワのラバ」という意味で、ラバの後ろ足でけられたようによくきく酒という意味もある。爽快な飲み口で人気のカクテル。本来のレシピではジンジャーエールではなくジンジャー・ビアーを使い、銅製マグカップに注いでつくる。

ウォッカ ……………………………………45mℓ
ライムジュース ……………………………15mℓ
ジンジャーエール…………………………適量
カットライム

氷を入れたグラスにウォッカとライムジュースを注ぎ、ジンジャーエールで満たして軽くステアする。好みでカットライムを飾る。

Yukiguni

雪国

30度 中口 シェーク

1958年、寿屋（サントリー株式会社の前身）主催のカクテル・コンクールで第1位に輝いたカクテル。作者は井山計一氏。グラスのスノー・スタイルとミントチェリーのグリーンで、雪国の美しさを見事に表現している。

ウォッカ ……………………………………40mℓ
ホワイト・キュラソー ……………………20mℓ
ライムジュース（コーディアル） ……… 2 tsp
砂糖（スノー・スタイル）、ミントチェリー

材料をシェークして砂糖でスノー・スタイルにしたカクテル・グラスに注ぎ、カクテルピンに刺したミントチェリーを飾る。

Russian
ルシアン

33度 中口 シェーク

名前の通りロシアのカクテル。チョコ風味のカカオ・リキュールを使っているため飲み口は甘くソフトだが、アルコール度数はかなり高め。

- ウォッカ……20mℓ
- ドライ・ジン……20mℓ
- カカオ・リキュール（ブラウン）……20mℓ

材料をシェークして、カクテル・グラスに注ぐ。

Road Runner
ロード・ランナー

25度 甘口 シェーク

アマレットとココナッツ・ミルクの独特な甘味が楽しめるアフター・ディナー・カクテル。あっさりしたクリーミーな舌触りと上品な味わいが特徴。

- ウォッカ……30mℓ
- アマレット……15mℓ
- ココナッツ・ミルク……15mℓ
- ナツメグ

材料をシェークしてカクテル・グラスに注ぎ、好みでナツメグをふりかける。

Roberta
ロベルタ

24度 中口 シェーク

チェリー・ブランデーの鮮やかな色彩が印象的。ウォッカとドライ・ベルモットの組み合わせに個性豊かな3種類のリキュールを配合した複雑な味わいが楽しめる。

- ウォッカ……20mℓ
- ドライ・ベルモット……20mℓ
- チェリー・ブランデー……20mℓ
- カンパリ……1 dash
- バナナ・リキュール……1 dash

材料をシェークして、カクテル・グラスに注ぐ。

ラム・ベース

Rum Base Cocktails

ラム特有の甘味を生かした南国テイストあふれるカクテルが主流。
ホワイト・ゴールド・ダークのチョイスはお好みで。

X.Y.Z.

エックス・ワイ・ジィ

26度 中口 シェーク

名前の由来はアルファベットの最後、つまりこれ以上はない最高のカクテルという意味。ホワイト・キュラソーのまろやかな味わいがラムの風味をやさしく包み、レモンジュースの酸味が爽やかさを演出している。ベースをブランデーにかえると「サイドカー(P.171)」に。

ラム（ホワイト）……30mℓ
ホワイト・キュラソー……15mℓ
レモンジュース……15mℓ

材料をシェークして、カクテル・グラスに注ぐ。

El Presidente
エル・プレジデンテ

30度 中口 ステア

エル・プレジデンテとはスペイン語で「大統領」または「社長」のこと。ドライ・ベルモットとオレンジ・キュラソーの風味がきいたクリアーな味わい。

- ラム（ホワイト） ………… 30mℓ
- ドライ・ベルモット ……… 15mℓ
- オレンジ・キュラソー …… 15mℓ
- グレナデンシロップ …… 1 dash

材料をミキシング・グラスでステアして、カクテル・グラスに注ぐ。

Cuba Libre
キューバ・リバー

12度 中口 ビルド

1902年、スペインからの独立闘争での合い言葉「ビバ・クーバ・リブレ（自由なキューバ万歳）」からつけられたカクテル名。コーラを使ったソフトな口当たりは、ビーチサイドにもよく合う。

- ラム（ホワイト） ………… 45mℓ
- ライムジュース …………… 10mℓ
- コーラ ……………………… 適量
- スライスライム

氷を入れたグラスにラムとライムジュースを注ぎ、冷えたコーラで満たして軽くステアする。好みでスライスライムを飾る。

Cuban
キューバン

20度 中口 シェーク

ネーミングはラムの産地キューバから。アプリコット・ブランデーとライムジュースが調和し、ラムの風味を引き立てる。ベースをブランデーにかえると「キューバン・カクテル（P.170）」。

- ラム（ホワイト） ………… 35mℓ
- アプリコット・ブランデー … 15mℓ
- ライムジュース …………… 10mℓ
- グレナデンシロップ ……… 2 tsp

材料をシェークして、カクテル・グラスに注ぐ。

Kingston

キングストン

23度 中口 シェーク

キングストンはジャマイカの首都。ヘビータイプのラムが多いジャマイカ・ラム（ダークまたはゴールド）を使用し、香り豊かな一杯に仕上がっている。

ジャマイカ・ラム ……………………30mℓ
ホワイト・キュラソー ………………15mℓ
レモンジュース ………………………15mℓ
グレナデンシロップ ………………1 dash

材料をシェークして、カクテル・グラスに注ぐ。

Green Eyes

グリーン・アイズ

11度 中口 ブレンド

1983年「全米カクテル・コンテスト」で西部地域の第1位に輝いた作品。さらに翌年のロサンゼルス五輪のオフィシャル・ドリンクにも指定された。ココナッツ風味のメロン味が秀逸。

ラム（ゴールド） ……………………30mℓ
ミドリ（メロン・リキュール） ………25mℓ
パイナップルジュース ………………45mℓ
ココナッツ・ミルク …………………15mℓ
ライムジュース ………………………15mℓ
クラッシュドアイス ………………1 cup
スライスライム

材料をミキサーでブレンドし、グラスに注いでスライスライムを飾る。

Grog

グロッグ

9度 中口 ビルド

ダーク・ラム特有の深い香味とレモンの酸味が溶け合った飲みやすいホット・ドリンク。シナモンスティックとクローブが、さらに風味を引き立てている。

- ラム（ダーク）……45mℓ
- レモンジュース……15mℓ
- 角砂糖……1個
- シナモンスティック、クローブ

ホット・ドリンク用のグラスに材料を入れ、熱湯で満たして軽くステアする。好みでシナモンスティックとクローブを添える。

Coral

コーラル

24度 中口 シェーク

フルーツジュースと相性のいいホワイト・ラムとアプリコット・ブランデーを合わせた南国イメージのカクテル。酸味と甘味の絶妙なバランスが味わえる。

- ラム（ホワイト）……30mℓ
- アプリコット・ブランデー…10mℓ
- グレープフルーツジュース…10mℓ
- レモンジュース……10mℓ

材料をシェークして、カクテル・グラスに注ぐ。

Golden Friend

ゴールデン・フレンド

15度 中口 シェーク

1982年「アマレット・ディサローノ国際コンペティション」入賞作品。ダーク・ラムとアマレットの濃厚な風味がマッチした、どこか懐かしい味わいのロング・ドリンク。

- ラム（ダーク）……20mℓ
- アマレット……20mℓ
- レモンジュース……20mℓ
- コーラ……適量
- スライスレモン

コーラ以外の材料をシェークして氷を入れたグラスに注ぎ、冷えたコーラで満たして軽くステアする。好みでスライスレモンを飾る。

Jamaica Joe

ジャマイカ・ジョー

25度 甘口 シェーク

「ジャマイカ野郎」という名のコーヒー風味の甘口カクテル。ジャマイカ特産のブルーマウンテン・コーヒーを使ったティア・マリアと卵のリキュールであるアドヴォカートを組み合わせた、味にコクのある不思議議な飲み口に仕上がっている。

ラム（ホワイト）……20mℓ
ティア・マリア（コーヒー・リキュール）……20mℓ
アドヴォカート（P.149）……20mℓ
グレナデンシロ……1 tsp

グレナデンシロップ以外の材料をシェークしてカクテル・グラスに注ぎ、最後にグレナデンシロップを沈める。

Shanghai

シャンハイ

20度 中口 シェーク

古くから栄えてきた中国の商業都市・上海の名のつくカクテル。個性豊かなジャマイカ・ラム（ダークまたはゴールド）に、ペルノの独特な芳香をきかせたエキゾチックな一杯。ペルノではなく「アニゼット（アニスの種子のリキュール）」を使うのが本来のレシピ。

ジャマイカ・ラム……30mℓ
ペルノ……10mℓ
レモンジュース……20mℓ
グレナデンシロップ……2 dashes

材料をシェークして、カクテル・グラスに注ぐ。

Sky Diving

スカイ・ダイビング

20度 中口 シェーク

1967年「全日本バーテンダー協会主催のカクテル・コンペティション」でグランプリを受賞した作品。ハッとするような深いブルーが印象的で、酸味と甘味がほどよく調和している。

ラム（ホワイト）…………30mℓ
ブルー・キュラソー………20mℓ
ライムジュース……………10mℓ

材料をシェークして、カクテル・グラスに注ぐ。

Scorpion

スコーピオン

25度 中口 シェーク

「さそり」または「さそり座」という名のハワイ生まれのトロピカル・ドリンク。スピリッツは多めなのに、まるでフレッシュジュースのような爽やかな飲み口が特徴。

ラム（ホワイト）…………45mℓ
ブランデー…………………30mℓ
オレンジジュース…………20mℓ
レモンジュース……………20mℓ
ライムジュース（コーディアル）…15mℓ
スライスオレンジ、マラスキーノチェリー

材料をシェークしてクラッシュドアイスをつめたグラスに注ぎ、好みでスライスオレンジ、マラスキーノチェリーを飾る。

Sonora

ソノラ

33度 辛口 シェーク

ソノラとは、スペイン語で「音」または「響き」という意味。ラムとアップル・ブランデーが絶妙なハーモニーを奏で、アプリコットとレモンのフレーバーがほどよくミックスされている。

ラム（ホワイト）…………30mℓ
アップル・ブランデー……30mℓ
アプリコット・ブランデー
……………………………2 dashes
レモンジュース…………1 dash

材料をシェークして、カクテル・グラスに注ぐ。

Zombie

ゾンビー

19度 中口 シェーク

ゾンビーとは、西インド諸島に伝わる迷信の中で魔術師に操られる死人のこと。3種類のラムをミックスするめずらしいカクテルで、フルーツジュースもふんだんに使って飲みごたえがある。

ラム（ホワイト）……20mℓ
ラム（ゴールド）……20mℓ
ラム（ダーク）……20mℓ
アプリコット・ブランデー……10mℓ
オレンジジュース……15mℓ
パイナップルジュース……15mℓ
レモンジュース……10mℓ
グレナデンシロップ……5mℓ
スライスオレンジ

材料をシェークして、クラッシュドアイスをつめたグラスに注ぎ、スライスオレンジを飾る。

Daiquiri

ダイキリ

24度 中口 シェーク

ダイキリとは、キューバにある鉱山の名前。ラム・ベースのカクテルの代表格で、清涼感あふれる酸味が特徴。シロップをグレナデンにかえれば「バカルディ（P.116）」に。

ラム（ホワイト）……45mℓ
ライムジュース……15mℓ
シュガーシロップ……1 tsp

材料をシェークして、カクテル・グラスに注ぐ。

Chinese
チャイニーズ

38度 中口 シェーク

多めのラムにフルーツ系リキュールで酸味と甘味をつけ、ビターズとレモンピールで清々しい香りづけをした、かなり刺激的な味わいのカクテル。

ラム（ホワイト） …………60mℓ
オレンジ・キュラソー 2 dashes
マラスキーノ ………… 2 dashes
グレナデンシロップ… 2 dashes
アンゴスチュラ・ビターズ … 1 dash
レモンピール、マラスキーノチェリー

材料をシェークしてカクテル・グラスに注ぎ、カクテルピンに刺したマラスキーノチェリーを飾る。

Nevada
ネバダ

23度 中口 シェーク

ネバダとはアメリカ西部に位置する州の名前。ラムとライムジュース、グレープフルーツジュースをミックスして、あっさりとした清々しい飲み口に仕上がっている。

ラム（ホワイト） …………36mℓ
ライムジュース ……………12mℓ
グレープフルーツジュース…12mℓ
砂糖（シュガーシロップ）… 1 tsp
アンゴスチュラ・ビターズ
…………………………… 1 dash

材料をシェークして、カクテル・グラスに注ぐ。

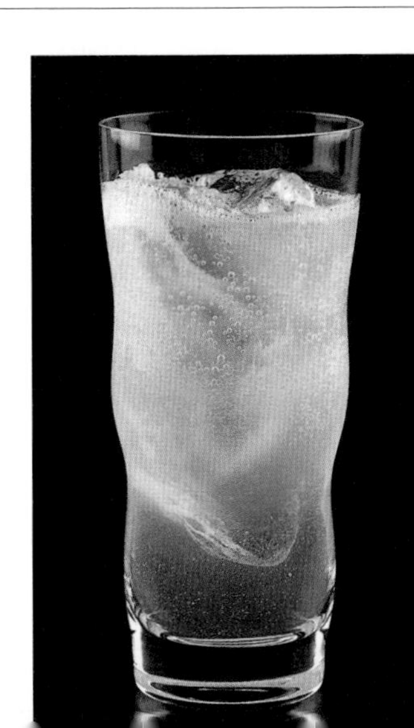

Pineapple Fizz
パイナップル・フィズ

15度 中口 シェーク

パイナップルジュースを使ったフィズ・スタイルのロング・ドリンク。パイナップル・フレーバーの「ジン・フィズ（P.70）」といった味わい。

ラム（ホワイト） …………45mℓ
パイナップルジュース ……20mℓ
シュガーシロップ………… 1 tsp
ソーダ ………………………適量

ソーダ以外の材料をシェークして氷を入れたグラスに注ぎ、冷えたソーダで満たして軽くステアする。

Bacardi

バカルディ

28度 中口 シェーク

キューバ・バカルディ社が自社のラムの販促用に考案したカクテル。1936年、ニューヨークの最高裁が「このカクテルはバカルディ・ラムでつくらなければならない」との判決を下したことで一躍有名になった。「ダイキリ（P.114）」の改良版ともいえる。

バカルディ・ラム（ホワイト）…………45mℓ
ライムジュース…………15mℓ
グレナデンシロップ…………1 tsp

材料をシェークして、カクテル・グラスに注ぐ。

Havana Beach

ハバナ・ビーチ

ラムの産地として有名なキューバの首都ハバナをネーミングにしたカクテル。カリブの島らしくパイナップルジュースをたっぷりと使い、トロピカルな味わいに仕上がっている。かなり甘口なので、シュガーシロップは少なめにするか、もしくは入れなくてもよい。

ラム（ホワイト）…………30mℓ
パイナップルジュース…………30mℓ
シュガーシロップ…………1 tsp

材料をシェークして、カクテル・グラスに注ぐ。

Bahama
バハマ

24度 中口 シェーク

西インド諸島の北西部に位置する島国バハマの名のついたカクテル。ラムにサザン・カンフォートを加えたフルーティな飲み口に、バナナ・リキュールのスイートな芳香をプラスした。

- ラム（ホワイト）…………20mℓ
- サザン・カンフォート……20mℓ
- レモンジュース……………20mℓ
- バナナ・リキュール…… 1 dash

材料をシェークして、カクテル・グラスに注ぐ。

Piña Colada
ピニャ・カラーダ

8 度 甘口 シェーク

ピニャ・カラーダとは、スペイン語で「パイナップル畑」のこと。カリブ海で生まれ、アメリカで大流行した定番のトロピカル・ドリンク。パイナップルとココナッツのまろやかな味覚のハーモニーは絶品。

- ラム（ホワイト）…………30mℓ
- パイナップルジュース……80mℓ
- ココナッツ・ミルク………30mℓ
- カットパイン、ミントチェリー

材料をシェークしてクラッシュドアイスをつめたグラスに注ぎ、好みでカットパインとミントチェリーを飾る。

Platinum Blonde
プラチナ・ブロンド

20度 中口 シェーク

「銀色の髪の美女」という名のカクテル。甘味はホワイト・キュラソーだけなので、クリーミーながら、意外とあっさりした風味に仕上がっている。

- ラム（ホワイト）…………20mℓ
- ホワイト・キュラソー……20mℓ
- 生クリーム…………………20mℓ

材料を十分にシェークして、カクテル・グラスに注ぐ。

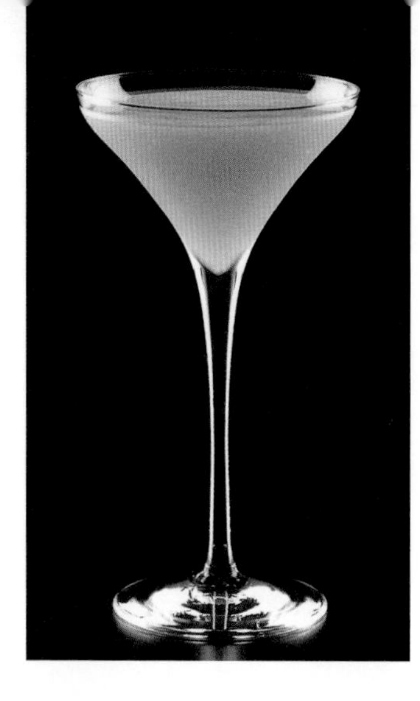

Planter's cocktail

プランターズ・カクテル

17度 中口 シェーク

プランターとは、「農園主」または「農園で働く人」のこと。南国生まれのカクテルらしく、オレンジジュースをたっぷり使ったトロピカルなカクテル。

ラム（ホワイト） …………30㎖
オレンジジュース …………30㎖
レモンジュース ……… 3 dashes

材料をシェークして、カクテル・グラスに注ぐ。

Planter's Punch

プランターズ・パンチ

35度 中口 シェーク

ジャマイカ生まれの強烈な個性のラム（ダークまたはゴールド）とホワイト・キュラソーをミックスしたトロピカル気分いっぱいのカクテル。ラムの割合が多いのでアルコール度数はかなり高め。

ジャマイカ・ラム …………60㎖
ホワイト・キュラソー ……30㎖
砂糖（シュガーシロップ）
………………………… 1～2 tsp
スライスライム、ミントの葉

材料をシェークしてクラッシュドアイスをつめたグラスに注ぎ、スライスライムとミントの葉を飾り、ストローを添える。

Blue Hawaii

ブルー・ハワイ

14度 中口 シェーク

常夏の島ハワイの青い海をイメージしたトロピカル・ドリンク。ブルー・キュラソーとパイナップルジュースの爽やかな酸味が特徴。季節の花やフルーツをふんだんに飾って。

ラム（ホワイト） …………30㎖
ブルー・キュラソー ………15㎖
パイナップルジュース ……30㎖
レモンジュース …………15㎖
カットパイン、マラスキーノチェリー、ミントの葉

材料をシェークしてクラッシュドアイスをつめた大きめのグラスに注ぎ、カットパインなどの好みのフルーツや花を飾る。

Frozen Strawberry Daiquiri

フローズン・ストロベリー・ダイキリ

7度 中口 ブレンド

フレッシュ・ストロベリーの味覚と色みを生かした「フローズン・ダイキリ」のバリエーション。同様にして、さまざまなフルーツでもつくれる。

ラム（ホワイト）…………30mℓ
ライムジュース……………10mℓ
ホワイト・キュラソー……1 tsp
シュガーシロップ……½～1 tsp
フレッシュ・ストロベリー…2～3個
クラッシュドアイス……1 cup

飾り用のストロベリー以外の材料をミキサーでブレンドし、グラスに注いでストローを添える。好みでカットしたストロベリーを飾る。

Frozen Daiquiri

フローズン・ダイキリ

8度 中口 シェーク

文豪アーネスト・ヘミングウェイが、砂糖抜きで愛飲したカクテルとしてあまりにも有名。フローズン・スタイルの代表的カクテルで、暑い夏にはうってつけの一杯となる。

ラム（ホワイト）…………40mℓ
ライムジュース……………10mℓ
ホワイト・キュラソー……1 tsp
砂糖（シュガーシロップ）…1 tsp
クラッシュドアイス……1 cup
ミントの葉

材料をミキサーでブレンドし、グラスに注いでミントの葉を飾る。

Frozen Banana Daiquiri

フローズン・バナナ・ダイキリ

7度 中口 シェーク

バナナ・リキュールとフレッシュ・バナナを使った「フローズン・ダイキリ」の別バージョンの1つ。バナナを入れ過ぎると、仕上がりが水っぽくなるので注意が必要。

ラム（ホワイト）…………30mℓ
バナナ・リキュール………10mℓ
レモンジュースー…………15mℓ
シュガーシロップ…………1 tsp
フレッシュ・バナナ………⅓本
クラッシュドアイス……1 cup

材料をミキサーでブレンドし、グラスに注いでストローを添える。

Boston Cooler

ボストン・クーラー

15度 中口 シェーク

アメリカ東部の都市・ボストンの名がついたロング・ドリンクで、清涼感のあるすっきりとした味わいが特徴。ジンジャーエールのかわりにソーダで割ると「ラム・フィズ」になる。

ラム（ホワイト） ⋯⋯⋯⋯45mℓ
レモンジュース ⋯⋯⋯⋯20mℓ
シュガーシロップ⋯⋯⋯⋯ 1 tsp
ジンジャーエール ⋯⋯⋯⋯適量

ジンジャーエール以外の材料をシェークして氷を入れたグラスに注ぎ、冷えたジンジャーエールで満たして軽くステアする。

Hot Buttered Rum

ホット・バタード・ラム

15度 中口 ビルド

冬の寒さが厳しいイギリスで考案され、古くから親しまれてきたホット・ドリンクの代表格。ダーク・ラムの濃厚な味わいとバターのコクがベストマッチ。甘さが気になるなら砂糖は少なめに。

ラム（ダーク） ⋯⋯⋯⋯45mℓ
角砂糖 ⋯⋯⋯⋯ 1 個
バター ⋯⋯⋯⋯ 1 かけ
熱湯 ⋯⋯⋯⋯適量

ホット・ドリンク用のグラスに角砂糖を入れて少量の熱湯で溶かし、ラムを注いで熱湯で満たして軽くステアする。最後にバターを浮かべる。

Miami

マイアミ

33度 中口 シェーク

ホワイト・ラムとホワイト・ペパーミントを組み合わせた清涼感あふれるカクテル。ペパーミントをホワイト・キュラソーにかえると「マイアミ・ビーチ」というカクテルに。

ラム（ホワイト） ⋯⋯⋯⋯40mℓ
ホワイト・ペパーミント ⋯20mℓ
レモンジュース⋯⋯⋯⋯ $\frac{1}{2}$ tsp

材料をシェークして、カクテル・グラスに注ぐ。

Mai-Tai

マイタイ

25度 中口 シェーク

世界中で愛されているトロピカル・ドリンクの女王。マイタイとはポリネシア語で「最高」の意味。南の島のビーチサイド・バーやプールサイドで飲めば、まさにサイコー！

ラム（ホワイト）……45mℓ
オレンジ・キュラソー……1 tsp
パイナップルジュース……2 tsp
オレンジジュース……2 tsp
レモンジュース……1 tsp
ラム（ダーク）……2 tsp
カットパイン、スライスオレンジ、マラスキーノチェリー、ミントチェリー

ダーク・ラム以外の材料をシェークしてクラッシュドアイスをつめた大きめのグラスに注ぎ、最後にダーク・ラムをフロートする。好みでフルーツや花を飾る。

Millionaire

ミリオネーア

25度 中口 シェーク

百万長者という名のカクテル。ほどよい酸味と甘味が魅力の果実系リキュール２種類をミックスして、飲みごたえのあるフルーティなテイストに仕上がっている。

ラム（ホワイト）……15mℓ
スロー・ジン……15mℓ
アプリコット・ブランデー……15mℓ
ライムジュース……15mℓ
グレナデンシロップ……1 dash

材料をシェークして、カクテル・グラスに注ぐ。

Mary Pickford

メアリー・ピックフォード

18度 甘口 シェーク

メアリー・ピックフォードは、サイレント映画時代に大活躍したアメリカの女優の名前。パイナップルジュースにグレナデンシロップが溶け合ったソフトな飲み口の甘口カクテル。

ラム（ホワイト）…………30mℓ
パイナップルジュース……30mℓ
グレナデンシロップ………1 tsp
マラスキーノ……………1 dash

材料をシェークして、カクテル・グラスに注ぐ。

Mojito

モヒート

25度 中口 ビルド

ラムとライムジュースにミントの葉を加え、クラッシュドアイスで清涼感を楽しむ夏向きカクテル。グラスの表面に霜がつくまで、十分にステアするのがおいしさのポイント。

ラム（ゴールド）…………45mℓ
生ライム……………………½個
シュガーシロップ…………1 tsp
ミントの葉……………6～7枚

グラスにライムをしぼって皮ごと入れ、ミントの葉とシュガーシロップを入れて軽くつぶす。クラッシュドアイスをつめてラムを注ぎ、十分にステアする。

Rum & Pineapple

ラム・アンド・パイン

15度 中口 ビルド

ダーク・ラムとパイナップルジュースをミックスした南国テイストのシンプル・カクテル。適度な酸味と甘味がラムを引き立て、すっきりフルーティな飲み口。

ラム（ダーク）……………45mℓ
パイナップルジュース……適量
カットパイン、ミントチェリー

氷を入れたグラスに材料を注ぎ、軽くステアしてカットパインとミントチェリーを飾る。

Rum Caipirinha

ラム・カイピリーニャ

28度 中口 ビルド

カイピリーニャとは「田舎娘」という意味のポルトガル語。もともとは「ピンガ」というブラジル産のラムでつくられていた。フレッシュなライムの味わいが濃厚なラムの風味によくマッチしている。

ラム（ホワイト）…………45mℓ
フレッシュ・ライム…½～1個分
砂糖（シュガーシロップ）
…………………………1～2 tsp

ぶつ切りにしたライムをグラスに入れ、砂糖を加えてよくつぶす。クラッシュドアイスを入れてラムを注ぎ、ステアしてマドラーを添える。

Rum Cooler

ラム・クーラー

14度 中口 シェーク

ラムをベースにしたクーラー・スタイル（P.42）のロング・ドリンク。ライムジュースの爽快感がさっぱりとして飲みやすい。

ラム（ホワイト）…………45mℓ
ライムジュース……………20mℓ
グレナデンシロップ……… 1 tsp
ソーダ………………………適量

材料をシェークして氷を入れたコリンズ・グラスに注ぎ、冷えたソーダで満たして軽くステアする。

Rum & Cola

ラム・コーク

12度 中口 ビルド

ラムをコーラで割っただけのシンプル・レシピながら、清々しい喉ごしで人気のカクテル。ウィスキーやウォッカ、テキーラなど、好みのスピリッツでつくっても。

ラム（なんでもＯＫ）…30～45mℓ
コーラ………………………適量
カットレモン

氷を入れたグラスにラムを注ぎ、冷えたコーラで満たしてレモンをしぼり入れ、軽くステアする。

Rum Collins

ラム・コリンズ

14度 中口 シェーク

「トム・コリンズ（P.74）」のベースをジンからラムにかえたカクテル。爽やかな清涼感で飲みやすい。ここではダーク・ラムを使っているが、ベースのラムはなんでもＯＫ。

ラム（ダーク）……………………………45㎖
レモンジュース ……………………………20㎖
シュガーシロップ ………………… 1 ～ 2 tsp
ソーダ………………………………………適量
スライスレモン

ソーダ以外の材料をシェークして氷を入れたコリンズ・グラスに注ぎ、冷えたソーダで満たして軽くステアする。好みでスライスレモンを飾る。

Rum Julep

ラム・ジュレップ

25度 中口 ビルド

ホワイト＆ダーク２種類のラムを使ったジュレップ・スタイル（P.43）のロング・ドリンクで、飲み口爽快な夏向きカクテル。グラスの表面に霜がつくまで十分にステアするのがおいしさのポイント。

ラム（ホワイト）……………………………30㎖
ラム（ダーク）………………………………30㎖
砂糖（またはシュガーシロップ）……… 2 tsp
水 ……………………………………………30㎖
ミントの葉………………………………… 4 ～ 5 枚

ラム以外の材料をコリンズ・グラスに入れ、砂糖を溶かしながらミントの葉をつぶす。クラッシュドアイスをグラスにつめてラムを注ぎ、十分にステアしてストローを添える。

Rum & Soda
ラム・ソーダ
14度　中口　ビルド

ダーク・ラムをソーダで割って楽しむシンプル・カクテル。個性豊かなラムの熟成感が堪能できる。ダーク・ラム以外でも、ベースのラムは、好みでなにを使ってもかまわない。

ラム（ダーク）……………45mℓ
ソーダ……………………適量
スライスライム

氷を入れたグラスにラムを注ぎ、冷えたソーダで満たして軽くステアする。好みでスライスライムを飾る。

Rum & Tonic
ラム・トニック
14度　中口　ビルド

マイルドな口当たりのゴールド・ラムを、トニックで割った喉ごし爽やかなカクテル。ベースのラムは、なにでつくってもかまわない。

ラム（ゴールド）…………45mℓ
トニックウォーター………適量
カットライム

氷を入れたグラスにラムを注ぎ、冷えたトニックウォーターで満たして軽くステアする。好みでカットライムを飾る。

Little Princess
リトル・プリンセス
28度　中口　ステア

「小さなお姫さま」というかわいらしいネーミングのカクテル。ホワイト・ラムとスイート・ベルモットだけでつくるシンプル・レシピながら、飲み口はややハード。

ラム（ホワイト）…………30mℓ
スイート・ベルモット……30mℓ

材料をミキシング・グラスでステアして、カクテル・グラスに注ぐ。

テキーラ・ベース

Tequila Base Cocktails

メキシコ特産のスピリッツを生かした個性豊かなカクテルの数々。
リキュールやフルーツジュースとの相性もいい。

Ice-Breaker

アイスブレーカー

20度 中口 シェーク

アイスブレーカーとは「砕氷船」または「砕氷器」の意味。転じて「その場を和ませるもの」という意味もある。テキーラをベースに、グレープフルーツジュースのほろ苦さが爽やかなピンクのカクテル。

テキーラ ……24mℓ
ホワイト・キュラソー ……12mℓ
グレープフルーツジュース ……24mℓ
グレナデンシロップ ……1 tsp

材料をシェークして、氷を入れたオールドファッションド・グラスに注ぐ。

Ambassador

アンバサダー

12度 中口 ビルド

アンバサダーとは「大使」または「外交使節」のこと。「スクリュードライバー(P.98)」のテキーラ版といった感じのカクテルで、やや甘めの味わい。

テキーラ……………………45㎖
オレンジジュース…………適量
シュガーシロップ………… 1 tsp
スライスオレンジ、マラスキーノチェリー

氷を入れたグラスに材料を注ぎ、軽くステアする。好みでスライスオレンジ、マラスキーノチェリーを飾る。

Ever Green

エバー・グリーン

11度 中口 シェーク

清涼感あふれるグリーン・ペパーミントと、バニラやアニスの香りのする甘いガリアーノをミックスした、きれいな色彩のフルーティ・カクテル。

テキーラ……………………30㎖
グリーン・ペパーミント…15㎖
ガリアーノ…………………10㎖
パイナップルジュース……90㎖
カットパイン、ミントの葉、マラスキーノチェリー、ミントチェリー

材料をシェークして、氷を入れたグラスに注ぐ。好みでカットパイン、ミントの葉、マラスキーノチェリー、ミントチェリーを飾る。

El Diablo

エル・ディアブロ

11度 中口 ビルド

クレーム・ド・カシスの甘味にライムジュースとジンジャーエールの爽快感が加わった「悪魔」という名のロング・ドリンク。

テキーラ……………………30㎖
クレーム・ド・カシス……15㎖
生ライム……………………½個
ジンジャーエール…………適量

氷を入れたグラスにテキーラとクレーム・ド・カシスを注ぎ、ライムをしぼってそのまま落とし、冷えたジンジャーエールで満たして軽くステアする。

Orange Margarita

オレンジ・マルガリータ

26度 中口 シェーク

テキーラ・ベースの人気カクテル「マルガリータ (P.136)」のバリエーションの1つ。ホワイト・キュラソーをオレンジ・キュラソーにかえ、ジュースもライムジュースからレモンジュースに変更。オレンジ風味いっぱいの爽やかなカクテルに仕上がっている。

テキーラ ……………………………30㎖
グラン・マルニエ(オレンジ・キュラソー) ……15㎖
レモンジュース ……………………15㎖
塩(スノースタイル)

材料をシェークして、塩でスノー・スタイルにしたカクテル・グラスに注ぐ。

Corcovado

コルコバード

20度 中口 シェーク

コルコバードとは、ブラジル南東部の都市リオデジャネイロ近郊にある山の名称で、山頂に大きなキリスト像が建つことで知られる。テキーラ独特の風味とドランブイのハーブ香が織りなす爽快なカクテルで、南国の海を想わせる鮮やかなコバルト・ブルーが美しい。

テキーラ(ホワイト) ………………30㎖
ドランブイ …………………………30㎖
ブルー・キュラソー …………………30㎖
ソーダ…………………………………適量
スライスライム

ソーダ以外の材料をシェークしてクラッシュドアイスをつめたグラスに注ぎ、軽くステアする。好みでスライスライムを飾る。

Contessa
コンテッサ

20度 中口 シェーク

コンテッサとは「伯爵夫人」という意味のイタリア語。グレープフルーツジュースと相性のいいライチ・リキュールをミックスしてフルーティで飲みやすいカクテルに仕上がっている。

テキーラ……………………30ml
ライチ・リキュール………10ml
グレープフルーツジュース…20ml

材料をシェークして、カクテル・グラスに注ぐ。

Cyclamen
シクラメン

26度 中口 シェーク

清楚なシクラメンの花をイメージしたカクテル。ほどよい甘さのフルーティな飲み口が特徴で、沈めたグレナデンシロップとオレンジ色のコントラストが美しい。

テキーラ……………………30ml
コアントロー………………10ml
オレンジジュース…………10ml
レモンジュース……………10ml
グレナデンシロップ……… 1 tsp
レモンピール

グレナデンシロップ以外の材料をシェークして、カクテル・グラスに注ぐ。グレナデンシロップを静かに沈め、レモンピールをしぼりかける。

Silk Stockings
シルク・ストッキング

25度 甘口 シェーク

「絹の靴下」という名のアフター・ディナー・カクテル。ブランデー・ベースの「アレキサンダー（P.168）」のバリエーションの1つで、シロップを加える分、クリーミーな甘さはかなり濃厚。

テキーラ……………………30ml
カカオ・リキュール（ブラウン）
……………………………15ml
生クリーム…………………15ml
グレナデンシロップ……… 1 tsp
マラスキーノチェリー

材料を十分にシェークしてカクテル・グラスに注ぎ、好みでマラスキーノチェリーを飾る。

Straw Hat
ストロー・ハット

12度 辛口 ビルド

テキーラをトマトジュースで割ったヘルシー感覚のカクテル。「ブラッディ・メアリー（P.103）」のベースをテキーラにかえたもの。

テキーラ ……………………45mℓ
トマトジュース ……………適量
カットレモン

氷を入れたグラスにテキーラを注ぎ、冷えたトマトジュースで満たしてカットレモンを飾る。

Sloe Tequila
スロー・テキーラ

22度 中口 シェーク

テキーラ特有の辛口の味わいに、スロー・ジンの風味がよくマッチしたカクテル。デコレーションにはスティック・セロリを飾っても。

テキーラ ……………………30mℓ
スロー・ジン ………………15mℓ
レモンジュース ……………15mℓ
スティックキュウリ

材料をシェークしてクラッシュドアイスをつめたオールドファッションド・グラスに注ぎ、スティックキュウリを飾る。

Tequila & Grapefruit
テキーラ・グレープフルーツ

12度 中口 ビルド

テキーラと相性のいいグレープフルーツジュースをミックスしたシンプル・カクテル。ほどよい酸味とほろ苦さで、いつ飲んでも飽きがこない。

テキーラ ……………………45mℓ
グレープフルーツジュース …適量
ミントチェリー

氷を入れたグラスに材料を注ぎ、軽くステアする。好みでミントチェリーを飾る。

Tequila Sunset

テキーラ・サンセット

5度 中口 ブレンド

メキシコの美しい夕焼けをイメージしたフローズン・カクテル。レモンジュースの酸味がきいた爽やかな口当たりが特徴。暑い夏の日やプールサイドで楽しみたい。

テキーラ ……………………30mℓ
レモンジュース ……………30mℓ
グレナデンシロップ ………1 tsp
クラッシュドアイス ………1 cup

材料をミキサーでブレンドし、グラスに注いでストローを添える。

Tequila Sunrise

テキーラ・サンライズ

12度 中口 ビルド

メキシコの朝焼けを連想させるような情熱的なカクテル。1970年代に、メキシコ公演中のローリング・ストーンズのミック・ジャガーが愛飲していたことでも有名になった。

テキーラ ……………………45mℓ
オレンジジュース …………90mℓ
グレナデンシロップ ………2 tsp
スライスオレンジ

氷を入れたグラスにテキーラとオレンジジュースを注ぎ、軽くステアしてからグレナデンシロップを静かに沈める。好みでスライスオレンジを飾る。

Tequila Martini

テキーラ・マティーニ

35度 辛口 ステア

「ドライ・マティーニ（P.84）」のベースをテキーラにかえたもの。別名「テキーニ」。ジン・ベースよりも、飲み口はややヘビーに。

テキーラ……………………48㎖
ドライ・ベルモット………12㎖
オリーブ、レモンピール

材料をステアしてカクテル・グラスに注ぎ、レモンピールをしぼりかける。好みでカクテルピンに刺したオリーブを飾る。

Tequila Manhattan

テキーラ・マンハッタン

34度 中口 ステア

「マンハッタン（P.165）」のベースをテキーラにかえたカクテル。スイート・ベルモットの香味がテキーラとよく合う。ウィスキー・ベースとはかなり違った味わい。

テキーラ……………………45㎖
スイート・ベルモット……15㎖
アンゴスチュラ・ビターズ…1 dash
ミントチェリー

材料をミキシング・グラスでステアしてカクテル・グラスに注ぎ、ミントチェリーを飾る。

Tequonic

テコニック

12度 中口 ビルド

「テキーラ＆トニック」を縮めたネーミング。飲む前にカットライムをしぼり入れれば、さらにテキーラ（ホワイトまたはゴールド）のうまみが際立つ。

テキーラ……………………45㎖
トニックウォーター………適量
カットライム

氷を入れたグラスにテキーラを注ぎ、冷えたトニックウォーターで満たして軽くステアする。好みでカットライムを飾る。

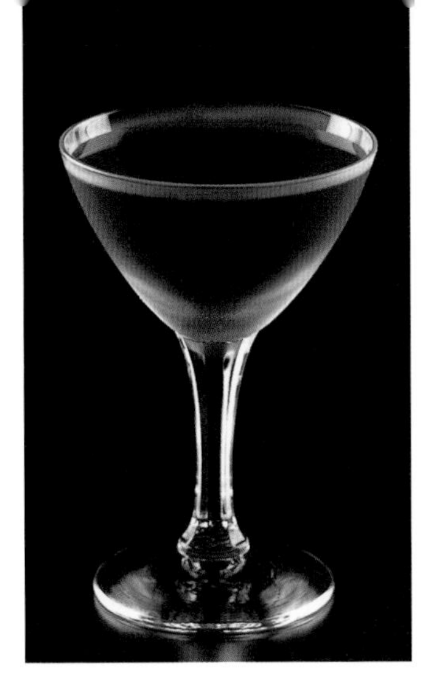

Picador

ピカドール

35度 甘口 ステア

甘口のコーヒー・リキュールにテキーラのクセのある風味が加わり、すっきりとして力強い味わいのカクテル。ほのかに香るレモンピールが清々しい。

テキーラ……………………30㎖
コーヒー・リキュール……30㎖
レモンピール

材料をミキシング・グラスでステアしてカクテル・グラスに注ぎ、レモンピールをしぼりかける。

Brave Bull

ブレイブ・ブル

32度 中口 ビルド

「勇敢な雄牛」という名のカクテル。「ブラック・ルシアン（P.102）」のベースをテキーラにかえたカクテルで、コーヒー・リキュールの甘さと苦味がストレートに味わえる。

テキーラ……………………40㎖
コーヒー・リキュール……20㎖

氷を入れたオールドファッションド・グラスに材料を注ぎ、軽くステアする。

French Cactus

フレンチ・カクタス

34度 中口 ビルド

「フランスのサボテン」という名のカクテル。フランス産のコアントローとメキシコ産のテキーラをミックスすることからついたネーミング。キリッとした中辛口の味わいが堪能できる。

テキーラ……………………40㎖
コアントロー………………20㎖

氷を入れたオールドファッションド・グラスに材料を注ぎ、軽くステアする。

Frozen Blue Margarita

フローズン・ブルー・マルガリータ

7度 中口 ブレンド

「フローズン・マルガリータ」のバリエーションの1つ。コアントロー(ホワイト・キュラソー)をブルー・キュラソーにかえてきれいなブルーをつくり出し、ジュースはライムからレモンにかえ、酸味と爽快感をさらにアップしている。

テキーラ ……………………………………30mℓ
ブルー・キュラソー ………………………15mℓ
レモンジュース ……………………………15mℓ
砂糖(シュガーシロップ) ……………… 1 tsp
クラッシュドアイス …………………… 1 cup

材料をミキサーでブレンドし、塩でスノー・スタイルにしたグラスに注ぐ。

Frozen Margarita

フローズン・マルガリータ

7度 中口 ブレンド

「マルガリータ(P.136)」のフローズン・スタイルで、見た目にも涼しい夏向きカクテル。コアントローをストロベリー・リキュールにかえれば「フローズン・ストロベリー・マルガリータ」に、メロン・リキュールにかえれば「フローズン・メロン・マルガリータ」になる。さまざまなリキュールで試してみては。

テキーラ ……………………………………30mℓ
コアントロー ………………………………15mℓ
ライムジュース ……………………………15mℓ
砂糖(シュガーシロップ) ……………… 1 tsp
クラッシュドアイス …………………… 1 cup

材料をミキサーでブレンドし、塩でスノー・スタイルにしたグラスに注ぐ。

Broadway Thirst

ブロードウェイ・サースト

20度 中口 シェーク

「ブロードウェイの渇き」という名のカクテル。ロンドン「サヴォイ・ホテル」で生まれたカクテルで、テキーラにフルーツジュースをミックスした飲みやすい口当たりが特徴。

- テキーラ……………………30mℓ
- オレンジジュース…………15mℓ
- レモンジュース……………15mℓ
- 砂糖（シュガーシロップ）…1 tsp

材料をシェークして、カクテル・グラスに注ぐ。

Matador

マタドール

15度 中口 シェーク

マタドールとは闘牛の最後に登場し、牛にとどめを刺す「闘牛場のヒーロー」のこと。テキーラを使った代表的なカクテルの１つで、喉ごしはほんのりと甘く実にフルーティ。

- テキーラ……………………30mℓ
- パイナップルジュース……45mℓ
- ライムジュース……………15mℓ

材料をシェークして、氷を入れたオールドファッションド・グラスに注ぐ。

Maria Therésa

マリア・テレサ

20度 中口 シェーク

テキーラにライムジュースとクランベリージュースの酸味をプラスした、甘さひかえめな大人のカクテル。テキーラをライト感覚で爽やかに味わえる。

- テキーラ……………………40mℓ
- ライムジュース……………20mℓ
- クランベリージュース……20mℓ

材料をシェークして、カクテル・グラスに注ぐ。

Margarita
マルガリータ

26度 中口 シェーク

1949年「全米カクテル・コンペティション」の入賞作品。カクテル名は、作者の恋人で不幸にして亡くなった「ミス・マルガリータ」にちなんでつけられた。さっぱりとした酸味が特徴。

テキーラ ……………………30mℓ
ホワイト・キュラソー ……15mℓ
ライムジュース ……………15mℓ

材料をシェークして、塩でスノー・スタイルにしたカクテル・グラスに注ぐ。

Mexican
メキシカン

17度 甘口 シェーク

メキシコ生まれのテキーラと南国特産のパイナップルジュースをミックスした甘口カクテル。グレナデンシロップを加えることにより、さらに甘味が増している。

テキーラ ……………………30mℓ
パイナップルジュース ……30mℓ
グレナデンシロップ …… 1 dash

材料をシェークして、カクテル・グラスに注ぐ。

Mexico Rose
メキシコ・ローズ

24度 中口 シェーク

「メキシコのバラ」という名の魅惑的なカクテル。クレーム・ド・カシス（黒スグリのリキュール）の酸味と甘味のバランスの妙が楽しめる。

テキーラ ……………………36mℓ
クレーム・ド・カシス ……12mℓ
レモンジュース ……………12mℓ

材料をシェークして、カクテル・グラスに注ぐ。

Melon Margarita

メロン・マルガリータ

26度 中口 シェーク

マルガリータ（P.136）のホワイト・キュラソーをメロン・リキュールにかえたカクテル。美しい色彩と甘美な飲み口が特徴。好みで塩または砂糖のスノー・スタイルにしても。

テキーラ……………………30mℓ
メロン・リキュール………15mℓ
レモンジュース……………15mℓ

材料をシェークして、カクテル・グラスに注ぐ。

Mockingbird

モッキンバード

25度 中口 シェーク

モッキンバードとは、メキシコ原産で他の鳥の鳴き方を真似する「ものまね鳥」のこと。森の緑を思わせるグリーン・ペパーミントの色彩がひときわ鮮やかで、飲むほどに心地よい気分になる。

テキーラ……………………30mℓ
グリーン・ペパーミント…15mℓ
ライムジュース……………15mℓ

材料をシェークして、カクテル・グラスに注ぐ。

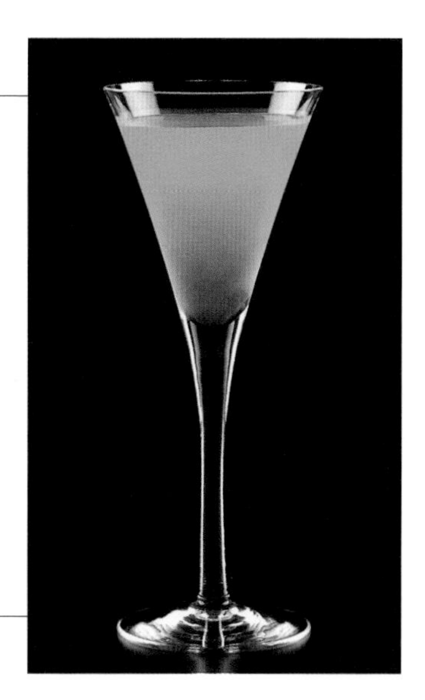

Rising Sun

ライジング・サン

33度 中口 シェーク

1963年「調理師法施行10周年記念カクテル・コンペティション」で厚生大臣賞に輝いた今井清氏の作品。シャルトリューズの軽快なハーブ香が、テキーラとともに堪能できる。

テキーラ……………………30mℓ
シャルトリューズ（ジョーヌ）
…………………………………20mℓ
ライムジュース（コーディアル）
…………………………………10mℓ
スロー・ジン………………1 tsp
マラスキーノチェリー

材料をシェークして塩でスノー・スタイルにしたカクテル・グラスに注ぎ、マラスキーノチェリーを飾る。

カクテルの材料カタログ

カクテルづくりでもっとも重要なのがアルコール類。ここでは、本書のカクテルに使われる「ベースとなる酒」を8項目に分けて解説し、それぞれのおすすめ銘柄や代表的なカクテルを紹介しよう。

ジン

Gin

大麦やトウモロコシ、じゃがいもなどの穀物を原料とした無色透明の蒸留酒にジュニパーベリー（ネズの実）などで香りづけした酒。1660年、オランダの医学者により薬酒として考案され、後にそれがイギリスへと伝わってクセのない「ドライ・ジン」が生まれた。現在ジンは濃厚な味わいの「オランダタイプ（イェネーバ）」と、柑橘系のさわやかな香味の「イギリスタイプ（ドライ・ジン）」に大別され、カクテルには主に後者が使われる。

おすすめ4本

ゴードン ロンドン ドライジン

★

高品質のジュニパーベリーをふんだんに使った約180ヵ国で愛飲されているプレミアムジン。

37.5度／イギリス
オープン価格（700㎖）
ディアジオ ジャパン

ギルビー ジン

★

柑橘系の香りが際立った清涼感あふれるスムーズな味わい。

37度以上38度未満／イギリス
オープン価格（700㎖）
キリンビール

ビーフィーター ジン

★

1820年の創業以来変わらぬ秘伝のレシピを守り続ける爽やかな柑橘系の味わいが魅力。

47度／イギリス
1,290円（750㎖）
サントリー

ボンベイ・サファイア

★

世界中から厳選された10種類のボタニカルを使った深く華やかな香りと味わいが特長のプレミアムジン。

47度／イギリス
オープン価格（750㎖）
バカルディ ジャパン

ジン・フィズ（P.70）

マティーニ（P.83）

［ドライ・ジン］を使った有名カクテル

●データ表記

アルコール度数／原産国
希望小売価格（税抜）
輸入元・販売元・取扱い先

ウォッカ

Vodka

大麦や小麦、芋類などの穀類を蒸留し、活性炭濾過して味や香りなどをなくした酒。主に製造されるのはロシアなどの旧ソ連圏、ノルウェーなどの北欧圏、ポーランドなどの中欧圏だが、その他の地域でもつくられる。無味無臭、無色透明が特徴で、クセのないクリアな味わいはカクテルベースに最適。アルコール度数は40〜90度以上と幅広い。ハーブや香辛料などで香りづけしたフレーバード・タイプもある。

おすすめ4本

スミノフ™

★

いくつものカクテルを創造し続けている世界No.1プレミアム ウォッカ「スミノフ™」。

40度／イギリス
オープン価格（750㎖）
キリンビール

ケテル ワン

★

厳選した小麦を使ったクリアな味わいとスムースな口当たりが特長のハンドクラフテッドウォッカ。

40度／オランダ
オープン価格（750㎖）
ディアジオ ジャパン

アブソルート ウオッカ

★

リッチでなめらかな味わいとフルボディのテイスト。良質な原料にこだわったプレミアムウォッカ。

40度／スウェーデン
2,136円[税込]（750㎖）
ペルノ・リカール・ジャパン

グレイグース

★

最高級品質を徹底的に追及したフランス産最上クラスのスーパープレミアムウォッカ。

40度／フランス
オープン価格（700㎖）
バカルディ ジャパン

［ウォッカ］を使った有名カクテル

モスコー・ミュール（P.106）

バラライカ（P.101）

ラム

Rum

サトウキビの糖蜜や絞り汁を原料につくられる蒸留酒。世界で最も多くの地域で生産されている蒸留酒で、無色透明のものから琥珀色、深い焦げ茶色まで、原料の違いや熟成期間、宗主国の違いにより、さまざまな味のバリエーションがある。一般に、樽熟成させていない無色透明のラムを「ホワイト・ラム」、3年未満の樽熟成したラムを「ゴールド・ラム」、3年以上熟成させたものを「ダーク・ラム」と呼ぶ。

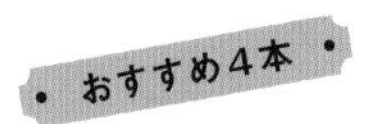

バカルディ スペリオール

✶

さまざまなカクテルのベースとして世界中のバーテンダーから絶大な信頼を得ているホワイト・ラム。

40度／プエルトリコ
オープン価格（700mℓ）
バカルディ ジャパン

ハバナクラブ 3年

✶

スモーキーでバニラやチョコレートの風味を伴う3年熟成のプレミアムホワイトラム。

40度／キューバ
1,540円[税込]（700mℓ）
ペルノ・リカール・ジャパン

マイヤーズ ラム オリジナルダーク

✶

オーク樽で4年間熟成させた甘く華やかな香りと芳醇で濃厚な味わいが特長のダーク・ラム。

40度／ジャマイカ
オープン価格（700mℓ）
キリンビール

ロン サカパ 23

✶

独自のソレラシステムを採用し、6～23年熟成したさまざまな性格のラムをブレンドしたダーク・ラムの逸品。

40度／グアテマラ
オープン価格（750mℓ）
ディアジオ ジャパン

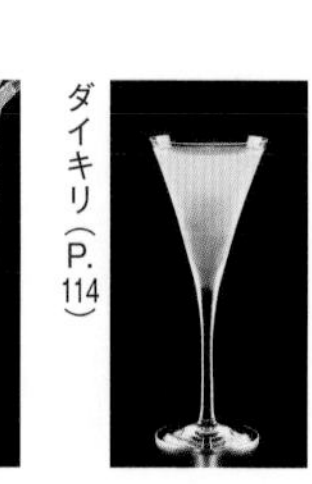

モヒート（P.122）

ダイキリ（P.114）

［ラム］を使った有名カクテル

テキーラ

Tequila

アロエに似た竜舌蘭の一種「アガベ・アスル」を原材料とするメキシコ原産の蒸留酒。ハリスコ州とその周辺の特定地域で生産されたものだけが「テキーラ」と名乗ることが許される。樽熟成の期間によりクラスがあり、0〜2ヶ月未満のものを「ブランコ（またはシルバー、プラタ）」、樽熟成期間が2ヶ月〜1年未満を「レポサド」、1〜3年未満を「アネホ（アニェホ）」、3年以上を「エクストラ・アネホ（アニェホ）」と呼ぶ。

おすすめ4本

テキーラ サウザ ブルー

★

ブルーアガベ100%のブランコテキーラ。原料由来のフローラルな香味と柑橘系の味わい。

40度／メキシコ
1,900円（750㎖）
サントリー

クエルボ トラディショナル・シルバー

★

ブルーアガベ100%のシルバーテキーラ。すっきりとしたスパイシーな味わいはカクテルに最適。

38度／メキシコ
2,650円（700㎖）
アサヒビール

エラドゥーラ レポサド

★

フレッシュなアガベの香りとエレガントでまろやかな口当たり。ストレートでもカクテルに使っても。

40度／メキシコ
5,530円（750㎖）
アサヒビール

パトロン アネホ

★

最高品質のブルーアガベ100%でつくられるスムースな味わいのプレミアムテキーラ。

40度／メキシコ
オープン価格（750㎖）
バカルディ ジャパン

［テキーラ］を使った有名カクテル

フローズン・マルガリータ （P.134）

モッキンバード （P.137）

ウィスキー

Whisky

大麦、小麦、トウモロコシなどの穀類を原料に、糖化、発酵させ、さらに蒸留して樽の中で熟成させた酒。世界各地で風土に合った穀物を使い、気候や自然条件の影響を受けてさまざまな個性を持ったウィスキーが生まれる。代表的なものに、スコッチ、アイリッシュ、カナディアン、アメリカン（バーボン・ライ）、ジャパニーズがあり、世界5大ウィスキーと呼ばれる。同じカクテルでも使うウィスキーにより味わいはさまざま。

・おすすめ4本・

バランタイン ファイネスト

✶

40種類以上のシングルモルトを巧みにブレンドした豊かでなめらかな風味のスコッチ。

40度／スコットランド
1,390円（700㎖）
サントリー

デュワーズ ホワイト・ラベル

✶

スムースな味わいと華やかな香りがハイボールに合うブレンデッドスコッチウィスキー。

40度／イギリス
オープン価格（700㎖）
バカルディ ジャパン

メーカーズマーク

✶

ふくよかで絹のようになめらかな味わいとやわらかな甘みが特長のプレミアムバーボン。

45度／アメリカ
2,800円（700㎖）
サントリー

ジェムソン スタンダード

✶

3回蒸留によってつくられる豊かな香味とスムースな味わいが特長のアイリッシュウィスキー。

40度／アイルランド
2,278円[税込]（700㎖）
ペルノ・リカール・ジャパン

［ウィスキー］を使った有名カクテル

ジョン・コリンズ（P.158）

マンハッタン（P.165）

ブランデー

Brandy

果実酒からつくった蒸留酒の総称。単にブランデーというとブドウを原料にしたグレープ・ブランデーをさし、中でもフランスの「コニャック」と「アルマニャック」は世界的に知られる。リンゴが原料のアップル・ブランデー（フランス・ノルマンディー地方のリンゴからつくられる「カルヴァドス」が有名）、サクランボが原料のチェリー・ブランデー（ドイツ・シュヴァルツヴァルト地方の「キルシュワッサー」が有名）などがある。

おすすめ４本

サントリー V.S.O.P

✶

華やかでフルーティな香りとまろやかな味わいでゴージャスな魅力が楽しめるブランデー。

40度／日本
2,500円（700mℓ）
サントリー

ヘネシー V.S

✶

滑らかにして複雑、芳醇なスパイスとフルーティなアロマ。エレガントで活き活きとした味わいのコニャック。

40度／フランス
4,785円[税込]（700mℓ）
MHD モエ ヘネシー ディアジオ

マーテル コルドンブルー

✶

砂糖漬けにしたプラムやアップルを思わせる華やかな香り、エレガントで芳醇な味わいのコニャック。

40度／フランス
22,220円[税込]（700mℓ）
ペルノ・リカール・ジャパン

カルヴァドス ブラー グラン ソラージュ

✶

2～5年熟成の原酒をブレンド。オーク由来のフルーティな香りと芳醇な味わいが特長。

40度／フランス
4,500円（700mℓ）
サントリー

［ブランデー］を使った有名カクテル

ホーセズ・ネック（P.179）

ジャック・ローズ（P.172）

ワイン

Wine

ワインとはブドウを原料とする醸造酒のこと。製造法で分類すると、赤ワイン・白ワイン・ロゼワインなど無発泡性の「スティル・ワイン」、シャンパンに代表される発泡性の「スパークリング・ワイン」、ワインにハーブや果実などで風味をつけた「フレーバード・ワイン」、シェリーやポートワインで知られる「酒精強化ワイン」などがある。カクテルづくりでは、とくに「フレーバード・ワイン」が重要。

スティル・ワイン

「スティル＝静かな」という意味で、無発泡性の普通のワインをさす。赤、白、ロゼと、色みや香り、味わいはさまざまだが、カクテルに使うならあまり個性的でないもの、なるべく辛口タイプのものを。価格的には手頃なもので十分おいしくつくれる。

スパークリング・ワイン

「スパークリング＝泡立つ」という意味で、発泡性のワインをさす。カクテルに使うなら、できれば弱発泡性でないもの、辛口タイプを選ぶ。

酒精強化ワイン

「フォーティファイド・ワイン」とも呼ばれ、発酵前のブドウ果汁やアルコール発酵中（または発酵後）のワインに度数の高いアルコールを添加してつくられるワイン。スペインのシェリー、ポルトガルのポートワインやマディラワインなどが有名。

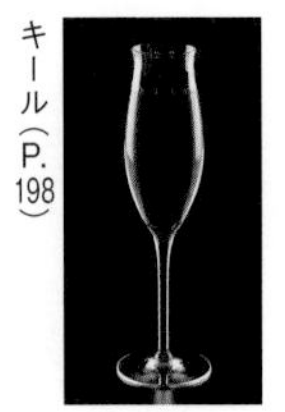

キール（P.198）

バンブー（P.201）

[ワイン]を使った有名カクテル

フレーバード・ワイン

ワインにハーブや果実、スパイス、甘味料、エッセンスなどを加えて独特な風味をつけたワイン。フランス、イタリアの「ベルモット」、スペインの「サングリア」などが有名。とくにカクテルづくりでは「ベルモット」が重要で、「マティーニ（P.83）」に欠かせない辛口の「ドライ・ベルモット」と「マンハッタン（P.165）」に使う甘口の「スイート・ベルモット」がある。

ノイリー・プラット ドライ

★

20種類以上のハーブを加えたエレガントな味わいのフレンチベルモット。

18度／フランス
オープン価格（750㎖）
バカルディ ジャパン

マルティーニ ロッソ

★

ハーブ類のニュアンスがしっかりと感じられ、調和のとれた味わいのイタリアンスイートベルモット。

15度／イタリア
オープン価格（750㎖）
バカルディ ジャパン

◉その他のフレーバード・ワイン

リレ ブラン

白ワインをベースにフルーツリキュールをブレンドしたアペリティフ・ワイン（17度／フランス産）。

デュボネ

キナ樹皮をハーブとブレンドしたアペリティフ・ワイン（14.8度／フランス産）。

その他のベース酒
Other liquors

ビール

ビールは醸造法と酵母の種類などにより「ラガー（下面発酵）」と「エール（上面発酵）」に大別される。「生ビール」とは、タンク内で熟成させたビールを濾過しただけで熱処理しないビールのこと。また「スタウト（P.208）」とはビールのスタイルの一つで、ローストした大麦を使用し上面発酵によって醸造された濃色ビールのことをさす。

焼酎

原料や蒸留方法の違いなどにより「甲類」と「乙類」に大別される。カクテルには甲類のほうが向いており、「宝焼酎」や「キンミヤ焼酎」などが代表的。乙類は「本格焼酎」とも呼ばれ、原料の違いにより「米焼酎」「麦焼酎」「芋焼酎」などが。琉球諸島でつくられる「泡盛」はタイ米を原料とした黒麹を用いた乙類の一種で、他の焼酎とは製造方法も異なる。

リキュール

Liqueur

リキュールとは、蒸留酒（スピリッツ）に果実やハーブなどのフレーバーを加え、着色料、甘味料などを添加した酒の総称（「混成酒」ともいう）。その種類は非常に多く、原料や製造方法が異なるため分類はむずかしいが、一般には主原料の違いにより以下の4つのカテゴリーに分けられる。甘やかな味わいと香り、彩り豊かなリキュールは、カクテルのバリエーションを広げる欠かせない存在。近頃は1000円以下で買えるミニボトルも多数出回っているので、好みに合わせて、ぜひ楽しんでみては。

		リキュールの種類（原料名、商品名も含む）
フルーツ系リキュール	オレンジ、アプリコット、キュラソーなどに代表される果実・果皮系のリキュール。フルーティな味わいと色彩の豊富さが魅力。あらゆるフルーツが原料に使われ、もっとも種類の多いカテゴリー。	ピーチ、アプリコット、メロン、カシス、チェリー、ライチ、フランボワーズ、ココナッツ、スロー・ジン、ブルーベリー、ストロベリー、ホワイト・キュラソー、オレンジ・キュラソー、ブルー・キュラソー、サザンカンフォート、マンダリン、レモン、ペア、アップル、マンゴー、バナナ、パイナップル、パッションフルーツ、パパイヤ、キウイ、マンゴスチン、グアバ、マラスキーノなど。
ハーブ系リキュール	カンパリ、ミント・リキュール、シャルトリューズに代表される薬草、香草、スパイス系のリキュール。中世の修道院で薬酒としてつくられたものもあり、歴史があり重要なリキュールが多いカテゴリー。	カンパリ、ドランブイ、ベネディクティン、ミント、シャルトリューズ、パスティス、ペルノ、アニゼット、アマーロ、バイオレット、ガリアーノ、アメール・ピコン、チナール、スーズ、サクラ、紅茶、緑茶など。
ナッツ・種子系リキュール	カルーア、アマレット、クレーム・ド・カカオなど、果実の種子、核、ナッツ類などを使ったリキュール。濃厚な香味が特徴で、デザート感覚で食後酒として楽しむものも多い。	アマレット、コーヒー、カカオ、ヘーゼルナッツ、マカダミアナッツ、バニラなど。
その他のリキュール	上記のいずれにも属さない特殊なタイプのカテゴリー。	クリーム、チョコレート、ミルク、卵、ヨーグルトなど。

アプリコット・クーラー（P.181）

グラスホッパー（P.184）

［リキュール］を使った有名カクテル

フルーツ系リキュール

ボルス アプリコット ブランデー

新鮮なアプリコット果汁を使用した豊かでコクのある味わいが魅力のアンズのリキュール。

24度／オランダ／
1,740円(700mℓ)／
アサヒビール

コアントロー

ホワイト・キュラソーの逸品。スイートとビターのオレンジ果皮が主原料の香り高いオレンジリキュール。

24度／フランス／
2,200円[税込](700mℓ)／
レミー コアントロー ジャパン

ゴードン スロージン

ジンをベースにスローベリーを浸透させてつくった無着色&ナチュラル仕上げのリキュール。

26度／スコットランド／
オープン価格(700mℓ)／
ジャパンインポートシステム

ディタ ライチ

ライチの豊潤な甘みと洗練された上品な味わい、なめらかな口当たりのライチリキュール。

24度／フランス／
3,612円[税込](700mℓ)／
ペルノ・リカール・ジャパン

グラン マルニエ コルドン ルージュ

厳選されたコニャックとカリブ海のビターオレンジが原料のプレミアムオレンジリキュール。

40度／フランス／
2,750円[税込](700mℓ)／
CT SPIRITS JAPAN

ミドリ メロンリキュール

美しい緑色とマスクメロン由来のフルーティで爽やかな香りのメロンリキュール。

20度／日本／
2,200円(700mℓ)／
サントリー

ボルス ブルー

爽やかなオレンジフレーバーときらめくブルーが印象的なブルー・キュラソー。

21度／オランダ／
1,740円(700mℓ)／
アサヒビール

ヒーリング チェリー リキュール

フルーティなチェリー風味が楽しめるライト&ナチュラルな味わいのチェリー・リキュール。

24度／デンマーク／
2,400円(700mℓ)／
サントリー

サザン カンフォート

果実やスパイスなどのフレーバーがミックスされたユニークな味わいの果実系リキュール。

21度／アメリカ／
1,480円(750mℓ)／
アサヒビール

マリブ

ココナッツの甘い香りがトロピカルムード満点のココナッツリキュール。

21度／イギリス／
1,360円(700mℓ)／
サントリー

ルジェ クレーム ド カシス

野性味あふれるカシス(黒すぐり)の爽やかな香りが漂う元祖カシスリキュール。

20度／フランス／
1,560円(700mℓ)／
サントリー

ルジェ クレーム ド ピーチ

南フランス産のフレッシュな桃を使った上品で爽やかな風味のピーチリキュール。

15度／フランス／
1,390円(700mℓ)／
サントリー

フルーツ系リキュール

ルジェ クレーム ド ストロベリー

いちごの香りとほのかな甘味がみずみずしく広がるストロベリーリキュール。

15度／フランス／
1,630円(700mℓ)／
サントリー

ルジェ クレーム ド フランボワーズ

きいちごの芳醇な香りと自然な甘さが味わえるフランボワーズリキュール。

15度／フランス／
1,630円(700mℓ)／
サントリー

ボルス　クレーム・ド・バナナ

熟したバナナの濃厚で甘い香りにバニラとアーモンドがほんのり香るバナナリキュール。

17度／オランダ／
1,740円(700mℓ)／
アサヒビール

ハーブ系リキュール

カンパリ

ほのかな甘さとほろ苦さが世界中で愛されているイタリア・ミラノ発のハーブリキュール。

25度／イタリア／
2,002円[税込](750mℓ)／
CT SPIRITS JAPAN

ボルス パルフェタムール

花びら(主にスミレとバラ)のほか、バニラ、オレンジピール、アーモンドを感じる花のリキュール。

24度／オランダ／
1,740円(700mℓ)／
アサヒビール

ベネディクテイン DOM

1510年にフランス・ベネディクト修道院で長寿の秘酒として発明された薬草系リキュール。

40度／フランス／
オープン価格(750mℓ)／
バカルディ ジャパン

シャルトリューズ・ジョーヌ

ハーブなど自然由来のものからつくられる色と味わい、ハチミツを思わせるやさしい甘みが特長。

43度／フランス／
4,950円(700mℓ)／
ユニオンリカーズ

シャルトリューズ・ヴェール

ハーブの爽やかな香りと、ミントの力強いスパイシーな味わいを感じられるリキュール。

55度／フランス／
4,950円(700mℓ)／
ユニオンリカーズ

ペパーミント ジェット27

ほどよい甘さとスペアミントの清涼感があふれる薬草系ミントリキュール。

21度／フランス／
オープン価格(700mℓ)／
バカルディ ジャパン

ペパーミント ジェット31

ミントの爽やかな味わいが楽しめる透明な液色のミントリキュール。

24度／フランス／
オープン価格(700mℓ)／
バカルディ ジャパン

ドランブイ

スコッチとさまざまなハーブやスパイスなどをブレンドした1745年生まれのリキュール。

40度／イギリス／
2,400円(750mℓ)／
サントリー

ペルノ

15種のハーブからつくられる独特の香りと爽やかな飲み口のアニスリキュール。

40度／フランス／
3,190円[税込](700mℓ)／
ペルノ・リカール・ジャパン

ナッツ・種子系リキュール

カルーア コーヒーリキュール

良質なアラビカ種のコーヒー豆を使った世界各国で愛されるコーヒーリキュール。

20度／イギリス／1,380円(700㎖)／サントリー

ディサローノ

1525年から変わらない杏仁の香りとエレガントな甘みが特長のアマレットリキュール。

28度／イタリア／オープン価格(200㎖)／ウィスク・イー

ボルス クレーム・ド・カカオ ブラウン

苦みのあるダークチョコレートのリッチなフレーバーとオレンジやバニラも感じるカカオリキュール。

24度／オランダ／1,740円(700㎖)／アサヒビール

ボルス クレーム・ド・カカオ ホワイト

ミルクチョコレートのフレーバーとバニラやアプリコットの味わいも感じるカカオリキュール。

24度／オランダ／1,740円(700㎖)／アサヒビール

その他のリキュール

ベイリーズ オリジナル アイリッシュクリーム

フレッシュクリームとアイリッシュウィスキーが原料のバニラとカカオが香るクリームリキュール。

17度／アイルランド／オープン価格(700㎖)／ディアジオ ジャパン

モーツァルト チョコレートクリーム リキュール

モーツアルト生誕の地ザルツブルクで生れた世界中で愛されるチョコレートリキュール。

17度／オーストリア／1,720円(500㎖)／サントリー

ヨーグリート ヨーグルト リキュール

ヨーグルト本来の爽やかさとリッチな味わいで人気のヨーグルトリキュール。

16度／日本／1,620円(500㎖)／サントリー

ワニンクス アドヴォカート

卵からつくられるオランダの伝統的なリキュール。カスタードクリームのような濃厚な味わい。

17度／オランダ／オープン価格(700㎖)／キリンビール

カクテルの副材料

レモン&ライムジュース

左から、レモンジュース（果汁100%）、ライムジュース（果汁100%）、ライムジュース（コーディアル［加糖］）。ともにカクテル用。

シロップ

左からシュガーシロップ、ザクロの果汁に砂糖を加えて煮つめたグレナデンシロップ、テキーラの原料と同じアガベアスール（リュウゼツランの一種）からつくられたオーガニック甘味料アガベシロップ。

ビターズ

左はカクテルにアクセントを加えるスパイシーな苦味酒「アンゴスチュラ・ビターズ（44度）」。右はラムをベースにハーブを配合したフルーティな苦味酒「アンゴスチュラ・オレンジ・ビターズ（28度）」。

ウィスキー・ベース

Whisky Base Cocktails

数ある銘柄からチョイスしてつくれるのがウィスキー・ベースのいいところ。
落ち着いた味わいの歴史ある正統派カクテルが数多くある。

Irish Coffee

アイリッシュ・コーヒー

10度 中口 ビルド

アイリッシュ・ウィスキーをベースにしたホット・ドリンクの元祖的存在。生クリームはホイップではなく、氷なしのシェーカーでシェークしてもよい。

アイリッシュ・ウィスキー……………30mℓ
砂糖……………1 tsp
濃いめのホット・コーヒー……………適量
生クリーム……………適量

あたためたワイン・グラスまたはコーヒー・カップに砂糖を入れ、ホット・コーヒーを注いでウィスキーを入れ、軽くステアする。軽くホイップした生クリームをフロートする。

Affinity

アフィニティ

20度 中口 シェーク

アフィニティとは「婚姻関係」または「親しい間柄」を表す言葉。イギリス産のスコッチ、フランス産のドライ・ベルモット、イタリア産のスイート・ベルモットを使い、３国の友好を表したカクテル。

スコッチ・ウィスキー ……20㎖
ドライ・ベルモット ………20㎖
スイート・ベルモット ……20㎖
アンゴスチュラ・ビターズ
………………………… 2 dashes

材料をシェークして、カクテル・グラスに注ぐ。

Alphonso Capone

アルフォンソ・カポネ

26度 中口 シェーク

1996年「HBA/JW&S社共催カクテル・コンペティション」入賞作品。作者は金海常昭氏。アメリカ禁酒法時代のギャングの親分アル・カポネの名のついたカクテルだが、飲み口はクリーミー&フルーティ。

バーボン・ウィスキー ……25㎖
グラン・マルニエ …………15㎖
メロン・リキュール ………10㎖
生クリーム …………………10㎖

材料を十分にシェークして、カクテル・グラスに注ぐ。

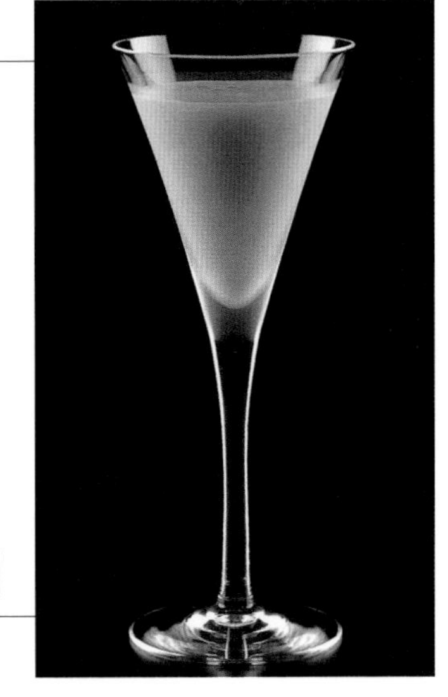

Ink Street

インク・ストリート

15度 中口 シェーク

アメリカ産のライ・ウィスキーをベースに、オレンジジュースとレモンジュースをたっぷりミックスした、さっぱり味のカクテル。ほどよい酸味で飲みやすい。

ライ・ウィスキー …………30㎖
オレンジジュース …………15㎖
レモンジュース ……………15㎖

材料をシェークして、カクテル・グラスに注ぐ。

Imperial Fizz

インペリアル・フィズ

17度 中口 シェーク

「最上級のフィズ」という名のフィズ·スタイル（ P.43 ）のロング・ドリンク。ウィスキーにホワイト・ラムを合わせ、スキッとしたキレのある飲み口が特徴。

- ウィスキー……………………45mℓ
- ラム（ホワイト）…………15mℓ
- レモンジュース……………20mℓ
- 砂糖（シュガーシロップ）……………………………1～2 tsp
- ソーダ………………………適量

ソーダ以外の材料をシェークして氷を入れたグラスに注ぎ、冷えたソーダで満たして軽くステアする。

Whisky Cocktail

ウィスキー・カクテル

37度 中口 ステア

ウィスキーの味覚にビターズの苦味とシロップの甘味を加えたスタンダード・カクテル。ベースのウィスキーには、スコッチ、ライ、バーボンを使うことが多い。

- ウィスキー……………………60mℓ
- アンゴスチュラ・ビターズ……………………………1 dash
- シュガーシロップ………1 dash

材料をミキシング・グラスでステアして、カクテル・グラスに注ぐ。

Whisky Sour

ウィスキー・サワー

23度 中口 シェーク

サワーとは「酸っぱい」という意味で、レモンの酸味がきいた口当たりのよいカクテル。ベースを、ジン、ラム、テキーラ、ブランデーでつくるサワーもよく知られている。

- ウィスキー……………………45mℓ
- レモンジュース……………20mℓ
- 砂糖（シュガーシロップ）…1 tsp
- スライスオレンジ、マラスキーノチェリー

材料をシェークしてサワー・グラスに注ぎ、スライスオレンジとマラスキーノチェリーを飾る。

Whisky Toddy

ウィスキー・トディー

13度 中口 ビルド

ウィスキーをベースにしたトディー・スタイルのロング・ドリンク。甘くて飲みやすいウィスキーの水割りといった飲み口。熱湯でつくると「ホット・ウィスキー・トディー (P.163)」。

ウィスキー……………………45mℓ
砂糖（シュガーシロップ）…1 tsp
水（ミネラルウォーター）…適量
スライスレモン、スライスライム

グラスに砂糖を入れて少量の水を加えて溶かし、ウィスキーを注いで冷えた水（ミネラルウォーター）で満たす。好みでスライスレモン、スライスライムを飾る。

Whisky Highball

ウィスキー・ハイボール

13度 辛口 ビルド

ウィスキーをベースにしたハイボール・スタイルのロング・ドリンク。別名「ウィスキー・ソーダ」。ウィスキーが、さっぱり味で飲みやすくなる。

ウィスキー……………………45mℓ
ソーダ…………………………適量

氷を入れたグラスにウィスキーを注ぎ、冷えたソーダで満たして軽くステアする。

Whisky Float

ウィスキー・フロート

13度 辛口 ビルド

ウィスキーとミネラルウォーターの比重差を利用した見た目も美しい辛口カクテル。うまく分離させるには、フロートはできるだけ静かに行なうこと。

ウィスキー……………………45mℓ
水（ミネラルウォーター）…適量

氷を入れたグラスに冷えた水（ミネラルウォーター）を7分目ほど注ぎ、ウィスキーを静かにフロートする。

Old Pal

オールド・パル

24度 中口 ステア

「古い仲間」または「懐かしい友人」という意味の古くから知られているカクテル。ほろ苦さの中にやや甘味も漂う、口当たりのよさが特徴。

ライ・ウィスキー ……………………………20mℓ
ドライ・ベルモット ………………………20mℓ
カンパリ ……………………………………20mℓ

材料をミキシング・グラスでステアして、カクテル・グラスに注ぐ。

Old-Fashioned

オールドファッションド

32度 中口 ビルド

19世紀半ば、アメリカ・ケンタッキー州のペンデニス・クラブのバーテンダーが考案したといわれる。オレンジやレモンなどのフルーツや角砂糖を、マドラーでつぶしながら好みの味にアレンジして飲む。シンプルだが根強いファンを持つカクテル。

ライまたはバーボン・ウィスキー ………45mℓ
アンゴスチュラ・ビターズ………… 2 dashes
角砂糖……………………………………… 1 個
スライスオレンジ、スライスレモン、マラスキーノチェリー

オールドファッションド・グラスに角砂糖を入れてアンゴスチュラ・ビターズをふりかけ、氷を入れてウィスキーを注ぎ、マドラーを添える。好みでオレンジなどのフルーツを飾る。

Oriental
オリエンタル

25度 中口 シェーク

オリエンタルとは「東洋の」または「東洋人」という意味。ライ・ウィスキーにスイート・ベルモットのコクと柑橘系の酸味を加えた飲みやすいカクテル。

ライ・ウィスキー …………24mℓ
スイート・ベルモット ……12mℓ
ホワイト・キュラソー ……12mℓ
ライムジュース ……………12mℓ

材料をシェークして、カクテル・グラスに注ぐ。

Cowboy
カウボーイ

25度 中口 シェーク

「牛飼い」または「牧童」という名のカクテル。バーボンに生クリームだけのシンプル・レシピながら、甘さのないまろやかでコクのある味わいが特徴。

バーボン・ウィスキー ……40mℓ
生クリーム …………………20mℓ

材料を十分にシェークして、カクテル・グラスに注ぐ。

California Lemonade
カリフォルニア・レモネード

13度 中口 シェーク

バーボンの香味とレモン&ライムの酸味をソーダで割った喉ごし爽やかな夏向きカクテル。グレナデンの淡い色彩が、清々しさを一層高めている。

バーボン・ウィスキー ……45mℓ
レモンジュース ……………20mℓ
ライムジュース ……………10mℓ
グレナデンシロップ……… 1 tsp
砂糖（シュガーシロップ）… 1 tsp
ソーダ ………………………適量
カットレモン

ソーダ以外の材料をシェークしてコリンズ・グラスに注ぎ、冷えたソーダで満たして軽くステアする。好みでカットレモンを飾る。

Kiss Me Quick

キス・ミー・クイック

24度 中口 ステア

1988年「スコッチ・ウィスキー・カクテル・コンペティション」優勝作品。作者は宮尾孝宏氏。デュボネとフランボワーズ・リキュールのフルーティな香味が特徴。カクテル名は「すぐにキスして」。

スコッチ・ウィスキー ……………………30mℓ
デュボネ ………………………………20mℓ
フランボワーズ・リキュール ……………10mℓ
レモンピール

材料をミキシング・グラスでステアしてカクテル・グラスに注ぎ、レモンピールをしぼりかける。

Klondike Cooler

クロンダイク・クーラー

15度 中口 ビルド

クロンダイクとは、19世紀末ゴールドラッシュで有名になった「カナダにある金山」の名前。オレンジのデコレーションがポイントで、さっぱりした喉ごしで飲みやすい。

ウィスキー ………………………………45mℓ
オレンジジュース ……………………20mℓ
ジンジャーエール…………………………適量
オレンジの皮

オレンジの皮をらせん状にむいたものをグラスに飾って氷を入れ、ウィスキーとオレンジジュースを注いで冷えたジンジャーエールで満たし、軽くステアする。

God-Father

ゴッドファーザー

34度 中口 ビルド

映画「ゴッドファーザー」にちなんでつくられたカクテル。ウィスキーの馥郁(ふくいく)たる芳香に、アマレットの濃厚な味わいが加わった大人のカクテル。

ウィスキー……………………45mℓ
アマレット……………………15mℓ

氷を入れたオールドファッションド・グラスに材料を注ぎ、軽くステアする。

Commodore

コモドアー

26度 辛口 シェーク

コモドアーとは「船長」または「提督」という意味。ライ・ウィスキーにライムジュースを加え、オレンジ・ビターズの苦味フレーバーをきかせた酸味強めの辛口カクテル。

ライ・ウィスキー …………45mℓ
ライムジュース ……………15mℓ
オレンジ・ビターズ … 2 dashes
シュガーシロップ………… 1 tsp

材料をシェークして、カクテル・グラスに注ぐ。

Shamrock

シャムロック

27度 中口 シェーク

シャムロックとは、アイルランドの国花「つめ草(クローバー)」のこと。ウィスキーに香草系ワインと薬草系リキュールを合わせた独特な風味のカクテル。

アイリッシュ・ウィスキー …30mℓ
ドライ・ベルモット ………30mℓ
シャルトリューズ(ヴェール)
………………………… 3 dashes
グリーン・ペパーミント
………………………… 3 dashes

材料をシェークして、カクテル・グラスに注ぐ。

John Collins

ジョン・コリンズ

13度 中口 ビルド

別名「ウィスキー・コリンズ」。かつてはオランダ・ジンをベースにつくられていたカクテルで、1930年代以降はドライ・ジンが主流になり、現在ではウィスキーが一般的に。

ウィスキー……………………45mℓ
レモンジュース……………20mℓ
シュガーシロップ…… 1～2 tsp
ソーダ…………………………適量
スライスレモン、マラスキーノチェリー

ソーダ以外の材料を氷を入れたコリンズ・グラスに注ぎ、ステアして冷えたソーダで満たし、軽くステアする。好みでスライスレモンとマラスキーノチェリーを飾る。

Scotch Kilt

スコッチ・キルト

36度 中口 ステア

スコッチ・キルトとは、スコットランドの民族衣装である「男性の礼装用スカート」のこと。スコットランド産のウィスキー&リキュールをミックスした、やや甘めの正統派カクテル。

スコッチ・ウィスキー ……40mℓ
ドランブイ……………………20mℓ
オレンジ・ビターズ … 2 dashes

材料をミキシング・グラスでステアして、カクテル・グラスに注ぐ。

Derby Fizz

ダービー・フィズ

14度 中口 シェーク

イギリス競馬の大レースからネーミングしたフィズ・スタイルのロング・ドリンク。柑橘系の酸味に卵のコクをプラスし、まろやかでスムーズな味わいが特徴。

ウィスキー……………………45mℓ
オレンジ・キュラソー …… 1 tsp
レモンジュース…………… 1 tsp
砂糖（シュガーシロップ）… 1 tsp
卵……………………………… 1個
ソーダ…………………………適量

ソーダ以外の材料を十分にシェークしてグラスに注ぎ、氷を加えて冷えたソーダで満たし、軽くステアする。

Churchill

チャーチル

27度 中口 シェーク

イギリスを代表する政治家であり文学者でもあった「サー・ウィンストン・チャーチル」の名を冠したカクテル。コアントローとスイート・ベルモットの組み合わせは、やや甘口の気品ある香りが漂う。

スコッチ・ウィスキー ……………………30mℓ
コアントロー ………………………………10mℓ
スイート・ベルモット ……………………10mℓ
ライムジュース ……………………………10mℓ

材料をシェークして、カクテル・グラスに注ぐ。

New York

ニューヨーク

26度 中口 シェーク

アメリカの大都市名をネーミングにしたカクテル。ウィスキーのスモーキー・フレーバーとライムジュースの酸味がマッチした深い味わいの一杯。砂糖を少なめにして（もしくは抜いて）、甘味をおさえめにつくるのもおいしい。ベースとなるウィスキーは、やはりアメリカ生まれのライまたはバーボンで。

ライまたはバーボン・ウィスキー ………45mℓ
ライムジュース ……………………………15mℓ
グレナデンシロップ ………………………½tsp
砂糖（シュガーシロップ）………………… 1 tsp
オレンジピール

材料をシェークしてカクテル・グラスに注ぎ、オレンジピールをしぼりかける。

Bourbon & Soda

バーボン・ソーダ

13度 辛口 ビルド

バーボンをソーダで割るだけのシンプル・カクテル。いつ飲んでも飽きのこないスムーズな飲み口は、使うバーボンによりかなり違った味わいになる。

バーボン・ウィスキー ……45mℓ
ソーダ ……………………適量

氷を入れたグラスにバーボン・ウィスキーを注ぎ、冷えたソーダで満たして軽くステアする。

Bourbon Buck

バーボン・バック

14度 中口 ビルド

バーボンをベースにしたバック・スタイル（P.42）のロング・ドリンク。ジンジャーエールの甘味が加わる分、ソーダ割りよりもさらに飲みやすい。ベースをブランデーやラム、ジンなどにかえても。

バーボン・ウィスキー ……45mℓ
レモンジュース ……………20mℓ
ジンジャーエール …………適量

氷を入れたグラスにバーボン・ウィスキーとレモンジュースを注ぎ、冷えたジンジャーエールで満たして軽くステアする。

Bourbon & Lime

バーボン・ライム

30度 辛口 ビルド

バーボンのオン・ザ・ロック・スタイルに、フレッシュ・ライムをプラスしたカクテル。ヘビーな味わいのバーボンも、驚くほど飲みやすくなる。

バーボン・ウィスキー ……45mℓ
カットライム

氷を入れたオールドファッションド・グラスにウィスキーを注ぎ、ライムをしぼり入れて軽くステアする。

High-Hat

ハイハット

28度 中口 シェーク

ハイハットとは「気取り屋」または「いばり屋」といった意味の俗語。重厚な香りのバーボンに、チェリー・ブランデーとグレープフルーツジュースの爽やかな酸味を加えたフルーティな味わい。

バーボン・ウィスキー……………………40mℓ
チェリー・ブランデー……………………10mℓ
グレープフルーツジュース……………10mℓ
レモンジュース…………………………1 tsp

材料をシェークして、カクテル・グラスに注ぐ。

Highland Cooler

ハイランド・クーラー

13度 中口 シェーク

スコッチ・ウィスキーの故郷・スコットランド北部のハイランド地方をイメージしたカクテル。スコッチの豊かな香りに薬草フレーバーが漂い、すっきりと飲みやすい。

スコッチ・ウィスキー……………………45mℓ
レモンジュース…………………………15mℓ
砂糖（シュガーシロップ）………………1 tsp
アンゴスチュラ・ビターズ…………2 dashes
ジンジャーエール…………………………適量

ジンジャーエール以外の材料をシェークして氷を入れたグラスに注ぎ、冷えたジンジャーエールで満たして軽くステアする。

Hurricane

ハリケーン

30度 中口 シェーク

ウィスキーとジンという強いスピリッツを使いながら、後口にミントの爽快感が残るというアメリカ生まれの粋なカクテル。ハリケーンとは「大嵐」または「台風」のこと。

ウィスキー……………………15mℓ
ドライ・ジン…………………15mℓ
ホワイト・ペパーミント…15mℓ
レモンジュース………………15mℓ

材料をシェークして、カクテル・グラスに注ぐ。

Hunter

ハンター

33度 中口 シェーク

ハンターとは「狩人」のこと。ウィスキーとチェリー・ブランデーを使う古くからあるカクテルで、口当たりはやや甘め。シェークではなく、ステアでつくるレシピも多い。

ライまたはバーボン・ウィスキー
…………………………………45mℓ
チェリー・ブランデー……15mℓ

材料をシェークして、カクテル・グラスに注ぐ。

Brooklyn

ブルックリン

30度 辛口 シェーク

ブルックリンとは、アメリカ・ニューヨーク市のマンハッタン対岸の街の名。ややクセのあるライ・ウィスキーに、薬草系リキュールと果実系リキュールの芳香をきかせた辛口カクテル。

ライ・ウィスキー…………40mℓ
ドライ・ベルモット………20mℓ
アメール・ピコン………1 dash
マラスキーノ……………1 dash

材料をシェークして、カクテル・グラスに注ぐ。

Hole In One

ホール・イン・ワン

30度 辛口 シェーク

ホール・イン・ワンとは「1打でカップインする」というゴルフ用語。ウィスキー＆ドライ・ベルモットに少量のジュースが加わるだけなので、甘味のほとんどない辛口カクテルに仕上がっている。

ウィスキー ……………………40mℓ
ドライ・ベルモット ………20mℓ
レモンジュース ……… 2 dashes
オレンジジュース ……… 1 dash

材料をシェークして、カクテル・グラスに注ぐ。

Hot Whisky Toddy

ホット・ウィスキー・トディー

13度 中口 ビルド

ウィスキーをベースにしたトディー・スタイル（ P.43 ）のホット・ドリンク。その他のベースとしては、ジン、ラム、テキーラ、ブランデーなどでつくっても。

ウィスキー ……………………45mℓ
砂糖（シュガーシロップ） … 1 tsp
熱湯 ……………………………適量
スライスレモン、クローブ、シナモンスティック

ホット・ドリンク用のグラスに砂糖を入れて少量の湯で溶かし、ウィスキーを注いで熱湯で満たす。スライスレモン、クローブを入れ、シナモンスティックを添える。

Bobby Burns

ボビー・バーンズ

30度 中口 ステア

ウィスキーをこよなく愛したスコットランドの国民的詩人ロバート（ボビー）・バーンズにちなんだカクテル。フレーバード・ワインと薬草系リキュールを使った香り豊かな飲み口が特徴。

スコッチ・ウィスキー ……40mℓ
スイート・ベルモット ……20mℓ
ベネディクティン………… 1 tsp
レモンピール

材料をミキシング・グラスでステアしてカクテル・グラスに注ぎ、レモンピールをしぼりかける。

Miami Beach

マイアミ・ビーチ

28度 中口 シェーク

ウィスキーの香味に、ドライ・ベルモットのコクと深み、グレープフルーツジュースの酸味が加わった爽やかで飲みやすいカクテル。

ウィスキー……………………35mℓ
ドライ・ベルモット………10mℓ
グレープフルーツジュース…15mℓ

材料をシェークして、カクテル・グラスに注ぐ。

Mountain

マウンテン

20度 中口 シェーク

ライ・ウィスキーに2種類のベルモットのコクと風味をプラスし、卵白を加えてソフトでなめらかな口当たりに仕上げたカクテル。

ライ・ウィスキー…………45mℓ
ドライ・ベルモット………10mℓ
スイート・ベルモット……10mℓ
レモンジュース……………10mℓ
卵白……………………………1個分

材料を十分にシェークして、大きめのカクテル・グラスに注ぐ。

Mamie Taylor

マミー・テイラー

13度 中口 ビルド

スコッチ・ウィスキーがベースのバック・スタイル（P.42）のロング・ドリンク。別名「スコッチ・バック」。飽きのこない爽やかな酸味で飲みやすい。

スコッチ・ウィスキー……45mℓ
レモンジュース……………20mℓ
ジンジャーエール…………適量
スライスライム

氷を入れたグラスにウィスキーとレモンジュースを注ぎ、冷えたジンジャーエールで満たして軽くステアする。好みでスライスライムやスライスレモンを飾る。

Manhattan

マンハッタン

32度 中口 ステア

カクテルの女王とも呼ばれるもので、19世紀半ばから世界中の人々に飲み継がれてきた。スイート・ベルモットの甘みで口当たりがよく、女性にも好まれる。

ライまたはバーボン・ウィスキー ……45mℓ
スイート・ベルモット ……15mℓ
アンゴスチュラ・ビターズ … 1 dash
マラスキーノチェリー、レモンピール

材料をミキシング・グラスでステアしてカクテル・グラスに注ぎ、カクテルピンに刺したマラスキーノチェリーを飾り、レモンピールをしぼりかける。

Manhattan (Dry)

マンハッタン（ドライ）

35度 辛口 ステア

「マンハッタン」のスイート・ベルモットをドライ・ベルモットにかえたもの。ウィスキーの割合も多くなっているので、キレのある、よりドライな飲み口が楽しめる。

ライまたはバーボン・ウィスキー ……48mℓ
ドライ・ベルモット ……12mℓ
アンゴスチュラ・ビターズ … 1 dash
ミントチェリー

材料をミキシング・グラスでステアしてカクテル・グラスに注ぎ、カクテルピンに刺したミントチェリーを飾る。

Manhattan (Medium)

マンハッタン（ミディアム）

30度 中口 ステア

「マンハッタン」と「マンハッタン（ドライ）」の中間的な味わい。別名「パーフェクト・マンハッタン」。ビターズを使わずに、レモンピールをしぼりかけるレシピもある。

ライまたはバーボン・ウィスキー ……40mℓ
ドライ・ベルモット ……10mℓ
スイート・ベルモット ……10mℓ
アンゴスチュラ・ビターズ … 1 dash
マラスキーノチェリー

材料をミキシング・グラスでステアしてカクテル・グラスに注ぎ、カクテルピンに刺したマラスキーノチェリーを飾る。

Mint Cooler

ミント・クーラー

13度 辛口 ビルド

ウィスキーによく合うペパーミントの香りが清々しい夏向きカクテル。ホワイト・ペパーミントは入れ過ぎないほうが、ウィスキーの風味がより際立つ。

ウィスキー ……………………………45mℓ
ホワイト・ペパーミント……… 2～3 dashes
ソーダ………………………………………適量
ミントの葉

氷を入れたグラスに材料を注ぎ、冷えたソーダで満たして軽くステアする。好みでミントの葉を飾る。

Mint Julep

ミント・ジュレップ

26度 中口 ビルド

フレッシュ・ミントの香りが爽やかなジュレップ・スタイルのロング・ドリンク。グラスの表面に霜がつくほど、十分にステアするのがおいしさの秘訣。

バーボン・ウィスキー ……………………60mℓ
砂糖（シュガーシロップ）………………… 2 tsp
水またはソーダ …………………………… 2 tsp
ミントの葉………………………………5～6枚

ウィスキー以外の材料をグラスに入れ、砂糖を溶かしながらミントの葉をつぶす。クラッシュドアイスをグラスにつめてウィスキーを注ぎ、十分にステアしてミントの葉を飾る。

Monte Carlo

モンテカルロ

40度 中口 シェーク

F1グランプリで知られるモナコ公国の美しい都市名をネーミング。ライ・ウィスキーの重厚な味わいに、ベネディクティンの甘く高貴なハーブ香をプラス。

- ライ・ウィスキー …………45mℓ
- ベネディクティン …………15mℓ
- アンゴスチュラ・ビターズ …………2 dashes

材料をシェークして、カクテル・グラスに注ぐ。

Rusty Nail

ラスティ・ネイル

36度 甘口 ビルド

スコットランド王家の秘酒を伝授してつくられたドランブイとウィスキーをミックスした甘美な芳香が特徴。カクテル名は、カクテルの色からか「錆びついた釘」という意味。

- ウィスキー …………30mℓ
- ドランブイ …………30mℓ

氷を入れたオールドファッションド・グラスに材料を注ぎ、軽くステアする。

Rob Roy

ロブ・ロイ

32度 中口 ステア

「マンハッタン（P.165）」のベースをスコッチ・ウィスキーにかえたもの。ネーミングは、スコットランドの義賊ロバート・マッグレガーの愛称「赤毛のロバート」から。

- スコッチ・ウィスキー ……45mℓ
- スイート・ベルモット ……15mℓ
- アンゴスチュラ・ビターズ … 1 dash
- マラスキーノチェリー、レモンピール

材料をミキシング・グラスでステアしてカクテル・グラスに注ぎ、カクテルピンに刺したマラスキーノチェリーを飾り、レモンピールをしぼりかける。

ブランデー・ベース

Brandy Base Cocktails

ブランデーの芳醇な香りを生かしたやや甘めのカクテルが主流。
使うブランデーはなるべくいいものを選んで。

Alexander
アレキサンダー

23度 甘口 シェーク

19世紀半ば、イギリス国王エドワード7世の王妃アレキサンドラに捧げられたとされるカクテル。クリーミーな口当たりで、チョコのような甘味が特徴。生クリームを使っているので、シェークは強く素早く行なうこと。ベースをウォッカにかえると「バーバラ (P.100)」に。

ブランデー ……………………………………30mℓ
カカオ・リキュール(ブラウン) ………15mℓ
生クリーム ……………………………………15mℓ

材料を十分にシェークして、カクテル・グラスに注ぐ。

Egg Sour

エッグ・サワー

15度 中口 シェーク

ブランデー・ベースのサワー・スタイルのロング・ドリンク。ブランデーに柑橘系の酸味をプラスし、卵を丸ごと1個加えてシェークする滋養満点のカクテル。

- ブランデー ……………………30mℓ
- オレンジ・キュラソー ……20mℓ
- レモンジュース ……………20mℓ
- 砂糖（シュガーシロップ）… 1 tsp
- 卵 ……………………………… 1個

材料を十分にシェークして、大きめのカクテル・グラスに注ぐ。

Olympic

オリンピック

26度 中口 シェーク

1900年のオリンピック・パリ大会を記念してつくられたというカクテル。芳醇なブランデーにオレンジ・フレーバーを加え、フルーティで濃厚な飲み口に仕上がっている。

- ブランデー ……………………20mℓ
- オレンジ・キュラソー ……20mℓ
- オレンジジュース …………20mℓ

材料をシェークして、カクテル・グラスに注ぐ。

Calvados Cocktail

カルヴァドス・カクテル

20度 中口 シェーク

カルヴァドスとは「りんごを原料にしたブランデー」の名称。芳醇な香りのアップル・ブランデーに柑橘系のリキュールとジュースをミックスした、ジューシーな飲み口が特徴。

- アップル・ブランデー（カルヴァドス）
 ………………………………20mℓ
- ホワイト・キュラソー ……10mℓ
- オレンジ・ビターズ ………10mℓ
- オレンジジュース …………20mℓ

材料をシェークして、カクテル・グラスに注ぐ。

Carol
キャロル

28度 中口 シェーク

キャロルとは「喜びの歌」または「聖歌」の意味。ほんのり甘い飲み口は、ブランデー・ベースの「マンハッタン（P.165）」といった味わい。シェークではなく、ステアでつくるレシピもある。

ブランデー ……………………40mℓ
スイート・ベルモット ……20mℓ
パールオニオン

材料をシェークして、カクテル・グラスに注ぐ。好みでパールオニオンを飾る。

Cuban Cocktail
キューバン・カクテル

22度 中口 シェーク

「キューバ人のカクテル」というネーミング。アプリコットの甘く爽やかな香りとブランデーの熟成味を感じさせる、まろやかな味わいが特徴。

ブランデー ……………………30mℓ
アプリコット・ブランデー 15mℓ
ライムジュース ……………15mℓ

材料をシェークして、カクテル・グラスに注ぐ。

Classic
クラシック

26度 中口 シェーク

ブランデーの繊細な味わいに、果実系リキュールとレモンジュースの酸味と甘味をミックスしたバランスのいいカクテル。好みで、スノー・スタイルにしなくてもOK。

ブランデー ……………………30mℓ
オレンジ・キュラソー ……10mℓ
マラスキーノ ………………10mℓ
レモンジュース ……………10mℓ
砂糖（スノー・スタイル）

材料をシェークして、砂糖でスノー・スタイルにしたカクテル・グラスに注ぐ。

Corpse Reviver

コープス・リバイバー

28度 中口 ステア

コープス・リバイバーとは「死者をよみがえらせるもの」という意味。ブランデーとアップル・ブランデー、スイート・ベルモットを組み合わせた、深い芳香とコクのあるカクテル。

ブランデー ……………………30mℓ
アップル・ブランデー ……15mℓ
スイート・ベルモット ……15mℓ

材料をミキシング・グラスでステアして、カクテル・グラスに注ぐ。

Sidecar

サイドカー

26度 中口 シェーク

第一次世界大戦中に活躍した「オートバイの横につけた座席車」からのネーミング。ベースとリキュール、ジュースの甘さと酸味のバランスが絶妙。ベースをウィスキーにかえると「ウィスキー・サイドカー」に。

ブランデー ……………………30mℓ
ホワイト・キュラソー ……15mℓ
レモンジュース ……………15mℓ

材料をシェークして、カクテル・グラスに注ぐ。

Chicago

シカゴ

25度 中口 シェーク

ブランデーにオレンジ・キュラソーの甘味とビターズの苦味を加え、シャンパンで割ったお洒落なカクテル。きめ細やかな泡立ちが、実にエレガント。

ブランデー ……………………45mℓ
オレンジ・キュラソー… 2 dashes
アンゴスチュラ・ビターズ … 1 dash
シャンパン ……………………適量

シャンパン以外の材料をシェークして、砂糖でスノー・スタイルにしたフルート型シャンパン・グラスに注ぎ、冷えたシャンパンで満たす。

Jack Rose

ジャック・ローズ

20度　中口　シェーク

ジャックとは、アメリカ産のアップル・ブランデー「アップル・ジャック」のことだが、日本ではフランス産の「カルヴァドス」を使うことが多い。ライムの酸味とグレナデンの甘味が、アップル・ブランデーの優雅な香りを引き立てている。

アップル・ブランデー ……………………30mℓ
ライムジュース ……………………………15mℓ
グレナデンシロップ ………………………15mℓ

材料をシェークして、カクテル・グラスに注ぐ。

Champs Élysées

シャンゼリーゼ

パリの有名な目抜き通りをネーミングしたカクテル。フランス生まれのブランデーと薬草系リキュールを合わせ、華やかな香りと深く繊細な味わいが特徴。

ブランデー（コニャック）………………36mℓ
シャルトリューズ（ジョーヌ）…………12mℓ
レモンジュース ……………………………12mℓ
アンゴスチュラ・ビターズ…………… 1 dash

材料をシェークして、カクテル・グラスに注ぐ。

Stinger
スティンガー

32度 中口 シェーク

スティンガーとは動植物の「針」や「トゲ」のこと。ペパーミントの清涼感がシャープな味わいを演出し、ブランデーの風味を引き立てている。

ブランデー ……………………40㎖
ホワイト・ペパーミント …20㎖

材料をシェークして、カクテル・グラスに注ぐ。

Three Millers
スリー・ミラーズ

38度 辛口 シェーク

香り豊かなブランデーとホワイト・ラムをミックスして、わずかな色づけとレモンのフレーバーを加えたアルコール度数高めの辛口カクテル。

ブランデー ……………………40㎖
ラム（ホワイト） …………20㎖
グレナデンシロップ……… 1 tsp
レモンジュース ………… 1 dash

材料をシェークして、カクテル・グラスに注ぐ。

Dirty Mother
ダーティー・マザー

32度 甘口 ビルド

ブランデーと濃厚な甘さのコーヒー・リキュールをミックスした大人のカクテル。ブランデーをウォッカにかえれば「ブラック・ルシアン（P.102）」に。

ブランデー ……………………40㎖
コーヒー・リキュール ……20㎖

氷を入れたオールドファッションド・グラスに材料を注ぎ、軽くステアする。

Cherry Blossom

チェリー・ブロッサム

28度 中口 シェーク

世界的に知られる日本生まれのカクテル。作者は横浜「パリ」のオーナー田尾多三郎氏。可憐な「桜の花(チェリー・ブロッサム)」をイメージしたカクテルで、春風を感じさせる甘くまろやかな味わいとフルーティな香味が特徴。

- ブランデー……………………30mℓ
- チェリー・ブランデー ……30mℓ
- オレンジ・キュラソー … 2 dashes
- グレナデンシロップ… 2 dashes
- レモンジュース……… 2 dashes

材料をシェークして、カクテル・グラスに注ぐ。

Dream

ドリーム

ブランデーによく合うオレンジ・キュラソーをミックスし、ハーブのフレーバーをきかせた清々しい飲み口のカクテル。

- ブランデー……………………40mℓ
- オレンジ・キュラソー ……20mℓ
- ペルノ……………………… 1 dash

材料をシェークして、カクテル・グラスに注ぐ。

Nikolaschka

ニコラシカ

40度 中口 ビルド

独特の飲み方で知られるドイツ・ハンブルグ生まれのカクテル。まず砂糖を盛ったレモンを2つに折り、口に入れて軽くかむ。甘酸っぱい味が口中に広がったらブランデーを一気に流し込み、口中でカクテルにして楽しむというもの。

- ブランデー……………………適量
- 砂糖………………………… 1 tsp
- スライスレモン ……………1枚

リキュール・グラスにブランデーを注ぎ、砂糖を盛ったスライスレモンをグラスの上にのせる。

Harvard

ハーバード

25度 中口 ステア

芳醇（ほうじゅん）なブランデーにベルモットとビターズの香草&薬草フレーバーをきかせた、ほんのり甘口のスパイシー・カクテル。別名「ムーン・ライト」。

- ブランデー……30mℓ
- スイート・ベルモット……30mℓ
- アンゴスチュラ・ビターズ……2 dashes
- シュガーシロップ……1 dash

材料をミキシング・グラスでステアして、カクテル・グラスに注ぐ。

Harvard Cooler

ハーバード・クーラー

12度 中口 シェーク

アップル・ブランデーをベースにしたクーラー・スタイル（P.42）のロング・ドリンク。レモンジュースのフレッシュな酸味とソーダの爽快感が一体となって飲みやすい。

- アップル・ブランデー……45mℓ
- レモンジュース……20mℓ
- シュガーシロップ……1 tsp
- ソーダ……適量

ソーダ以外の材料をシェークして氷を入れたグラスに注ぎ、冷えたソーダで満たし軽くステアする。

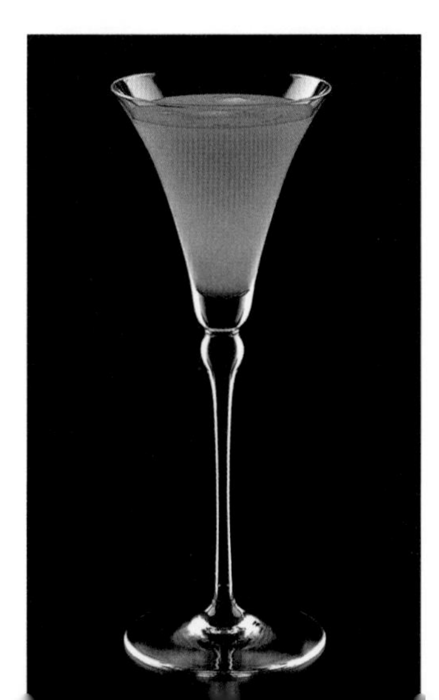

Honeymoon

ハネムーン

25度 中口 シェーク

やさしくまろやかな風味のアップル・ブランデーに、長寿の秘酒とされるベネディクティンをブレンドした甘酸っぱいカクテル。

- アップル・ブランデー……20mℓ
- ベネディクティン……20mℓ
- レモンジュース……20mℓ
- オレンジ・キュラソー…3 dashes

材料をシェークして、カクテル・グラスに注ぐ。

B & B

ビー・アンド・ビー

40度 中口 ビルド

ビー・アンド・ビーとは、材料のイニシャルをとったもの。ブランデーにコニャックを使えば「B & C」に。フロートせずにそのまま混ぜて飲んでもいいし、オン・ザ・ロック・スタイルにして楽しんでもよい。

ブランデー……………………30mℓ
ベネディクティン…………30mℓ

グラスにベネディクティンを注ぎ、ブランデーを静かにフロートする。

Between The Sheets

ビトウィーン・ザ・シーツ

36度 中口 シェーク

「ベッドに入って…」という名のカクテル。ブランデーとホワイト・ラムを合わせた濃厚な味わいに、ホワイト・キュラソーの豊かな芳香を加えた口当たりのいいカクテル。

ブランデー……………………20mℓ
ラム（ホワイト）…………20mℓ
ホワイト・キュラソー……20mℓ
レモンジュース……………1 tsp

材料をシェークして、カクテル・グラスに注ぐ。

Brandy Egg Nogg

ブランデー・エッグ・ノッグ

12度 中口 シェーク

ブランデー・ベースのエッグ・ノッグ・スタイル（P.43）のロング・ドリンク。卵と牛乳が入っているので栄養価が高く、滋養ドリンクとしても知られる。夏はコールド、冬はホットで。

ブランデー……………………30mℓ
ラム（ダーク）……………15mℓ
卵……………………………1個
砂糖…………………………2 tsp
牛乳…………………………適量
ナツメグ

牛乳以外の材料を十分にシェークしてグラスに注ぎ、牛乳で満たして氷を入れ、軽くステアする。好みでナツメグをふる。

Brandy Cocktail

ブランデー・カクテル

40度 辛口 ステア

洗練された風味のブランデーに、ホワイト・キュラソーの上品な甘味とビターズの苦味が加わった、刺激的な味わいのカクテル。

ブランデー …………………60㎖
ホワイト・キュラソー … 2 dashes
アンゴスチュラ・ビターズ … 1 dash
レモンピール

材料をミキシング・グラスでステアしてカクテル・グラスに注ぎ、レモンピールをしぼりかける。

Brandy Sour

ブランデー・サワー

23度 中口 シェーク

サワーとは「酸っぱい」という意味。ブランデーの芳醇な香りにレモンジュースの酸味が加わった、爽やかな飲み口のスタンダード・カクテル。

ブランデー …………………45㎖
レモンジュース ……………20㎖
砂糖（シュガーシロップ）… 1 tsp
スライスライム、マラスキーノチェリー

材料をシェークして、サワー・グラスに注ぐ。好みでスライスライムとマラスキーノチェリーを飾る。

Brandy Sling

ブランデー・スリング

14度 中口 ビルド

ブランデーにレモンジュースの酸味と砂糖の甘味を加えた飲みやすいカクテル。ミネラルウォーターを熱湯にかえて、ホット仕立てにしても。

ブランデー …………………45㎖
レモンジュース ……………20㎖
砂糖（シュガーシロップ）… 1 tsp
ミネラルウォーター ………適量

グラスにレモンジュースと砂糖を入れてよくステアし、ブランデーを注ぐ。氷を加えて冷えたミネラルウォーターで満たし、軽くステアする。

Brandy Fix

ブランデー・フィックス

25度 中口 ビルド

ブランデーをベースにしたフィックス・スタイル（P.43）のロング・ドリンク。チェリー・ブランデーの爽やかな香味が漂う、夏向きのカクテル。

ブランデー……30mℓ
チェリー・ブランデー……30mℓ
レモンジュース……20mℓ
砂糖（シュガーシロップ）…1 tsp
スライスレモン

材料をグラスに注いでステアし、クラッシュドアイスをつめて静かにステアする。好みでスライスレモンを飾り、ストローを添える。

Brandy Milk Punch

ブランデー・ミルク・パンチ

13度 中口 シェーク

ブランデーをベースに、牛乳をたっぷり使ったパンチ・スタイルのロング・ドリンク。なめらかな口当たりで飲みやすい。好みで、すりおろしたナツメグを加えても。

ブランデー……40mℓ
牛乳……120mℓ
砂糖（シュガーシロップ）…1 tsp

材料をシェークして、氷を入れたゴブレットに注ぐ。

French Connection

フレンチ・コネクション

32度 甘口 ビルド

ニューヨークが舞台の映画「フレンチ・コネクション」に由来するカクテル。アマレットの濃厚な味わいと、ブランデーの華やかな香りがうまくマッチしている。

ブランデー……45mℓ
アマレット……15mℓ

氷を入れたオールドファッションド・グラスに材料を注ぎ、軽くステアする。

Horse's Neck

ホーセズ・ネック

10度 中口 ビルド

ホーセズ・ネックとは「馬の首」のこと。レモンの風味とジンジャーエールの爽快感が特徴。ベースは、ウィスキーやジン、ラムなどにかえてもおいしい。

ブランデー	45mℓ
ジンジャーエール	適量
レモンの皮	1個分

グラスの中にらせん状にむいたレモン1個分の皮を入れ、氷を加えてブランデーを注ぐ。冷えたジンジャーエールで満たして、軽くステアする。

Hot Brandy Egg Nogg

ホット・ブランデー・エッグ・ノッグ

15度 中口 ビルド

「ブランデー・エッグ・ノッグ（P.176）」をホットにしたもの。卵はシェーカーでシェークして泡立ててもよい。寒い冬にはうってつけの滋養ドリンク。

ブランデー	30mℓ
ラム（ダーク）	15mℓ
卵	1個
砂糖	2 tsp
牛乳	適量

卵を卵白と卵黄に分け、別々によく泡立てる。これを合わせて砂糖を加え、さらに十分に泡立てて、ホット・ドリンク用のグラスに入れる。ブランデーとラムを注ぎ、あたためた牛乳で満たして軽くステアする。

Bombay

ボンベイ

25度 中口 ステア

ボンベイとは「インド西部の都市」の名称。ブランデーに、ベルモットとペルノの香草フレーバー、オレンジ・キュラソーの酸味を加えて、ややスパイシーに仕立てたカクテル。

ブランデー	30mℓ
ドライ・ベルモット	15mℓ
スイート・ベルモット	15mℓ
オレンジ・キュラソー	2 dashes
ペルノ	1 dash

材料をミキシング・グラスでステアして、カクテル・グラスに注ぐ。

リキュール・ベース

Liqueur Base Cocktails

薬草・香草系、果実系、ナッツ・種子系、特殊系etc
それぞれの持ち味を生かしたカラフルなカクテルの競演。

After Dinner
アフター・ディナー

20度 甘口 シェーク

名前の通り、食後の一杯に最適なカクテル。果実系リキュールを２種類使ったフルーティな飲み口が特徴で、後口にはライムの爽やかさが残る。

アプリコット・ブランデー ……………………24mℓ
オレンジ・キュラソー ……………………24mℓ
ライムジュース ……………………12mℓ

材料をシェークして、カクテル・グラスに注ぐ。

Apricot Cooler
アプリコット・クーラー

7 度　中口　シェーク

アプリコット・ブランデーとグレナデンシロップの色みが美しいクーラー・スタイルのロング・ドリンク。酸味のきいた爽やかな飲み心地が特徴。

- アプリコット・ブランデー …45㎖
- レモンジュース ……………20㎖
- グレナデンシロップ……… 1 tsp
- ソーダ ………………………適量
- スライスライム、マラスキーノチェリー

ソーダ以外の材料をシェークして氷を入れたグラスに注ぎ、冷えたソーダで満たして軽くステアする。好みでスライスライムとマラスキーノチェリーを飾る。

Amer Picon Highball
アメール・ピコン・ハイボール

8 度　中口　ビルド

アメール・ピコンをベースにしたハイボール・スタイルのロング・ドリンク。グレナデンの甘味とアメール・ピコンの芳香がマッチした飲みやすいカクテル。

- アメール・ピコン …………45㎖
- グレナデンシロップ… 3 dashes
- ソーダ ………………………適量
- レモンピール

氷を入れたグラスにアメール・ピコンとグレナデンシロップを注ぎ、冷えたソーダで満たして軽くステアする。レモンピールをしぼりかけて、そのままグラスに落とす。

Yellow Parrot
イエロー・パロット

30度　甘口　ステア

ペルノとシャルトリューズというクセのある香草系リキュールと、フルーティなアプリコット・ブランデーをミックスした個性的な味わい。カクテル名は「黄色いオウム」。

- アプリコット・ブランデー 20㎖
- ペルノ ………………………20㎖
- シャルトリューズ（ジョーヌ）…………………………20㎖

材料をミキシング・グラスでステアして、カクテル・グラスに注ぐ。

Cacao Fizz
カカオ・フィズ
8度 甘口 シェーク

カカオ・リキュールをベースにしたフィズ・スタイルのロング・ドリンク。チョコレート風味の飲み口に、レモンの酸味がよくマッチしている。

カカオ・リキュール（ブラウン）……45mℓ
レモンジュース……20mℓ
シュガーシロップ……1 tsp
ソーダ……適量
スライスレモン、マラスキーノチェリー

ソーダ以外の材料をシェークして氷を入れたグラスに注ぎ、冷えたソーダで満たして軽くステアする。好みでスライスレモンとマラスキーノチェリーを飾る。

Cassis & Oolong Tea
カシス・ウーロン
7度 中口 ビルド

甘酸っぱいクレーム・ド・カシスをウーロン茶で割ったライト感覚のカクテル。さっぱりした飲み口なので、食前酒としても気軽に楽しめる。ウーロン茶をソーダにかえれば「カシス・ソーダ」に。

クレーム・ド・カシス……45mℓ
ウーロン茶……適量
スライスレモン

氷を入れたグラスにクレーム・ド・カシスを注ぎ、冷えたウーロン茶で満たして軽くステアする。好みでスライスレモンを飾る。

Kahlua & Milk
カルーア・ミルク

7度 甘口 ビルド

いわずと知れたコーヒー・リキュールの定番カクテル。まるでコーヒー牛乳のような飲み口が女性に大人気。低アルコールなので、酒に弱い人でも気軽に楽しめる。

カルーア……………30〜45㎖
牛乳……………適量

氷を入れたグラスにカルーアを注ぎ、冷えた牛乳で満たして軽くステアする。

Campari & Orange
カンパリ・オレンジ

7度 中口 ビルド

カンパリのほろ苦さとオレンジジュースのさっぱり感がマッチしたイタリア生まれの人気カクテル。ジュースをグレープフルーツジュースにかえてもおいしい。

カンパリ……………45㎖
オレンジジュース……………適量
スライスオレンジ

氷を入れたグラスにカンパリを注ぎ、冷えたオレンジジュースで満たして軽くステアする。

Campari & Soda
カンパリ・ソーダ

7度 中口 ビルド

世界中で飲まれているポピュラーなロング・ドリンクの1つ。カンパリ特有の甘味とほろ苦さが純粋に味わえ、さっぱりとした後口が特徴。食前酒としても。

カンパリ……………45㎖
ソーダ……………適量
スライスオレンジ

氷を入れたグラスにカンパリを注ぎ、冷えたソーダで満たして軽くステアする。好みでスライスオレンジを飾る。

King Peter

キング・ピーター

8度 中口 ビルド

甘酸っぱいチェリー・ブランデーにレモンの酸味を加え、トニックウォーターの爽快感をプラスした飲みやすいカクテル。

チェリー・ブランデー ……45mℓ
レモンジュース ……………10mℓ
トニックウォーター ………適量
スライスレモン、マラスキーノチェリー

氷を入れたグラスにチェリー・ブランデーとレモンジュースを注ぎ、冷えたトニックウォーターで満たして軽くステアする。好みでスライスレモンとマラスキーノチェリーを飾る。

Crystal Harmony

クリスタル・ハーモニー

12度 甘口 シェーク

1989年「ピーチツリー・カクテル・コンペティション」最優秀作品。作者は山野有三氏。ジューシーなピーチの甘みとシャンパンがよく合う。

ピーチ・リキュール（ピーチツリー）
……………………………………40mℓ
ウォッカ ……………………10mℓ
グレープフルーツジュース…30mℓ
チェリー・ブランデー …… 2 tsp
シャンパン …………………適量

シャンパン以外の材料をシェークしてフルート型シャンパン・グラスに注ぎ、冷えたシャンパンで満たす。好みで花を飾る。

Grasshopper

グラスホッパー

14度 甘口 シェーク

グラスホッパーとは「バッタ」のこと。ミントの風味とカカオの香ばしさが調和したアフター・ディナー・カクテル。

カカオ・リキュール（ホワイト）
……………………………………20mℓ
グリーン・ペパーミント …20mℓ
生クリーム …………………20mℓ

材料を十分にシェークして、カクテル・グラスに注ぐ。

Golden Cadillac

ゴールデン・キャデラック

16度 甘口 シェーク

甘い香りを漂わせるハーブ系リキュールのガリアーノと、チョコ風味のカカオ・リキュールをミックスした、とろけるような甘い口当たりのカクテル。

- ガリアーノ ……20mℓ
- カカオ・リキュール（ホワイト） ……20mℓ
- 生クリーム ……20mℓ

材料を十分にシェークして、カクテル・グラスに注ぐ。

Golden Dream

ゴールデン・ドリーム

16度 甘口 シェーク

甘いバニラの香りと爽やかなオレンジの風味がきいたクリーミーな甘口カクテル。ナイトキャップ（寝酒）にもおすすめ。

- ガリアーノ ……15mℓ
- ホワイト・キュラソー ……15mℓ
- オレンジジュース ……15mℓ
- 生クリーム ……15mℓ

材料をシェークして、カクテル・グラスに注ぐ。

St. Germain

サンジェルマン

20度 中口 シェーク

サンジェルマンとは、フランスのパリ西郊「セーヌ河畔にある観光・住宅都市」のこと。独特の芳香を持つシャルトリューズにフルーツジュースをミックスした、ソフトな口当たりのカクテル。

- シャルトリューズ（ヴェール） ……45mℓ
- レモンジュース ……20mℓ
- グレープフルーツジュース …20mℓ
- 卵白 ……1個分

材料を十分にシェークして、大きめのカクテル・グラスに注ぐ。

Chartreuse & Tonic

シャルトリューズ・トニック

5度 中口 ビルド

シャルトリューズの独特の芳香が口いっぱいに広がり、気分を爽快にしてくれるライト・カクテル。同様にして、ペパーミントやチェリー・ブランデー、アマレットなど、さまざまなリキュールでつくっても。

シャルトリューズ（ヴェール）……30〜45mℓ
トニックウォーター ………適量
スライスライム

氷を入れたグラスにシャルトリューズを注ぎ、冷えたトニックウォーターで満たして軽くステアする。好みでスライスライムを飾る。

Scarlett O'Hara

スカーレット・オハラ

15度 中口 シェーク

名画「風と共に去りぬ」のヒロインにちなんだカクテル。ピーチ・フレーバーのサザン・カンフォートに、酸味の強いジュースをミックスした清々しい味わい。

サザン・カンフォート ……30mℓ
クランベリージュース ……20mℓ
レモンジュース ……………10mℓ

材料をシェークして、カクテル・グラスに注ぐ。

Spumoni

スプモーニ

5度 中口 ビルド

カンパリの故郷イタリアで生まれたライト・カクテル。甘さひかえめでさわやかな飲み口は、まるでフレッシュジュースを飲んでいるかのよう。スプモーニとはイタリア語で「泡立つ」の意味。

カンパリ ……………………30mℓ
グレープフルーツジュース…45mℓ
トニック・ウォーター ……適量
カットレモン、ミントチェリー

氷を入れたグラスにカンパリとグレープフルーツジュースを注ぎ、冷えたトニックウォーターで満たして軽くステアする。

Sloe Gin Cocktail

スロー・ジン・カクテル

18度 中口 ステア

プラムの一種スローベリーからつくられるスロー・ジンに2種類のベルモットをミックスした、上品な味わいの甘酸っぱいカクテル。

- スロー・ジン ……………………30mℓ
- ドライ・ベルモット ………15mℓ
- スイート・ベルモット ……15mℓ
- レモンピール

材料をミキシング・グラスでステアして、カクテル・グラスに注ぐ。

Sloe Gin Fizz

スロー・ジン・フィズ

8度 中口 シェーク

スロー・ジンの酸味とソーダの爽快感がマッチしたフィズ・スタイルのロング・ドリンク。「カカオ・フィズ(P.182)」よりも甘さひかえめで飲みやすい。

- スロー・ジン ………………45mℓ
- レモンジュース ……………20mℓ
- シュガーシロップ………… 1 tsp
- ソーダ ……………………………適量
- カットレモン

ソーダ以外の材料をシェークして氷を入れたグラスに注ぎ、冷えたソーダで満たして軽くステアする。好みでカットレモンを飾る。

Cynar & Cola

チナール・コーラ

6度 甘口 ビルド

カンパリに似た味わいのチナールをコーラで割ったハイボール・スタイルのロング・ドリンク。甘さの中に感じるほろ苦さが魅力。

- チナール …………………………45mℓ
- コーラ …………………………適量
- カットレモン

氷を入れたグラスにチナールを注ぎ、冷えたコーラで満たして軽くステアする。好みでカットレモンを飾る。

Charlie Chaplin

チャーリー・チャップリン

23度 甘口 シェーク

果実系のリキュールを2種類ミックスしたフルーティ・カクテル。アプリコットのほんのりした甘さにスロー・ジンの酸味がマッチし、すっきりした飲み口に仕上がっている。

スロー・ジン ……………………20mℓ
アプリコット・ブランデー …20mℓ
レモンジュース ………………20mℓ

材料をシェークして、氷を入れたオールドファッションド・グラスに注ぐ。

China Blue

チャイナ・ブルー

5度 中口 ビルド

相性抜群のライチ・リキュールとグレープフルーツジュースに、トニックの爽快感をプラスしたジュース感覚のカクテル。漂うブルー・キュラソーが美しい。

ライチ・リキュール ………30mℓ
グレープフルーツジュース …45mℓ
トニックウォーター ………適量
ブルー・キュラソー ……… 1 tsp

氷を入れたグラスにライチ・リキュールとグレープフルーツジュースを注ぎ、冷えたトニックウォーターで満たして軽くステアし、ブルー・キュラソーを沈める。

Disarita

ディサリータ

27度 中口 シェーク

アマレットの濃厚な香りに、テキーラ特有の風味とライムの酸味をミックス。甘く刺激的な飲み口の、大人のカクテル。

アマレット ……………………30mℓ
テキーラ ………………………15mℓ
ライムジュース（コーディアル）
……………………………………15mℓ

材料をシェークして、カクテル・グラスに注ぐ。

Discovery

ディスカバリー

7度 甘口 シェーク

エッグ・リキュールのまろやかさとジンジャーエールの爽快感がマッチしたカクテル。さっぱりした味わいの中に濃厚な甘さが魅力。

エッグ・リキュール（アドヴォカート）……45mℓ
ジンジャーエール……適量

氷を入れたグラスにエッグ・リキュールを注ぎ、冷えたジンジャーエールで満たして軽くステアする。

Dita Fairy

ディタ・フェアリー

5度 中口 シェーク

フェアリーは「妖精」の意味。ライチ・リキュールとグレープフルーツジュースを合わせ、ミントをきかせた爽やかな飲み心地のカクテル。

ライチ・リキュール（ディタ）……30mℓ
ラム（ホワイト）……10mℓ
グリーン・ペパーミント……10mℓ
グレープフルーツジュース……10mℓ
トニックウォーター……適量
ミントの葉

トニックウォーター以外の材料をシェークして氷を入れたグラスに注ぎ、冷えたトニックウォーターで満たす。好みでミントの葉を飾る。

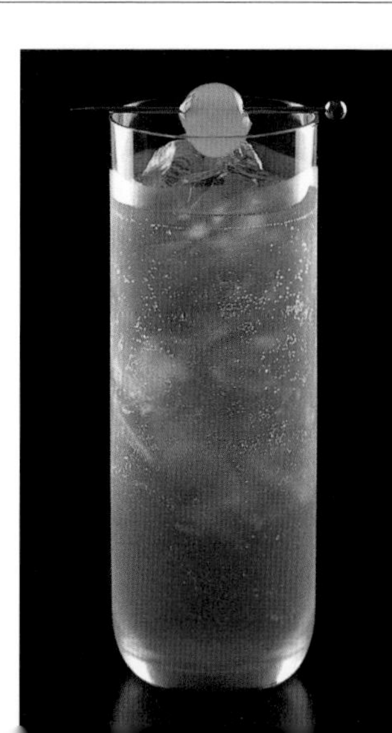

Violet Fizz

バイオレット・フィズ

8度 中口 シェーク

バイオレット・リキュールの妖艶な色彩と甘い香りが楽しめるカクテル。レモンの酸味とソーダの爽快さがマッチして、飲み口は意外とさっぱり。

バイオレット・リキュール……45mℓ
レモンジュース……20mℓ
シュガーシロップ……1 tsp
ソーダ……適量
ミントチェリー

ソーダ以外の材料をシェークして氷を入れたグラスに注ぎ、冷えたソーダで満たして軽くステアする。好みでミントチェリーを飾る。

Banana Bliss
バナナ・ブリス

26度 甘口 ビルド

バナナ・リキュールの濃厚な甘い香りと、ブランデーの芳醇さがマッチしたシンプル・カクテル。ブリスとは「幸福」または「天国の喜び」という意味。

バナナ・リキュール ………30㎖
ブランデー …………………30㎖

氷を入れたグラスに材料を注ぎ、軽くステアする。

Valencia
バレンシア

14度 甘口 シェーク

オレンジの産地として有名なスペイン・バレンシア地方がネーミングの由来。アプリコット・ブランデーとオレンジジュースが見事に調和したジューシーな味わいが特徴。

アプリコット・ブランデー …40㎖
オレンジジュース …………20㎖
オレンジ・ビターズ … 4 dashes

材料をシェークして、カクテル・グラスに注ぐ。

Picon Cocktail
ピコン・カクテル

17度 甘口 ステア

ビターな風味の薬草系リキュールと、甘味のある香草系フレーバード・ワインをミックスした、濃厚で上品な味わい。

アメール・ピコン ……………30㎖
スイート・ベルモット ……30㎖

材料をミキシング・グラスでステアして、カクテル・グラスに注ぐ。

Ping-Pong

ピンポン

29度 甘口 シェーク

甘酸っぱいスロー・ジンと芳醇なスミレの香りが特徴のバイオレット・リキュールをミックスしたスタンダード・カクテル。ピンポンとは「卓球」のこと。

スロー・ジン ……………………30mℓ
バイオレット・リキュール …30mℓ
レモンジュース……………… 1 tsp

材料をシェークして、カクテル・グラスに注ぐ。

Fuzzy Navel

ファジー・ネーブル

8度 中口 ビルド

「ファジー（あいまい）なオレンジ」という名のフルーティ・カクテル。ピーチ・リキュールのフルーティな甘味とオレンジジュースの酸味がベストマッチ。

ピーチ・リキュール ………45mℓ
オレンジジュース …………適量

氷を入れたグラスにピーチ・リキュールを注ぎ、冷えたオレンジジュースで満たして軽くステアする。

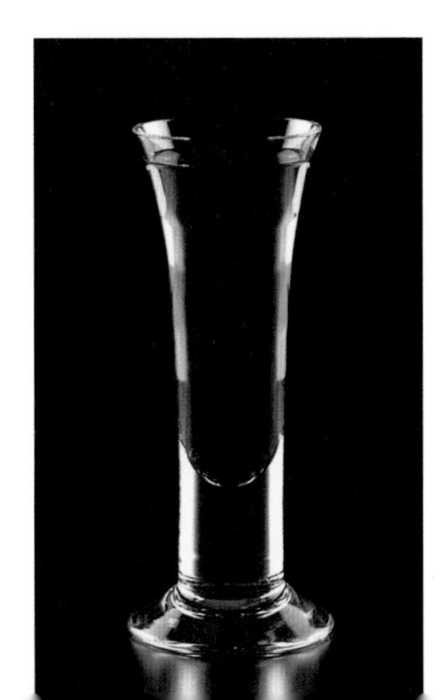

Pousse-Café

プース・カフェ

28度 甘口 ビルド

酒類の糖分の比重を利用して層に重ねてつくるカクテル。使うリキュールや層の数により、さまざまなバリエーションがある。

グレナデンシロップ ………10mℓ
メロン・リキュール ………10mℓ
ブルー・キュラソー ………10mℓ
シャルトリューズ（ジョーヌ）
……………………………………10mℓ
ブランデー ……………………10mℓ

リキュール・グラスに、グレナデンシロップから順番に、静かにフロートしていく。

Blue Lady
ブルー・レディ

16度 中口 シェーク

ブルー・キュラソーをメインにしためずらしいカクテル。爽快なオレンジの風味にジンとレモンジュースを加え、卵白を混ぜ込んでソフトな味わいに仕上がっている。

ブルー・キュラソー ………30mℓ
ドライ・ジン ………………15mℓ
レモンジュース ……………15mℓ
卵白 …………………………1 個分

材料を十分にシェークして、ソーサー型シャンパン・グラスに注ぐ。

Bulldog
ブルドッグ

チェリー・ブランデーの爽やかな香りと甘酸っぱさがストレートに味わえるカクテル。ほのかな酸味と苦味が甘味をおさえ、飲みやすい。

チェリー・ブランデー ……30mℓ
ラム（ホワイト） …………20mℓ
ライムジュース ……………10mℓ

材料をシェークして、カクテル・グラスに注ぐ。

Velvet Hammer
ベルベット・ハンマー

16度 甘口 シェーク

オレンジ風味のホワイト・キュラソーとブルーマウンテン・コーヒーを原料につくられるティア・マリアをミックスした甘口カクテル。ネーミングは、ベルベットを思わせるようななめらかな口当たりから。

ホワイト・キュラソー ……20mℓ
ティア・マリア（コーヒー・リキュール）
……………………………………20mℓ
生クリーム …………………20mℓ

材料を十分にシェークして、カクテル・グラスに注ぐ。

Boccie Ball

ボッチ・ボール

6度 中口 ビルド

オレンジジュースの爽やかな飲み口にアマレットの濃厚なアーモンド香が加わった、ライト感覚で楽しめるカクテル。

アマレット……………………30mℓ
オレンジジュース…………30mℓ
ソーダ………………………適量
スライスオレンジ、マラスキーノチェリー

氷を入れたグラスにアマレットとオレンジジュースを注ぎ、冷えたソーダで満たして軽くステアする。好みでスライスオレンジとマラスキーノチェリーを飾る。

Hot Campari

ホット・カンパリ

10度 中口 シェーク

ほろ苦さが人気のイタリアン・リキュールでつくるホット・ドリンク。ほのかなビター味、酸味、甘味など、カンパリの多彩な味わいが楽しめる。

カンパリ……………………40mℓ
レモンジュース……………1 tsp
ハチミツ……………………1 tsp
熱湯…………………………適量

ホット・ドリンク用のグラスに材料を入れ、軽くステアする。

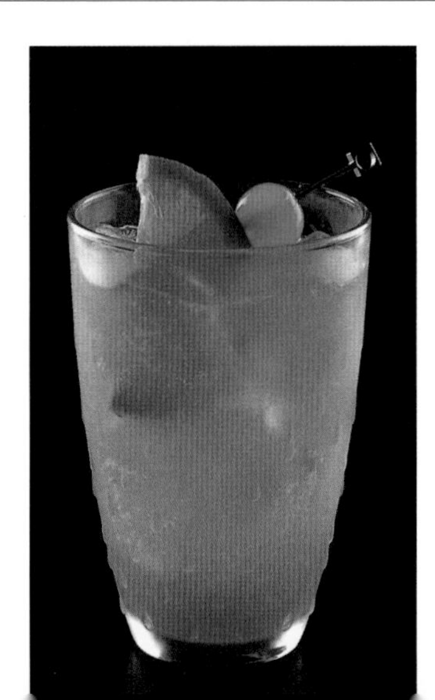

Bohemian Dream

ボヘミアン・ドリーム

18度 中口 シェーク

アプリコット・ブランデーの甘く爽やかな香りと、柑橘系のジュースの酸味がマッチした飲みやすいカクテル。

アプリコット・ブランデー…15mℓ
オレンジジュース…………30mℓ
レモンジュース……………1 tsp
グレナデンシロップ………2 tsp
ソーダ………………………適量
スライスオレンジ、ミントチェリー

ソーダ以外の材料をシェークしてグラスに注ぎ、冷えたソーダで満たす。好みでスライスオレンジやミントチェリーを飾る。

Mint Frappé

ミント・フラッペ

17度 甘口 ビルド

グリーン・ペパーミントだけでつくるフラッペ・スタイル（P.43）のスタンダード・カクテル。ペパーミントに限らず、ほとんどのリキュールを同様にフラッペで楽しむことができる。

グリーン・ペパーミント …45㎖
ミントの葉

ソーサー型シャンパン・グラスまたは大きめのカクテル・グラスにクラッシュドアイスをいっぱいにつめ、グリーン・ペパーミントを注いでミントの葉を飾る。

Melon Ball

メロン・ボール

19度 甘口 ビルド

メロン・リキュールを使ったカクテルで最も代表的なもの。メロン・リキュールのリッチな味わいに、オレンジの甘酸っぱさがよくマッチしている。

メロン・リキュール ………60㎖
ウォッカ ………………………30㎖
オレンジジュース …………60㎖
スライスオレンジ

氷を入れたグラスにメロン・リキュールとウォッカを注ぎ、冷えたオレンジジュースで満たして軽くステアする。好みでスライスオレンジを飾る。

Melon & Milk

メロン・ミルク

7度 甘口 ビルド

「カルーア・ミルク（P.183）」のベース違い。そのほかミルクでつくれるものは、カカオ・リキュール、ミント・リキュール、アマレット、ライチ・リキュールなど。

メロン・リキュール …30〜45㎖
牛乳 …………………………適量

氷を入れたグラスにメロン・リキュールを注ぎ、冷えた牛乳で満たして軽くステアする。

Litchi & Grapefruit

ライチ・グレープフルーツ

5度 中口 ビルド

ライチ・リキュールのフルーティな甘さにグレープフルーツジュースのほろ苦さがベストマッチ。

- ライチ・リキュール ……45mℓ
- グレープフルーツジュース 適量
- ミントチェリー

氷を入れたグラスにライチ・リキュールを注ぎ、冷えたグレープフルーツジュースで満たして軽くステアする。好みでミントチェリーを飾る。

Ruby Fizz

ルビー・フィズ

8度 中口 シェーク

宝石のルビーの色をイメージしたフィズ・スタイルのロング・ドリンク。スロー・ジンの心地よい甘酸っぱさが特徴。

- スロー・ジン ……45mℓ
- レモンジュース ……20mℓ
- グレナデンシロップ……1 tsp
- 砂糖（シュガーシロップ）…1 tsp
- 卵白 ……1個分
- ソーダ ……適量

ソーダ以外の材料を十分にシェークして氷を入れたグラスに注ぎ、冷えたソーダで満たして軽くステアする。

Rhett Butler

レット・バトラー

25度 甘口 シェーク

映画「風と共に去りぬ」などで知られるアメリカの名優の名を冠したカクテル。サザン・カンフォートの爽やかな甘さと、柑橘系ジュースのほのかな酸味がマッチしている。

- サザン・カンフォート ……20mℓ
- オレンジ・キュラソー ……20mℓ
- ライムジュース ……10mℓ
- レモンジュース ……10mℓ

材料をシェークして、カクテル・グラスに注ぐ。

ワイン&シャンパン・ベース

Wine & Champagne Base Cocktails

それぞれのワインの特性を生かしたカクテルの数々。
低アルコールで飲みやすいカクテルが中心。

Addington

アディントン

14度 中口 ビルド

ドライ&スイート2種類のベルモットをソーダで割ったライト・カクテル。ベルモットの複雑な味わいが堪能できる。

ドライ・ベルモット……30mℓ
スイート・ベルモット……30mℓ
ソーダ……適量
オレンジピール

氷を入れたオールドファッションド・グラスにベルモットを注ぎ、少量のソーダを加えて軽くステアする。オレンジピールをしぼりかけ、そのままグラスに落とす。

Adonis
アドニス

16度 中口 ステア

ドライ・シェリーの風味を生かしたアペリティフ・カクテルの代表的存在。アドニスとはギリシャ神話の「ヴィーナスに愛された美少年」のこと。

ドライ・シェリー …………40mℓ
スイート・ベルモット ……20mℓ
オレンジ・ビターズ …… 1 dash

材料をミキシング・グラスでステアして、カクテル・グラスに注ぐ。

Americano
アメリカーノ

7 度 中口 ビルド

アメリカーノとは、イタリア語で「アメリカ人」のこと。イタリア生まれのカクテルで、カンパリのほろ苦さとスイート・ベルモットの甘さがほどよくマッチしている。

スイート・ベルモット ……30mℓ
カンパリ ……………………30mℓ
ソーダ ………………………適量
レモンピール

氷を入れたグラスにスイート・ベルモットとカンパリを注ぎ、冷えたソーダで満たして軽くステアし、レモンピールをしぼりかける。

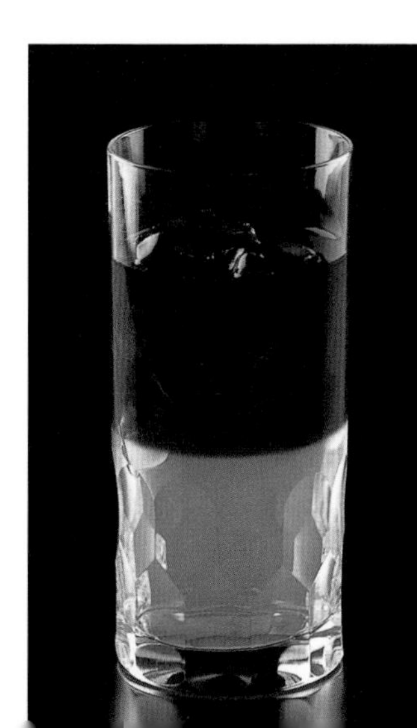

American Lemonade
アメリカン・レモネード

3 度 中口 ビルド

レモネードの上に赤ワインを浮かべた低アルコール・カクテル。混ぜないでそのまま飲み、赤ワインとレモネードが自然にミックスされる様子を楽しんでも。

赤ワイン ……………………30mℓ
レモンジュース ……………40mℓ
砂糖（シュガーシロップ）
…………………………… 2 ～ 3 tsp
ミネラルウォーター ………適量

グラスにレモンジュースと砂糖を入れてよく溶かし、氷を入れて冷えたミネラルウォーターで満たし、軽くステアする。冷えた赤ワインを静かにフロートする。

Kir
キール

11度 中口 ビルド

フランス・ブルゴーニュ地方のディジョン市長キール氏が考案したカクテル。白ワインにカシスの甘い香りが溶け合い上品な味わいに。食前酒に最適。

白ワイン ……………………………………60mℓ
クレーム・ド・カシス ………………………10mℓ

フルート型シャンパン・グラスに冷えた白ワインとクレーム・ド・カシスを注ぎ、軽くステアする。

Kir Royal
キール・ロワイヤル

12度 中口 ビルド

キールのベースをシャンパン（またはスパークリング・ワイン）にかえたカクテル。クレーム・ド・カシスをフランボワーズ・リキュールにかえれば「キール・アンペリアル」に。

シャンパン ……………………………………60mℓ
クレーム・ド・カシス ………………………10mℓ

フルート型シャンパン・グラス（またはワイン・グラス）に材料を注ぎ、軽くステアする。

Green Land
グリーン・ランド

6度 甘口 ビルド

1981年「サントリー・トロピカル・カクテル・コンクール」の優勝作品。作者は上田克彦氏。白ワインに甘口のメロン・リキュールを合わせ、トニックウォーターの爽快感をプラスした夏向きカクテル。

白ワイン ……………………30mℓ
メロン・リキュール ………30mℓ
トニックウォーター ………適量
カットパイン

クラッシュドアイスをつめたグラスに白ワインとメロン・リキュールを注ぎ、冷えたトニックウォーターで満たして軽くステアする。好みでカットパインを飾る。

Klondike Highball
クロンダイク・ハイボール

7度 中口 シェーク

2種類のベルモットをベースにしたハイボール・スタイルのロング・ドリンク。甘口、辛口がほどよくミックスされ、かすかなハーブ香が心地よい。

ドライ・ベルモット ………30mℓ
スイート・ベルモット ……30mℓ
レモンジュース ……………20mℓ
砂糖(シュガーシロップ)… 1 tsp
ジンジャーエール …………適量
スライスレモン

ジンジャーエール以外の材料をシェークして氷を入れたグラスに注ぎ、冷えたジンジャーエール満たして軽くステアする。好みでスライスレモンを飾る。

Champagne Cocktail
シャンパン・カクテル

15度 中口 ビルド

映画「カサブランカ」のワンシーンで、ハンフリー・ボガートのセリフ「君の瞳に乾杯!」で一躍有名になったカクテル。角砂糖から立ちのぼる気泡が、ロマンチックな雰囲気を演出する。

シャンパン …………… 1グラス
アンゴスチュラ・ビターズ … 1 dash
角砂糖 ……………………………1個
レモンピール

ソーサー型シャンパン・グラスに角砂糖を入れ、アンゴスチュラ・ビターズをふりかける。冷えたシャンパンで満たして、レモンピールをしぼりかける。

Symphony
シンフォニー

14度 甘口 ステア

シンフォニーとは「交響曲」または「調和」という意味。ピーチの甘い香りが白ワインをやさしく包み込み、フルーティな甘口カクテルに仕上がっている。

白ワイン ……………………………30mℓ
ピーチ・リキュール ………15mℓ
グレナデンシロップ……… 1 tsp
シュガーシロップ………… 2 tsp

材料をミキシング・グラスでステアして、カクテル・グラスに注ぐ。

Spritzer
スプリッツァー

5度 中口 ビルド

スプリッツァーの語源はドイツ語の「シュプリッツェン（はじける）」から。ソーダの爽やかな喉ごしが白ワインをさらに飲みやすくする、アルコール低めのヘルシー・カクテル。

白ワイン ……………………………60mℓ
ソーダ ……………………………適量

氷を入れたワイン・グラスに冷えた白ワインを注ぎ、冷えたソーダで満たして軽くステアする。

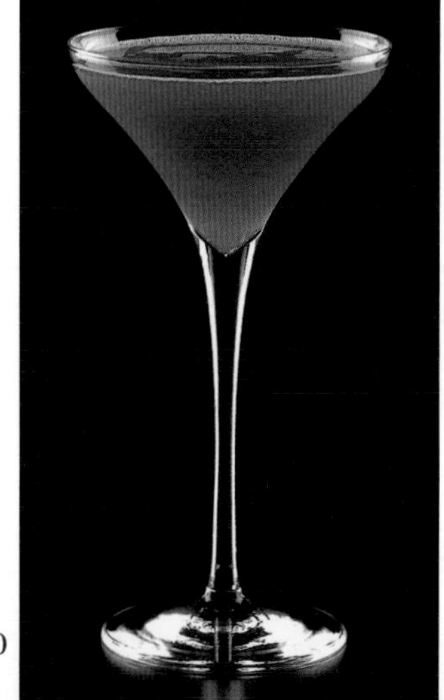

Soul Kiss
ソウル・キッス

13度 中口 シェーク

２種類のベルモットとデュボネという３つのフレーバード・ワインをミックスしたアペリティフ・カクテル。香草系の深いコクとほのかな酸味が絶妙なバランス。

ドライ・ベルモット ………20mℓ
スイート・ベルモット ……20mℓ
デュボネ ………………………10mℓ
オレンジジュース …………10mℓ

材料をシェークして、カクテル・グラスに注ぐ。

Dubonnet Fizz

デュボネ・フィズ

7度 中口 シェーク

デュボネをベースにしたフィズ・スタイルのロング・ドリンク。ハーブ類やフルーツジュースの味わいをバランスよくミックスした、清々しい飲み口が特徴。

デュボネ ……………………45mℓ
オレンジジュース …………20mℓ
レモンジュース ……………10mℓ
チェリー・ブランデー …… 1 tsp
ソーダ ………………………適量
スライスオレンジ

ソーダ以外の材料をシェークして氷を入れたグラスに注ぎ、冷えたソーダで満たして軽くステアする。好みでスライスオレンジを飾る。

Bucks Fizz

バックス・フィズ

8度 中口 ビルド

「ミモザ(P.203)」をロング・ドリンク・スタイルで楽しむカクテル。オレンジとシャンパンのフルーティな飲み口が特徴。別名「シャンパン・フィズ」。

シャンパン …………………適量
オレンジジュース …………60mℓ
スライスオレンジ、ミントチェリー

氷を入れたグラスに冷えたオレンジジュースを注ぎ、冷えたシャンパンで満たして軽くステアする。

Bamboo

バンブー

16度 辛口 ステア

ドライ・シェリーとドライ・ベルモットという2つの辛口ワインをミックスした日本生まれのアペリティフ・カクテル。バンブーとは「竹」のこと。

ドライ・シェリー …………40mℓ
ドライ・ベルモット ………20mℓ
オレンジ・ビターズ …… 1 dash

材料をミキシング・グラスでステアして、カクテル・グラスに注ぐ。

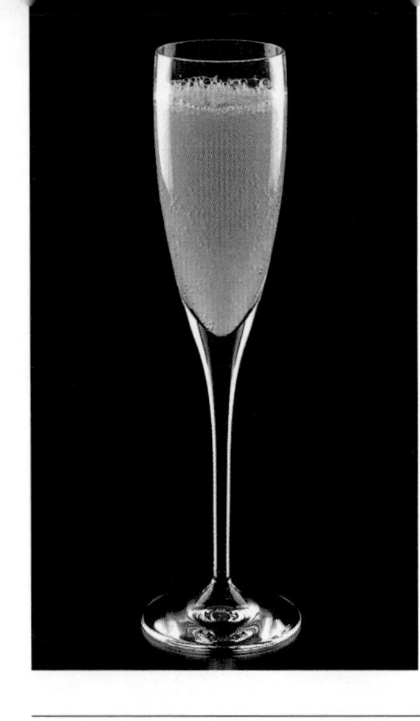

Bellini
ベリーニ

9度 甘口 ビルド

1948年にイタリアのベネチアにあるハリーズ・バーの経営者が考案し、世界中に広まったカクテル。ピーチの上品な甘さとスパークリング・ワインのマッチングは絶品。ベリーニは「ルネッサンス初期の画家」。

スパークリング・ワイン …適量
ピーチ・ネクター …………60mℓ
グレナデンシロップ …… 1 dash

フルート型シャンパン・グラスに冷えたピーチ・ネクターとグレナデンシロップを注ぎ、軽くステアして冷えたスパークリング・ワインで満たす。

White Mimosa
ホワイト・ミモザ

7度 中口 ビルド

「ミモザ」のオレンジジュースをグレープフルーツジュースにかえたもの。グレープフルーツのほろ苦さがきいて、ミモザよりもすっきりとした味わい。

シャンパン …………………適量
グレープフルーツジュース…60mℓ

シャンパン・グラスに冷えたグレープフルーツジュースを注ぎ、冷えたシャンパンで満たす（分量はグラスに1対1の割合で）。

Mt. Fuji
マウント・フジ

19度 中口 シェーク

1939年スペイン・マドリッドで開催された「万国カクテル・コンクール」に日本バーテンダー協会が出品、佳作1等を受賞したカクテル。スイート・ベルモットに柑橘系のフレーバーがベストマッチ。

スイート・ベルモット ……40mℓ
ラム（ホワイト） …………20mℓ
レモンジュース…………… 2 tsp
オレンジ・ビターズ …… 1 dash

材料をシェークして、カクテル・グラスに注ぐ。

Mimosa

ミモザ

7度 中口 ビルド

色彩が「ミモザの花」に似ていることからつけられた名前。フランスでは古くから上流階級の間で、食前酒として愛飲されてきたカクテル。

シャンパン ……………………適量
オレンジジュース …………60mℓ

フルート型シャンパン・グラスに冷えたオレンジジュースを注ぎ、冷えたシャンパンで満たす（分量はグラスに1対1の割合で）。

Wine Cooler

ワイン・クーラー

12度 中口 ビルド

ワイン・クーラーにはこれといった一定のレシピがなく、ベースのワインも赤、白、ロゼ、どれを使ってもかまわない。ワインに果汁や清涼飲料水を加えたものはすべてワイン・クーラー。

ワイン（赤・白・ロゼ）……90mℓ
オレンジ・キュラソー ……15mℓ
オレンジジュース …………30mℓ
グレナデンシロップ ………15mℓ
スライスオレンジ

クラッシュドアイスをつめたグラスに、冷えたワインとジュース、グレナデンシロップ、オレンジ・キュラソーの順に注ぎ、軽くステアしてスライスオレンジを飾る。

Wine Float

ワイン・フロート

12度 中口 シェーク

ライチとピーチというフルーティな甘口リキュールに、フルーツジュースをミックスしたパーティ向きのカクテル。フロートした赤ワインが美しい。

赤ワイン ………………………30mℓ
ライチ・リキュール ………10mℓ
ピーチ・リキュール ………10mℓ
パイナップルジュース ……30mℓ
レモンジュース……………… 1 tsp

赤ワイン以外の材料をシェークし、氷を1～2個入れたソーサー型シャンパン・グラスに注ぎ、赤ワインを静かにフロートする。

ビール・ベース

Beer Base Cocktails

華やかな雰囲気を演出するビア・カクテルの数々。
色や香りをイメージしながら自分なりの仕上がりを試してみては。

Campari Beer
カンパリ・ビア

9度 中口 ビルド

ビールとカンパリのほろ苦さが溶け合った味わい深いビア・カクテル。ビールに染まるカンパリのイタリアンレッドが美しい。

ビール……………………………………………適量
カンパリ ……………………………………30mℓ

グラスにカンパリを注ぎ、よく冷えたビールで満たして軽くステアする。

Cranberry Beer

クランベリー・ビア

4度 中口 ビルド

ビールにクランベリージュースの酸味とグレナデンシロップの甘味をミックスした、フルーティな香りが広がるさっぱり味のカクテル。

ビール……………………………………………適量
クランベリージュース ……………………30mℓ
グレナデンシロップ ……………………1 tsp

グラスにクランベリージュースとグレナデンシロップを注ぎ、よく冷えたビールで満たして軽くステアする。

Submarino

サブマリノ

28度 辛口 ビルド

ビールの中にテキーラをショット・グラスごと沈めて飲むハード・ドリンカーのためのカクテル。サブマリノとは「潜水艦」のこと。テキーラをウィスキーにかえれば「ボイラーメーカー」というカクテルに。

ビール……………………………………………適量
テキーラ（ホワイト）……………………60mℓ

グラスによく冷えたビールを3/4ほど注ぎ、ショット・グラスに入れたテキーラを、ショットグラスごとビールのグラスに沈める。

Shandy Gaff

シャンディー・ガフ

2度 中口 ビルド

イギリスのパブでは「シャンディ」と呼ばれ、古くから親しまれてきた低アルコール・カクテル。ジンジャーエールのショウガ風味とペールエール（イギリス系の上面発酵ビール）の苦味がよく合う。

ビール（ペールエール）…½グラス
ジンジャーエール……½グラス

グラスによく冷えたビールとジンジャーエールを注ぎ、軽くステアする（グラスに対して1対1の割合）。

Dog's Nose

ドッグズ・ノーズ

11度 辛口 ビルド

ジンの刺激的な芳香が加わった辛口のビア・カクテル。見た目は普通のビールとかわらなくても、アルコール度数はかなり高めで飲み口もハード。

ドライ・ジン……………………45mℓ
ビール……………………………適量

あらかじめ冷やしておいたグラスにドライ・ジンを注ぎ、よく冷えたビールで満たして軽くステアする。

Panaché

パナシェ

2度 中口 ビルド

パナシェとは「混ぜ合わす」という意味のフランス語。欧米ではレモネードで割るのが主流だが、日本ではレモン風味の炭酸飲料で割る場合も多い。

ビール……………………½グラス
レモネード……………½グラス

あらかじめ冷やしておいた大きめのグラスに、よく冷えたビールとレモネードを同時に注ぐ（グラスに対して1対1の割合）。

Beer Spritzer
ビア・スプリッツァー

9度 中口 ビルド

ビールと白ワインをミックスして飲む、爽やかなライト感覚のカクテル。おいしく飲むためには、ビール、白ワイン、グラスはよく冷やしておくのがポイント。

ビール……………………………½グラス
白ワイン…………………………½グラス
レモンピール

氷を入れたワイン・グラスに白ワインを注ぎ、冷えたビールで満たして軽くステアする（グラスに対して1対1の割合）。好みでレモンピールをしぼりかける。

Peach Beer
ピーチ・ビア

7度 甘口 ビルド

ピーチの香りとビールのアロマがマッチしたフルーティなビア・カクテル。甘さが気になるなら、リキュールとシロップの量は加減して。

ビール……………………………適量
ピーチ・リキュール……………30mℓ
グレナデンシロップ ……………1～2 tsp

グラスにピーチ・リキュールとグレナデンシロップを注ぎ、よく冷えたビールで満たして軽くステアする。

Black Velvet

ブラック・ベルベット

9度 中口 ビルド

スタウト（苦味と酸味が特徴のイギリスの濃色ビール）とシャンパンをミックスしたヨーロッパ伝統のカクテル。ベルベットのようなクリーミーなきめ細やかな泡が特徴。

スタウト ……………………………… $\frac{1}{2}$グラス
シャンパン …………………………… $\frac{1}{2}$グラス

あらかじめ冷やしておいた大きめのグラスに、よく冷えたスタウトとシャンパンを同時に注ぐ（グラスに対して1対1の割合）。

Mint Beer

ミント・ビア

6度 甘口 ビルド

ビールにグリーン・ペパーミントを加えた清涼感あふれるカクテル。ミントの清々しい香りとフレッシュな爽快感が、いつものビールをより楽しくしてくれる。リキュールの量は好みで加減して。

ビール………………………………………適量
グリーン・ペパーミント …………………15mℓ

グラスによく冷えたビールを注ぎ、グリーン・ペパーミント加えて軽くステアする。

Red Eye

レッド・アイ

2度 辛口 ビルド

ビールをトマトジュースで割ったカクテル。トマトの酸味がビールの香ばしさとよく合い、意外なほど飲みやすい。基本的な配合は1対1だが、好みで加減してもよい。ネーミングは、二日酔いの赤い目とカクテルの色みをかけたもの。

ビール……………………………………½グラス
トマトジュース…………………………½グラス

グラスに冷えたトマトジュースを注ぎ、よく冷えたビールで満たして軽くステアする（グラスに対して1対1の割合）。

Red Bird

レッド・バード

13度 辛口 ビルド

「レッド・アイ」と「ブラッディ・メアリー（P.103）」の中間的な味わいのカクテル。ビールやウォッカの量は、好みで加減して。

ビール……………………………………適量
ウォッカ…………………………………45mℓ
トマトジュース…………………………60mℓ
カットレモン

グラスに冷えたウォッカとトマトジュースを注ぎ、よく冷えたビールで満たして軽くステアする。好みでカットレモンを飾る。

焼酎・ベース

Shouchu Base Cocktails

泡盛はフレッシュな味わいを生かして。黒糖焼酎は素朴な甘みを際立たせて。
甲類焼酎はすっきり系のカクテルに。

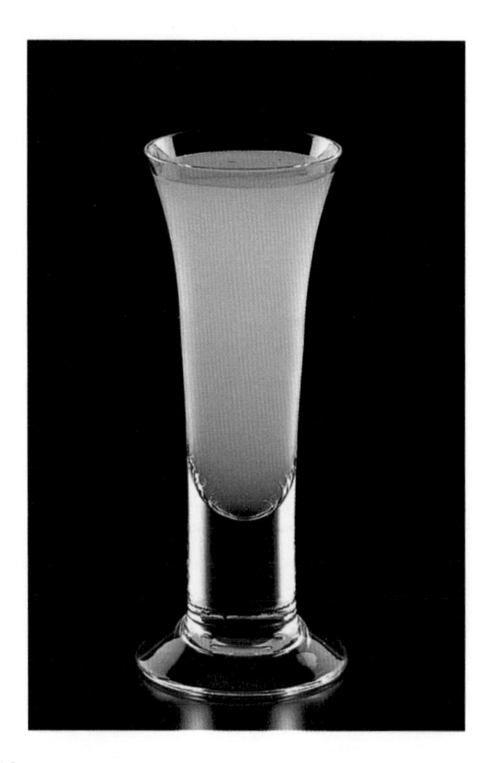

Awamori Cocktail

泡盛カクテル

15度 中口 シェーク

泡盛の香りとホワイト・キュラソーの酸味がベストマッチ。ほのかに漂うグリーン・ペパーミントの芳香が印象的。作者は東京・恵比寿「和風ダイニング／魚のほね」のオーナーの櫻庭基成氏。

泡盛	20mℓ
ホワイト・キュラソー	20mℓ
パイナップルジュース	20mℓ
ライムジュース	1 tsp
グリーン・ペパーミント	1 tsp

グリーン・ペパーミント以外の材料をシェークしてカクテル・グラスに注ぎ、グリーン・ペパーミントを静かに沈める。

Awamori Fizz
泡盛フィズ

8度 中口 シェーク

泡盛をベースにしたフィズ・スタイルのロング・ドリンク。柑橘系の酸味が泡盛の風味を引き立て、爽快感あふれる飲み口に仕上がっている。

泡盛 ……45mℓ
レモンジュース ……20mℓ
シュガーシロップ ……1 tsp
ソーダ……適量
スライスライム

ソーダ以外の材料をシェークして氷を入れたグラスに注ぎ、冷えたソーダで満たして軽くステアする。好みでスライスライムを飾る。

Anzunchu
あんずんちゅ

18度 中口 シェーク

アンズ（アプリコット）を食べたときの甘酸っぱさを表現したカクテル。泡盛独特の香気とアプリコット・ブランデーの芳醇な甘味がよく合い、さっぱりした味わい。作者は櫻庭基成氏。

泡盛 ……20mℓ
アプリコット・ブランデー ……20mℓ
オレンジジュース ……10mℓ
レモンジュース ……10mℓ

材料をシェークして、カクテル・グラスに注ぐ。

Oisoju
オイソジュ

10度 辛口 ビルド

韓国で人気の焼酎（ソジュ）にキュウリ（オイ）を入れて飲むカクテル。キュウリを加えることで焼酎の味がまろやかになり、酒酔い防止にもなるとか。巷ではメロン風味になるとも。

焼酎（甲類）……………………………45mℓ
ソーダ（またはミネラルウォーター）…適量
スティックキュウリ…………………3～4本

氷を入れたグラスに焼酎を注ぎ、冷えたソーダ（またはミネラルウォーター）で満たして薄く切ったスティックキュウリを添える。

Kokuto Pina
黒糖ピニャ

7度 中口 シェーク

「ピニャ・カラーダ（P.117）」の焼酎版ともいえるトロピカル・ドリンク。オレンジジュースとココナッツ・ミルクが織りなすフルーティ＆ミルキーな喉ごしが特徴。黒糖焼酎とよく合う。作者は櫻庭基成氏。

黒糖焼酎 ……………………………30mℓ
オレンジジュース ……………………60mℓ
ココナッツ・ミルク …………………30mℓ
スライスオレンジ、カットパイン、マラスキーノチェリー

材料をシェークして、クラッシュドアイスをつめた大きめのグラスに注ぐ。好みでスライスオレンジ、カットパイン、マラスキーノチェリーを飾る。

Shima Caipirinha

島カイピリーニャ

20度 中口 ビルド

ラム・カイピリーニャ(P.123)の黒糖焼酎版。柑橘系のフルーツの酸味が、ラムにもにた黒糖焼酎の味を際立たせる。甘さが気になるなら砂糖（シュガーシロップ）は入れなくてもOK。

- 黒糖焼酎……45㎖
- スライスオレンジ……1枚
- スライスライム……2枚
- スライスレモン……2枚
- 砂糖（シュガーシロップ）……½〜1 tsp

細かく刻んだフルーツをグラスに入れ、砂糖を加えてよくつぶす。クラッシュドアイスをつめて黒糖焼酎を注ぎ、ステアしてマドラーを添える。

Chu Bulldog

酎ブルドッグ

9度 中口 ビルド

甲類焼酎をグレープフルーツジュースで割ったシンプル・カクテル。味わいはほとんどフレッシュジュースに近い。個性豊かな乙類焼酎（黒糖、泡盛、麦、芋など）でつくってみても。

- 焼酎（甲類）……45㎖
- グレープフルーツジュース 適量
- マラスキーノチェリー、ミントチェリー

氷を入れたグラスに焼酎を注ぎ、冷えたグレープフルーツジュースで満たして軽くステアする。好みでマラスキーノチェリー、ミントチェリーを飾る。

Lemon Chu-hai

レモン酎ハイ

10度 辛口 ビルド

焼酎をソーダで割ってレモンの酸味をきかせたシンプル・カクテル。清涼感あふれる辛口の飲み口は、何杯飲んでも飽きがこない。焼酎は甲類、乙類から好みのものを選んで。

- 焼酎……45㎖
- ソーダ……適量
- カットレモン

氷を入れたグラスに焼酎を注ぎ、冷えたソーダで満たしてレモンをしぼり入れ、軽くステアする。

ノンアルコール・カクテル

Non-Alcohoric Cocktails

どれも普通のカクテルとかわらないフレッシュで味わい深いものばかり。
アルコールに弱い人、アルコールが飲めない日のために。

Cool Collins

クール・コリンズ

0度 中口 ビルド

レモンジュースをベースにしたコリンズ・スタイル（P.42）のノンアルコール・カクテル。ミントの香りいっぱいのレモン・ソーダといった味わい。レモンジュースは生をしぼってつくると、一層おいしくなるのでお試しを。

レモンジュース ……………………60mℓ
シュガーシロップ …………………1 tsp
ミントの葉…………………………5～6枚
ソーダ………………………………適量

ソーダ以外の材料をコリンズ・グラスに入れ、ミントの葉をつぶす。氷をグラスに入れて冷えたソーダで満たし、軽くステアする。

Saratoga Cooler

サラトガ・クーラー

0度 中口 ビルド

ウォッカ・ベースの「モスコー・ミュール(P.106)」のノンアルコール版。ライムの酸味とジンジャーエールの爽やかさで、すっきりと飲みやすい。甘さが気になるなら、シュガーシロップは入れなくてもOK。

ライムジュース ……………………………20㎖
シュガーシロップ ………………………… 1 tsp
ジンジャーエール……………………………適量
スライスライム

氷を入れたグラスにライムジュースとシュガーシロップを注ぎ、冷えたジンジャーエールで満たして軽くステアする。好みで細かく切ったスライスライムを加える。

Shirley Temple

シャーリー・テンプル

0度 甘口 ビルド

1930年代にアメリカで名子役として一斉を風靡したシャーリー・テンプルにちなんでつくられたノンアルコール・カクテル。正式なレシピでは、「ホーセズ・ネック(P.179)」のようにらせん状にむいたレモンの皮を飾る。

グレナデンシロップ ……………………20㎖
ジンジャーエール…………………………適量
カットレモン、マラスキーノチェリー

氷を入れたグラスにグレナデンシロップを注ぎ、冷えたンジャーエールで満たして軽くステアする。好みでカットレモンとマラスキーノチェリーを飾る。

Cinderella
シンデレラ

0度 中口 シェーク

3つのフルーツジュースをミックスした、口当たり爽やかなノンアルコール・カクテル。シェークすることにより飲み口がソフトになり、ジュースの風味に磨きがかかる。

オレンジジュース ……………………………20mℓ
レモンジュース ………………………………20mℓ
パイナップルジュース ………………………20mℓ
マラスキーノチェリー、ミントの葉

材料をシェークして、カクテル・グラスに注ぐ。好みでマラスキーノチェリーとミントの葉を飾る。

Virgin Breeze
バージン・ブリーズ

0度 中口 シェーク

ウォッカ・ベースの「シー・ブリーズ (P.97)」のノンアルコール版。甘さ少なめの2種類のジュースをミックスして、そよ風のような爽やかな飲み口のコールド・ドリンクに仕上がっている。

グレープフルーツジュース ……………60mℓ
クランベリージュース …………………30mℓ

材料をシェークして、氷を入れた大型のグラスに注ぐ。

Peach Melba

ピーチ・メルバ

0度 中口 シェーク

フランス料理界の巨匠エスコフィエが、当時人気のプリマドンナ・メルバに捧げた同名のデザートがネーミングの由来。ピーチがほんのり甘く香りづく、大人の味わいのノンアルコール・カクテル。

- ピーチ・ネクター ……………60mℓ
- レモンジュース ………………15mℓ
- ライムジュース ………………15mℓ
- グレナデンシロップ …………10mℓ

材料をシェークして、氷を入れたオールドファッションド・グラスに注ぐ。

Pussyfoot

プッシーフット

0度 中口 シェーク

「猫のようにこっそり歩く」というのが本来の意味だが、カクテル名は、アメリカの禁酒運動家として知られるウィリアム・E・ジョンソンのあだ名に由来するといわれる。コクがありソフトな飲み口が特徴。

- オレンジジュース …………45mℓ
- レモンジュース ……………15mℓ
- グレナデンシロップ……… 1 tsp
- 卵黄 ……………………………1個分

材料を十分にシェークして、シャンパン・グラスか大きめのカクテル・グラスに注ぐ。

Florida

フロリダ

0度 中口 シェーク

アメリカの禁酒法時代(1920～33)に誕生したノンアルコール・カクテル。柑橘系のさっぱりとした味わいに、アンゴスチュラ・ビターズがアクセントとして加わる。

- オレンジジュース …………40mℓ
- レモンジュース ……………20mℓ
- 砂糖（シュガーシロップ） 1 tsp
- アンゴスチュラ・ビターズ ………………………… 2 dashes

材料をシェークして、カクテル・グラスに注ぐ。

Milk Shake

ミルク・セーキ

0度 甘口 シェーク

牛乳と卵でつくる昔懐かしい味わいのノンアルコール・カクテル。先に卵だけシェークしておくと全体に混ざりやすい。砂糖の量は好みで加減して。香りづけにバニラ・エッセンスを加えると、さらに深い味わいに。

牛乳 ……………………………120〜150mℓ
卵……………………………………………1個
砂糖（シュガーシロップ） …………1〜2 tsp

材料を十分にシェークして、氷を入れたグラスに注ぐ。

Lemonade

レモネード

0度 中口 ビルド

素朴な甘酸っぱさが人気のノンアルコール・カクテル。レモンジュースは生をしぼったほうが断然おいしい。砂糖を「はちみつ」にかえれば、さらにヘルシーでまろやかな味わいに。冬は熱湯を注ぎ、ホットで楽しみたい。

レモンジュース ……………………………40mℓ
砂糖（シュガーシロップ） …………2〜3 tsp
水（ミネラルウォーター） ………………適量
スライスレモン

グラスにレモンジュースと砂糖を入れて、よく混ぜる。グラスに氷を入れて冷えた水（ミネラルウォーター）で満たし、軽くステアする。好みでスライスレモンを飾る。

第3章

カクテルの基礎知識

カクテルづくりに必要な バー・ツール

まず最初は「3つの基本ツール」から揃えよう。「メジャー・カップ」「シェーカー」「バー・スプーン」があれば、「ビルド」や「シェーク」でつくる本書のほとんどのカクテルはつくれる。さらに「ステア」なら「ミキシング・グラス＆ストレーナー」、「ブレンド」なら「アイス・クラッシャー」と「ブレンダー（ミキサー）」といった感じで必要に応じて揃えていこう。

メジャー・カップ

酒やジュースなどの液体を正確に計るための必須アイテム。小さいカップが30mℓ、大きいカップが45mℓのものが一般的。

シェーカー

氷と材料を入れてよく混ぜ合わせ、同時に短時間で冷やす道具。いろいろなサイズがあるが、一つ選ぶなら中サイズ(高さ18cm前後／ステンレス製）がおすすめ。

バー・スプーン

材料をステアしたり、フロートするときに使う道具で、両端がスプーンとフォークになっている。このスプーン一杯の計量が「1tsp」。

ビターズ・ボトル

ビターズを入れて風味づけのために少量加えるときに使う。ひと振りが1dash(約1mℓ)。

スクイザー

生ライムやレモン、グレープフルーツなどの柑橘類、その他フルーツの果汁をしぼる道具。

ミキシング・グラスとストレーナー

バー・スプーンで氷をステアして材料を冷やすのが「ミキシング・グラス」。注ぐときに氷をおさえ、ふたの役目をするのが「ストレーナー」。

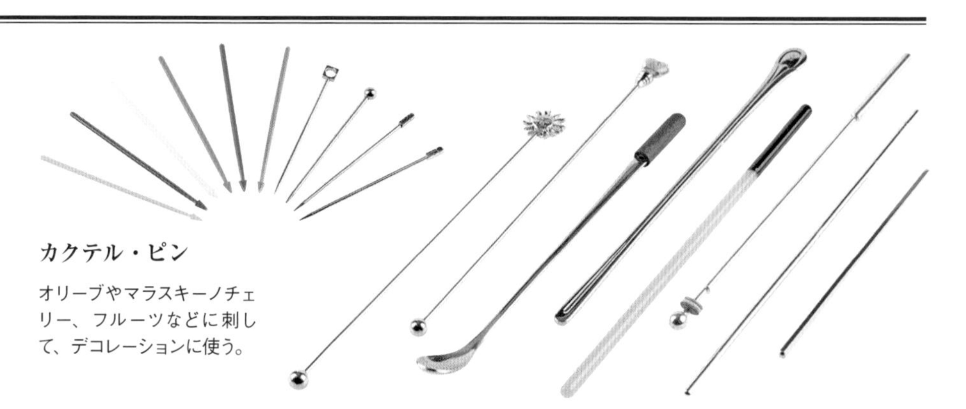

カクテル・ピン

オリーブやマラスキーノチェリー、フルーツなどに刺して、デコレーションに使う。

マドラー

ロング・カクテルに添えて、飲む前に混ぜたり、フルーツなどをつぶすときに使う。

ペストル

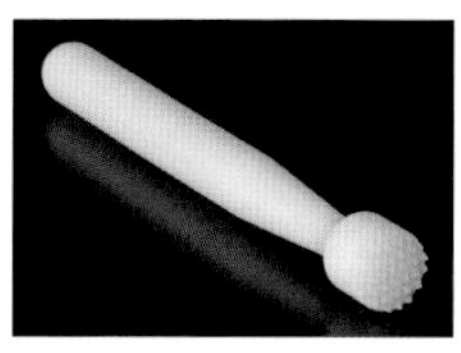

モヒートなどをつくるときにグラスの中のミントの葉をつぶしたり、フルーツをつぶすときに使う道具。木製やステンレス製もある。

アイス・クラッシャー

ロックアイスを入れてノズルを回し、クラッシュドアイスをつくるための道具。電動タイプもある。

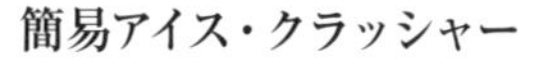

簡易アイス・クラッシャー

容器の内側にキューブアイスを入れ、取っ手を握って挟むようにして砕いてクラッシュドアイスをつくる道具。

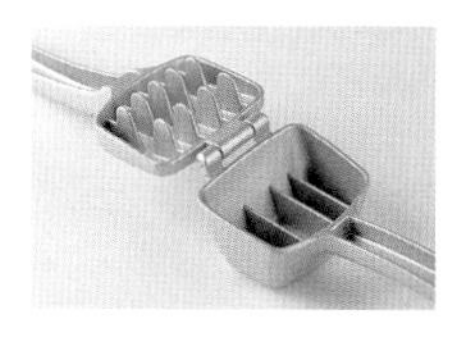

ブレンダー

クラッシュドアイスを入れて「フローズン・スタイル」のカクテルをつくる道具。スムージーのようなカクテルづくりにも便利。家庭用のミキサー（P.228）でも代用可。

カクテルのグラス

カクテルづくりの重要なポイントの一つがグラス選び。
つくるカクテルのスタイルや材料の分量などをよく考えて用意しよう。

カクテル・グラス

ショート・カクテル専用のグラス。逆三角形のものや優雅な曲線をもつものなどデザインは豊富。容量90mℓが標準サイズだが、60〜240mℓなどサイズはさまざまある。

ホット・ドリンク用・グラス

耐熱性の取っ手つきグラス。デザインはさまざまある。

オールドファションド・グラス

「ロック・グラス」とも呼ばれ、「オン・ザ・ロックス・スタイル」で飲むロング・カクテルに使われる。容量180〜300mℓのものが一般的。

タンブラー

「ハイボール・グラス」とも呼ばれ、「ハイボール・スタイル」のカクテルのほか、ロング・カクテル全般に使われる。容量240mℓが標準サイズだが、300mℓ前後のものも多用される。

コリンズ・グラス

「トール・グラス」、「ゾンビ・グラス」とも呼ばれ、円筒形の背の高いグラスを指す。炭酸を使ったロング・カクテルに使われる。容量は300〜360mℓ。

ワイン・グラス

世界各国でさまざまな大きさやデザインのものがあり、白ワイン用と赤ワイン用で形が異なる。容量は150〜300mℓ。

サワー・グラス

「サワー・スタイル」のカクテルに使われる。容量は120mℓ前後が一般的。

ゴブレット

氷をたっぷり使うトロピカル・カクテルやビア&ワイン・カクテルなどに使われる。容量は300mℓが標準だが大型サイズも多い。

フルート型シャンパン・グラス

口の部分が狭く細身で背の高いシャンパン・グラス。発泡性ワインやワイン・カクテルに使われる。容量は120mℓが標準だが大型サイズもある。

ビア・グラス

ビールやビア・カクテル専用だが、その他のロング・カクテルにも使われる。容量はさまざまある。

ブランデー・グラス

ブランデーをストレートで飲むためのチューリップ型グラスだが、トロピカル・カクテルなどにも使われる。容量は240〜300mℓが標準。

フローズン・グラス

「フローズン・スタイル」のカクテルに使われるグラス。容量は300〜460mℓ。

ソーサー型シャンパン・グラス

口の部分が広いシャンパン・グラス。形状や大きさもさまざまあり、「フローズン・スタイル」のカクテルにも使われる。

カクテルの基本テクニック

カクテルづくりの技法には「ビルド」、「シェーク」、「ステア」、「ブレンド」の4つがある。まずは計量カップの使い方を覚えて、少しずつステップアップしていこう。

メジャー・カップの使い方

メジャー・カップは上下に大小二つのカップがついており、ここに酒やジュースなどの材料を入れて正確な分量を計る。形状や容量にはいくつかのタイプがあるが、「30mℓ＋45mℓ」が標準サイズ。右を参考に、自分なりの目分量を覚えておこう。

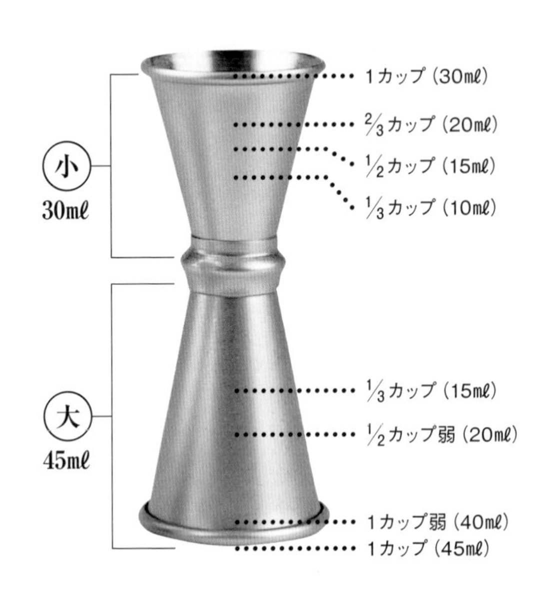

◉メジャー・カップの分量の目安

10mℓを計る場合	小1/3カップ
15mℓを計る場合	小1/2カップ、または大1/3カップ
20mℓを計る場合	小2/3カップ、または大1/2カップ弱
30mℓを計る場合	小1カップ
40mℓを計る場合	大1カップ弱
45mℓを計る場合	大1カップ
50mℓを計る場合	大1カップ強
60mℓを計る場合	小2カップ

メジャー・カップの持ち方

プロの持ち方

左手の中指と人差し指でメジャー・カップのくびれ部分を持つ。こうするとカップを持ったまま空いている親指と人差し指でボトルのキャップをはずすなど、他の作業ができる。

安定感のある持ち方

親指と人差し指でメジャー・カップのくびれ部分を持つ。慣れないうちはこの方法でかまわない。

ビルド
Build

材料を直接グラスに注ぎ、バー・スプーンで混ぜるだけのシンプルなテクニック。材料をあらかじめよく冷やしておくことが大切。炭酸飲料は気が抜けやすいので、使う場合は混ぜすぎに注意して。

バー・スプーンの持ち方

右利きの場合、中指と薬指の間にバー・スプーンの上部を軽く挟み、親指でおさえて残りの指は軽く添える。

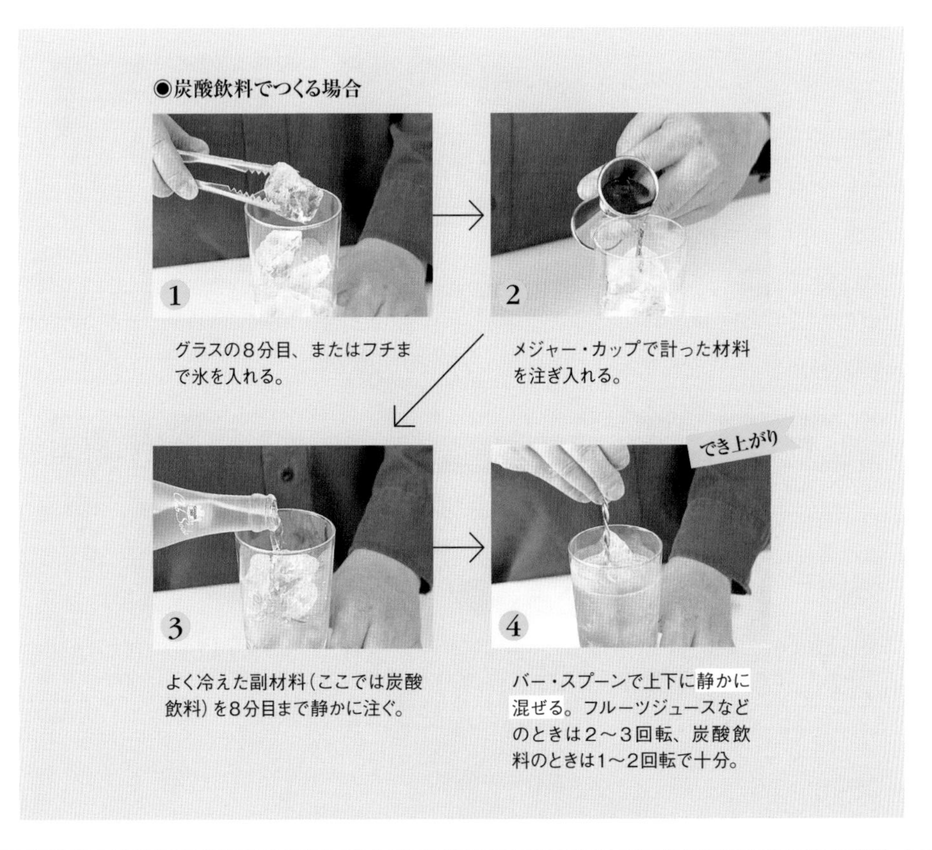

◉炭酸飲料でつくる場合

1 グラスの8分目、またはフチまで氷を入れる。

2 メジャー・カップで計った材料を注ぎ入れる。

3 よく冷えた副材料（ここでは炭酸飲料）を8分目まで静かに注ぐ。

4 バー・スプーンで上下に静かに混ぜる。フルーツジュースなどのときは2〜3回転、炭酸飲料のときは1〜2回転で十分。

シェーク
Shake

シェーカーを振って材料と氷を混ぜ合わせるテクニック。混ざりにくい材料を急速に混ぜて冷やすことができ、空気が酒に含まれるためアルコール度数の高い酒がまろやかな口当たりになる。

シェーカーの持ち方

シェーカーを持ちやすい手(ここでは右手)の親指でトップをおさえて薬指で下から支え、人差し指と中指を上から被せて挟むように持つ。左手の中指でボディの底を支え、残りの指はシェーカーを包み込むように自然に添える。

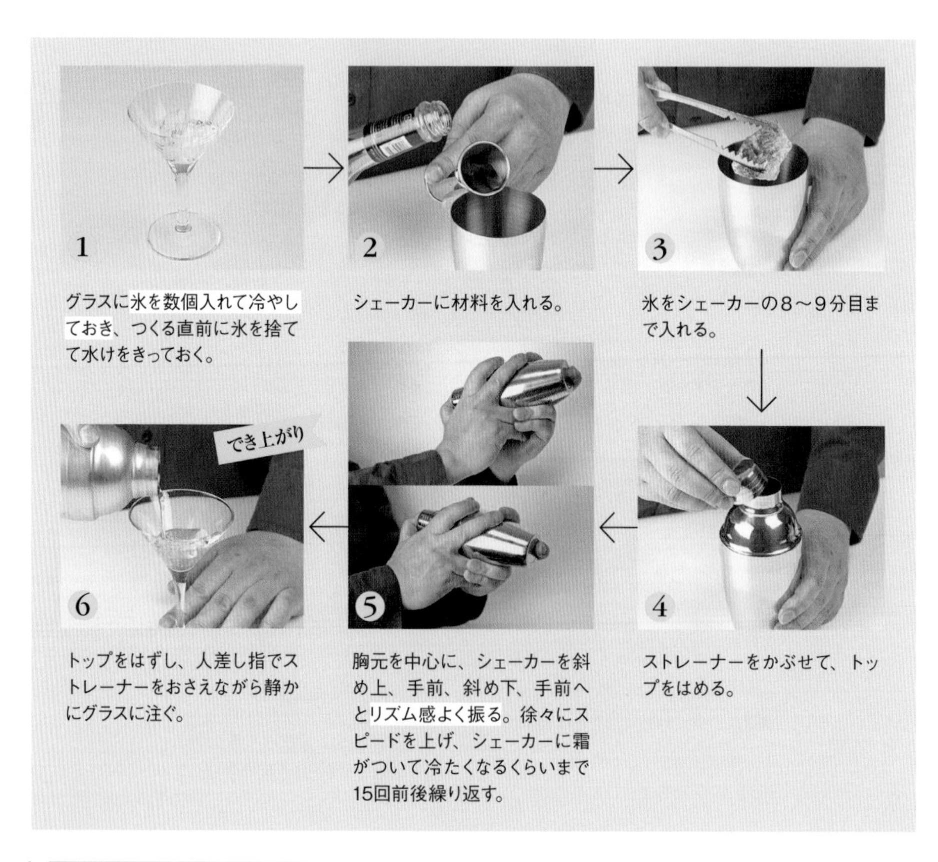

1 グラスに氷を数個入れて冷やしておき、つくる直前に氷を捨てて水けをきっておく。

2 シェーカーに材料を入れる。

3 氷をシェーカーの8～9分目まで入れる。

4 ストレーナーをかぶせて、トップをはめる。

5 胸元を中心に、シェーカーを斜め上、手前、斜め下、手前へとリズム感よく振る。徐々にスピードを上げ、シェーカーに霜がついて冷たくなるくらいまで15回前後繰り返す。

6 トップをはずし、人差し指でストレーナーをおさえながら静かにグラスに注ぐ。

ステア
Stir

ミキシング・グラスに氷と材料を入れ、バー・スプーンで素早くステア（混ぜるという意味）して冷やし、グラスに注ぐテクニック。素材の持ち味を生かしたまま仕上げるという簡単なようで奥深い技法。

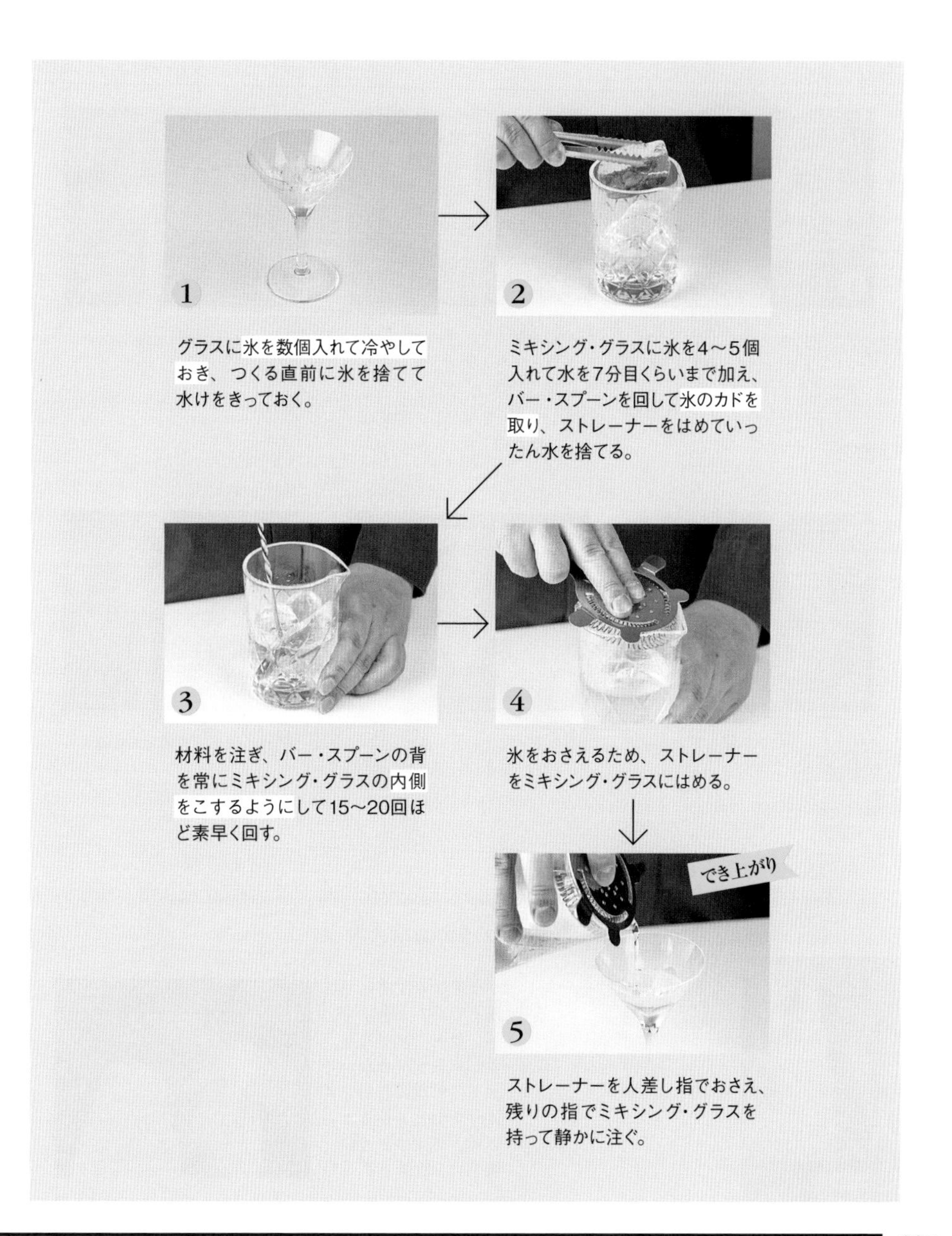

1 グラスに氷を数個入れて冷やしておき、つくる直前に氷を捨てて水けをきっておく。

2 ミキシング・グラスに氷を4〜5個入れて水を7分目くらいまで加え、バー・スプーンを回して氷のカドを取り、ストレーナーをはめていったん水を捨てる。

3 材料を注ぎ、バー・スプーンの背を常にミキシング・グラスの内側をこするようにして15〜20回ほど素早く回す。

4 氷をおさえるため、ストレーナーをミキシング・グラスにはめる。

5 ストレーナーを人差し指でおさえ、残りの指でミキシング・グラスを持って静かに注ぐ。

ブレンド Blend

ブレンダー（またはミキサー）を使って材料を混ぜ合わせるテクニック。フローズン・スタイルのカクテルや、イチゴやキウイなどのフレッシュ・フルーツをミックスするカクテルなどに使われる。

① グラスに氷を数個入れて冷やしておき、つくる直前に氷を捨てて水けをきっておく。

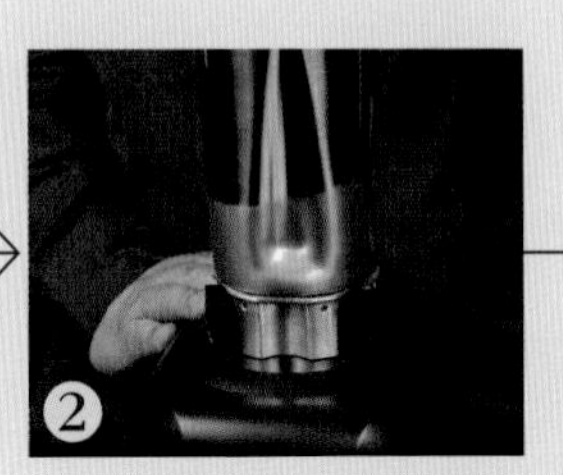

② ブレンダーに氷3〜4個と水1カップを入れてスイッチを入れ、10秒ほど回転させてブレンダーを冷やし、中身をいったん捨てる。

③ ブレンダーに材料を注ぐ。

④ クラッシュドアイスを入れる。

⑤ 15〜20秒、シャーベット状になるまでブレンダーを回す。

⑥ バー・スプーンを使ってカクテルをグラスに移す。

ブレンダーがなければ家庭用のミキサー（かき氷もつくれるタイプ）でも代用できる。

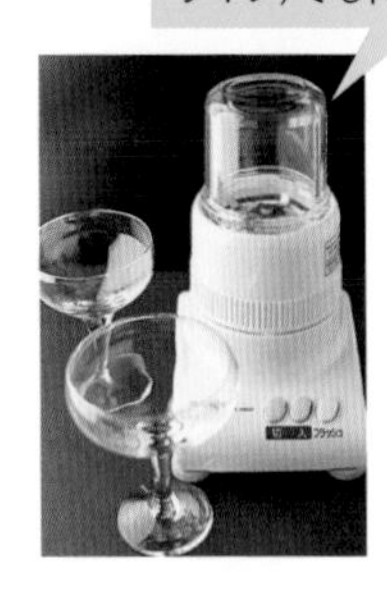

グラスの拭き方

グラスは中性洗剤で洗って湯で十分すすぎ、伏せて水けをきる。水分が乾かないうちに専用の布巾を両手で持って拭き上げる。布巾が小さい場合は2枚使って。

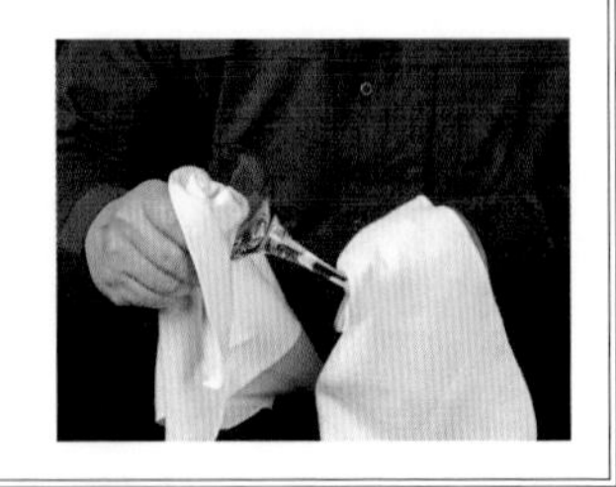

その他のテクニック

レモンピール

レモンの皮をナイフで親指大に削ぎ切る。皮の表面を前にして親指と中指ではさみ、人差し指で押すようにしてグラスの斜め上15cmくらいから果皮のオイルをしぼりかける。オレンジの皮でやれば「オレンジピール」。

フロートする

フロートは「浮かせる」の意味。バー・スプーンの背を使い、材料を伝わらせるように静かに注ぎ入れる。

リンスする

グラスにビターズやベルモットなどを少量入れ、グラスを傾けて内側をまんべんなくぬらしてから捨てる。カクテルに香りづけするテクニックの一つ。

スノー・スタイル

レモンの切り口にグラスの縁をあて、一回転させてぬらす。

平らな皿に塩（または砂糖）を広げ、逆さにしたグラスを軽く押し当てて引き上げる。

コーラル・スタイル

深さのあるグラスにグレナデンシロップやブルー・キュラソーを入れ、シャンパン・グラスを逆さにしてまっすぐにつける。

深さのある別のグラスに砂糖を入れ、まっすぐに押し込んでからそっと引き上げる。

モヒート7 つくり方&バリエーション

巷で大人気の夏向きカクテル。文豪アーネスト・ヘミングウェイがキューバ・ハバナの酒場「ラ・ボデギータ」で愛飲したカクテルとしても有名。基本はホワイト・ラムだが、ベース酒をかえたり、材料をアレンジしてオリジナル・モヒートを楽しもう。

生ライムと生ミントの
フレッシュな爽快感が魅力！

モヒート

Mojito

12度

●材料（1杯分）

ホワイト・ラム……45mℓ
生ライム……1/2個
砂糖（またはシュガーシロップ）……1tsp
ミントの葉……10〜15枚
クラッシュドアイス……適量
ソーダ……適量

✤つくり方

グラスにミントの葉と砂糖（またはシュガーシロップ）を入れ、ペストルで軽くつぶす。

ミントの香りがしたら、ホワイト・ラムを注ぐ。

生ライムをしぼり入れ、皮ごとグラスに入れる。

バー・スプーンで軽くステアする。

クラッシュドアイスを8分目くらいまで入れる。

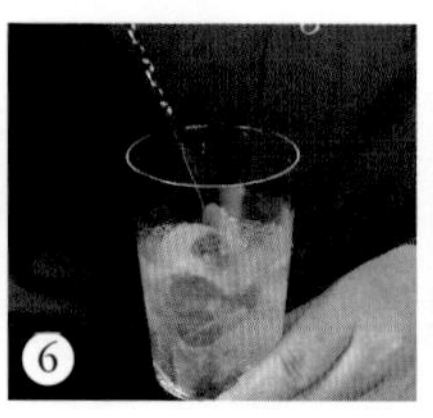

軽くステアする。

ソーダを静かに加え、バー・スプーンを上下に動かして軽くステアする。

ミントの葉を飾り、ストローを添える。

✤ワンポイント

ミントはつぶし過ぎると苦味が出るので軽く香りが立つ程度に。なるべく葉の部分だけつみ取る。クラッシュドアイスは市販のロックアイスからつくったものがベター。ソーダは入れなくてもOK。

ベース酒を テキーラ にかえた

メキシカン・モヒート

Mexican Mojito

12度

テキーラ……………………………………… 45mℓ
生ライム…………………………………… 1/2個
アガベシロップ（またはシュガーシロップ）
……………………………………………… 1tsp
ミントの葉………………………… 10〜15枚
クラッシュドアイス……………………… 適量
ソーダ……………………………………… 適量

＊テキーラはブランコ、レポサド、アニェホなどなんでもOK。

ベース酒を ダーク・ラム にかえた

ダーク・モヒート

Dark Mojito

12度

ダーク・ラム ……………………………… 45mℓ
生ライム…………………………………… 1/2個
シュガーシロップ………………………… 1tsp
ミントの葉………………………… 10〜15枚
クラッシュドアイス……………………… 適量
ソーダ……………………………………… 適量

＊ダーク・ラムならどのブランドでもOK。

ソーダを シャンパン にかえた

シャンパン・モヒート

Champagne Mojito

10度

ホワイト・ラム …………………………… 20mℓ
生レモン…………………………………… 1/4個
シュガーシロップ ………………………… 1tsp
ミントの葉……………………………… 6〜7枚
シャンパン（またはスパークリングワイン）
……………………………………………… 適量

＊生ライムを生レモンに、ソーダをシャンパンにかえる。
氷はロックアイスでもOK。

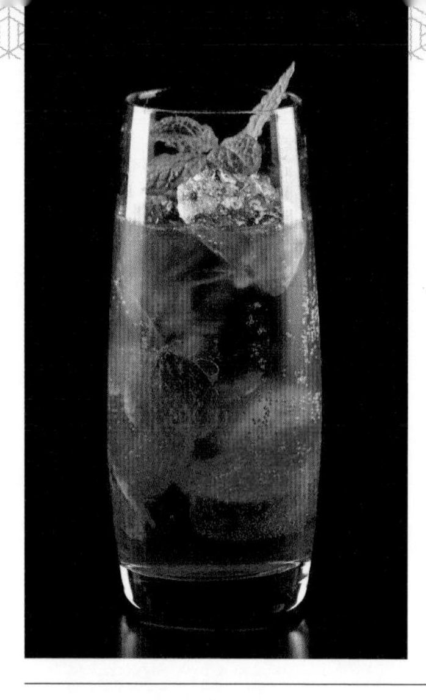

ベース酒を カンパリ にかえた

カンパリ・モヒート

Campari Mojito

5度

カンパリ……………………………………30mℓ
生ライム…………………………… $\frac{1}{4}$～$\frac{1}{2}$個
シュガーシロップ………………………適量
ミントの葉………………………… 6～7枚
ソーダ……………………………………適量

＊カンパリ以外の好みのリキュールでつくっても。氷はロックアイスでもOK。

ベース酒を 梅酒 にかえた

梅酒モヒート

Umeshu Mojito

4度

梅酒……………………………………45mℓ
生ライム…………………………………$\frac{1}{2}$個
シュガーシロップ………………………適量
ミントの葉………………………… 6～7枚
クラッシュドアイス……………………適量
サイダー（またはソーダ）……………適量

＊ソーダをサイダーにかえた甘口モヒート。シュガーシロップは入れなくても。

イチゴ&キウイ をミックスした

フルーツ・モヒート

Fruit Mojito

9度

ホワイト・ラム…………………………45mℓ
生イチゴ…………………………………2個
キウイ……………………………………$\frac{1}{2}$個
生ライム…………………………………$\frac{1}{4}$個
ミントの葉………………………………10枚
トニックウォーター（またはサイダー）…適量

＊細かく切ったフルーツとミントをグラスに入れてペストルでつぶし、トニックウォーターを多めに注いで軽く混ぜる。

カクテルの用語集

あ

●アイス・クラッシャー
氷を粉砕してクラッシュドアイスをつくるための氷粉砕機。手動式と電動式がある（P.221）。

●アイス・トング
氷をグラスに入れるときに氷をはさむ道具。

●アイス・ピック
氷を割るためのキリ状の道具。

●アイス・ペール
氷を入れておく容器。底に仕切りがあるものが一般的。

●アイリッシュ・ウィスキー
アイルランドで生産されるウィスキー。ピート（泥炭）によるピート香をつけず、大麦麦芽、ライ麦、小麦などを原料にしたすっきりとした味わいが特徴。

●アニス
ギリシャ、エジプトなどの地中海東部地域原産のセリ科の一年草。八角、スターアニス、ウイキョウ（フェンネルシード）に似た独特な甘い香りが特徴。アニスを使ったリキュールに「ペルノ」「パスティス」「アブサン」「アニゼット」「ウゾ」などがある。

●アフター・ディナー・カクテル
英語で「食後酒」のこと。フランス語では「ディジェスティフ」。食後のデザート感覚で楽しむ酒。

●アプリコット・ブランデー
「アプリコット・リキュール」のこと。総じてこう呼ぶ場合が多い（P.147）。

●アペタイザー
英語で「食前酒」のこと。フランス語では「アペリティフ」。食前の食欲増進のためなどに飲む。

●アペリティフ
フランス語で「食前酒」のこと。

●アメール・ピコン
オレンジ果皮やりんどうの根などを主原料にしたフランス産の薬草・香草系リキュール。

●アメリカン・ウィスキー
アメリカ産のウィスキーの総称。バーボン・ウィスキー、ライ・ウィスキー、コーン・ウィスキー、モルト・ウィスキーなどがある。

●アルマニャック
フランスの南西部、アルマニャック地方でつくられるブランデーのこと。「コニャック」と双璧をなすフランスの二大銘酒の一つ。

●ウィスキー
大麦、小麦、トウモロコシなどの穀類を原料に糖化、発酵させ、蒸留して樽の中で熟成させたもの。世界各地で風土に合った穀物を使うため、味わいはさまざま。代表的なものはスコッチ、アイリッシュ、カナディアン、アメリカン、ジャパニーズがあり、「世界５大ウィスキー」と呼ばれる（P.142）。

●ウォッカ
穀類を蒸留し、活性炭濾過して香りや味などをなくしたもので、無味無臭、無色が特徴。クセのないクリアな味わいはカクテルの材料に向く。無味無臭のレギュラー・タイプのほか、ハーブやフルーツなどの香りをつけたフレーバード・タイプもある（P.139）。

●エッグ・ノッグ・スタイル　→P.43

●オールドファッションド・グラス　→P.222

●オリーブ
実を塩漬けにした「グリーンオリーブ」、種を抜いて赤ピーマンを詰めた「スタッフド・オリーブ」、黒い「ブラックオリーブ」などがある。カクテルの飾りとしてつくオリーブは、つまみとして食べてかまわない。

●オレンジ・ピール　→ピール。

●オンス（oz）
分量を表す単位。１オンスは約30mℓ。

か

●カクテルパーティ
カクテルを主体に楽しむ立食形式のパーティ。

●カナディアン・ウィスキー
カナダで生産されるウィスキーの総称。フレーバリングウィスキーとベースウィスキーという２タイプの原酒をつくり、それをブレンドするという方法が一般的。フレーバリングウィスキーはライ麦が主原料で、ほかにライ麦麦芽、大麦麦芽、トウモロコシなどを使用。ベースウィスキーはトウモロコシが主原料で、ほかに大麦麦芽などを使用。

●ガリアーノ
バニラとアニスの香味が漂うイタリア産の薬草・香草系リキュール。

●カルヴァドス
フランス・ノルマンディー地方から産出するリンゴ酒を蒸留した天然アップル・ブランデーで、カルヴァドス県産のものをいう（P.143）。

●キック
アルコールの度数や刺激を表す言葉。「キックがある酒」といえば、アルコール度数が高く強い酒という意味。

●キューブド・アイス
一辺が３㎝程度の立方体の氷。家庭用冷蔵庫の製氷機のものとほぼ同じ。

●キュラソー
オレンジの果皮を主原料に香味づけしたリキュールのこと。「ホワイト・キュラソー（コアントロー）」のほか、「オレンジ・キュラソー」、「ブルー・キュラソー」などがある（P.147）。

●クーラー・スタイル　→P.42

●クラックドアイス
アイス・ピックで、粗く直径約３～４㎝に砕いた氷で、シェークやステアなどに用いられる。コンビニやスーパーで売っている「ロックアイス」で代用可。

●クラッシュドアイス
小さな粒状に砕いた氷。アイス・クラッシャーがない場合は、氷をタオルで包んでカナヅチなどで叩いてつくっても。

●グレナデンシロップ
ザクロの果汁に砂糖を煮つめてつくった赤いシロップ。果汁が入っていないものもある。

●クレーム・ド
素材名の前に「クレーム・ド・～」とついて、材料の風味を強くしたリキュールのこと。クリーム状やクリームを含むリキュールという意味ではない。

●クローブ
丁字（ちょうじ）の花のつぼみを乾燥させたもの。あたためると甘い香りが出るので、ホット・ウィスキーやホット・ワインなどに入れて香りを楽しむ。

●コーディアル
ライムなどの果汁に甘味を加えた甘い果汁飲料のこと（P.149）。

●コアントロー
フランス・コアントロー社がつくるホワイト・キュラソー。オレンジの果皮が原料で、さわやかなオレンジ風味とまろやかな甘みが特徴。カクテル材料のほか食後酒としても（P.147）。

●コニャック
フランス南西部コニャック地方の特定地域から産出されるブランデーのこと。「アルマニャック」と並びフランスの二大銘酒の一つ。

●コリンズ・スタイル　→P.42

●コルク・スクリュー
ワインのコルク抜きのこと。折りたたみ式のソムリエナイフのほか、いくつかのタイプがある。

●混成酒
総じて「リキュール」と呼ばれ、醸造酒や蒸留酒に香料や果実のエキスなどを加えたもの。ただし、ワインやビールに香味成分を加えたものは混成酒とはいわない。

●サワー・グラス　→P.223

●サワー・スタイル　→P.42

●シェーク　→P.226

●シェリー
スペイン南部アンダルシア地方の都市ヘレス周辺でつくられる酒精強化ワインのこと。シェリーは英語名で、スペイン語では「ヴィノ・デ・ヘレス（単に「ヘレス」とも）」と呼ばれる。

●シナモン
クスノキ科のニッケイの樹皮からつくるスパイスで、ほのかな甘味とさわやかな芳香が特徴。スティックタイプとパウダータイプがあり、前者をホット・ドリンクの香りづけなどに使う。

●シャンパン
正式には「シャンパーニュ」。フランス・シャンパーニュ地方産の決められたブドウを使い、シャンパーニュ地方において伝統的な製法でつくられた発泡性ワインだけに許された呼び名。それ以外の地域でつくられるフランス産スパークリング・ワインは「クレマン」、「ヴァン・ムスー」などと呼ばれる。

●ジュレップ・スタイル　→P.43

●醸造酒
原料を発酵させただけで飲む酒。アルコール度数は約20度以下と低いのが特徴。ワイン、ビール、日本酒などがこれにあたる。

●蒸留酒
醸造酒をさらに蒸留してアルコール度数を高めた

酒。総じて「スピリッツ」と呼ばれる。ジン、ウォッカ、ラム、テキーラ、ウィスキー、ブランデー、焼酎などがこれにあたる。

●ショート・ドリンク
カクテル・グラスに注がれた、冷たいうちに短時間で飲むカクテルの総称。「ショート・カクテル」とも呼ばれる。

●ショット・グラス
スピリッツをストレートで飲むための平底型で小さめのグラス。別名「ストレート・グラス」。

●ジン
トウモロコシや麦芽などの穀物を原料とした無色透明の蒸留酒に、薬草や香草などで香りをつけた酒。とくにジュニパーベリー(ネズの実)の香りが特徴的。1660年にオランダの医学者によって考案されたジンは、当時は薬用酒として販売。後にそれがイギリスへと伝わり、クセのない辛口の「ドライ・ジン」が生まれた。現在ジンは、濃厚な味わいの「オランダ・タイプ」と柑橘系のさわやかな香味の「イギリス・タイプ(ドライ・ジン)」などがあるが、カクテルには一般に後者が使われる。

●シングル
酒の分量を表す単位で「1シングル＝30mℓ」。「1オンス」「ワンフィンガー」「ワンショット」もほぼ同量(→ダブル)。

●ジンジャーエール
ショウガの香味をつけた炭酸飲料。

●スコッチ・ウィスキー
イギリス・スコットランド地方で産するウィスキーの総称。大麦麦芽のみを原料とした「モルト・ウィスキー」、トウモロコシ、ライ麦などを原料とした「グレーン・ウィスキー」、モルト・ウィスキーとグレーン・ウィスキーをブレンドした「ブレンデッド・ウィスキー」に大別される。

●ステア　→P.227

●スティル・ワイン
スティルとは「静かな」という意味で、無発泡性のワインをさす。ワインのほとんどはこのタイプに属し、カクテルに使うなら軽い飲み口のタイプを選ぶ。

●スノー・スタイル
グラスの縁をレモンなどで湿らせ、塩や砂糖をつけるカクテルの技法(P.229)。

●スパークリング・ワイン
「泡立つワイン」という意味で「発泡性ワイン」とも呼ばれる。フランスのシャンパーニュ地方でつくられる「シャンパン」が有名で、フランスのその他の地域には「クレマン」、「ヴァン・ムスー」などがある。イタリアには「スプマンテ」、スペインには「エスプモーソ(カバ)」、ドイツには「シャウムヴァイン(ゼクト)」などがある。

●スピリッツ　→蒸留酒

●ソーダ
炭酸ガスを含んだ水(ソーダ水、炭酸水とも)。味のついていない「プレーン・ソーダ」が一般的。

た

●ダッシュ(dash)
1ダッシュはビターズ・ボトルをひと振りした量(4～6滴＝約1mℓ)。

●ダブル
酒の分量を表す単位でシングル(30mℓ)の倍「60mℓ」。ツゥーフィンガーもほぼ同量(→シングル)。

●タンブラー　→P.222

●デイジー・スタイル　→P.43

●チナール
アーティーチョークをベースに13種類のハーブを加えたイタリア産の薬草・香草系リキュール。

●チェイサー
アルコール度数の高い酒を飲んだあとで口直しに飲む水や炭酸水(追い水)のこと。

●チェリー・ブランデー
日本やイギリスでは「チェリー・リキュール」のことを総じてこう呼ぶ。

●テキーラ
アロエに似た竜舌蘭の一種「アガベ・アスル」を原材料とするメキシコ原産の蒸留酒。ハリスコ州とその周辺の特定地域で生産されたものだけが「テキーラ」と名乗ることが許される。樽熟成の期間によりクラスがあり、0～2ヶ月未満のものを「ブランコ(またはシルバー、プラタとも)」、2ヶ月～1年未満を「レポサド」、1～3年未満を「アネホ(アニェホ)」、3年以上を「エクストラ・アネホ(アニェホ)」と呼ぶ(P.141)。

●トニックウォーター
炭酸水に香草類や柑橘類の果皮から抽出されたエキス、さらに糖分を加えて調整した炭酸飲料。

●トディー・スタイル　→P.43

●ドライ
辛口という意味。「ベリー・ドライ」「エクストラ・ドライ」といえば、さらに辛口。

●ドロップ(drop)
分量の単位。1 dropはビターズ・ボトルから1滴分。

●トロピカル・カクテル
ラムやテキーラなどの蒸留酒と、パイナップルやオレンジなど熱帯地方名産のフルーツやジュースを使ってつくる南国風カクテルの総称。

な

●ナイトキャップ
寝る前に飲む酒のことで、いわゆる寝酒。

●ナッツ・種子系リキュール
アマレットやカルーアに代表される果実の種子、核、ナッツ類などを原料にしたリキュール。どれも濃厚な香味が特徴で、デザート感覚で食後酒として飲まれることも(P.149)。

は

●ハーフ・アンド・ハーフ
2種類の酒を同量ずつ混ぜ合わせてつくるカクテルのこと。

●ハーブ系リキュール
カンパリやシャルトリューズに代表される薬草・香草系が原料のリキュール。中世の修道院で薬酒としてつくられていたものなどもあり、すべてのリキュールの原形といわれる。歴史のある重要なリキュールも多い(P.148)。

●バーボン・ウィスキー
主にアメリカ・ケンタッキー州を中心に生産されるウィスキーの一種。原料の半分以上がトウモロコシで、そのほかライ麦、大麦、小麦などを使用。

●バイオレット・リキュール
パルフェタムール(P.148)のこと。

●ハイボール・スタイル　→P.42

●バック・スタイル　→P.42

●ピール
柑橘類の皮の小片のこと。レモンピールはレモンの皮、オレンジピールはオレンジの皮。カクテルに香りづけをするテクニックで、指先で折ってグラスの上から香味成分(オイル)をしぼりかける(P.229)。

●ビターズ
ハーブを原料とした苦味や香りの強い飲料でリキュールの一種(本書では「香りづけ」の材料に分類)。アンゴスチュラ・ビターズやオレンジ・ビターズなどが香りづけに用いられる(P.149)。

●ビルド　→P.225

●フィズ・スタイル　→P.43

●プース・カフェ
何種類かのスピリッツやリキュールなどの材料を混ざらないように積み重ねるカクテル・スタイルの一つ。

●フラッペ・スタイル　→P.43

●ブランデー
果実酒からつくった蒸留酒の総称。単にブランデーというとブドウを原料にしたグレープ・ブランデーをさし、中でもフランスの「コニャック」と「アルマニャック」は世界的に知られる。リンゴが原料のアップル・ブランデー、サクランボが原料のチェリー・ブランデーなどがある(P.143)。

●フルーツ系リキュール
オレンジ、アプリコット、カシスなどに代表される果実類が原料のリキュール(P.147)。

●プルーフ
アルコール含有量を表す単位で「アメリカ式」と「イギリス式」がある。近年一般に使われるアメリカン・プルーフは、日本のアルコール度数の2倍の計算になる(40度＝80プルーフ)。

●フレーバード・ワイン
ワインをベースに香草類、果実、ハチミツなどの香味を加え、風味に変化をつけたもの。「ベルモット」、「デュボネ」、「サングリア」などが代表的。カクテルではとくにベルモットが重要で、辛口の「ドライ・ベルモット」と甘口の「スイート・ベルモット」があり、イタリアとフランスが二大生産地(P.145)。

●ブレンダー
「バー・ブレンダー」「ミキサー」ともいう。「フローズン・スタイル」のカクテルをつくるための電動器具(P.221)。

●ブレンド　→P.228

●フローズン・スタイル　→P.43

●フロート
「浮かべる」という意味で、2種類の比重の違う液体を混ぜ合わせないように注ぐロング・ドリンクのスタイルの一つ(P.229)。

●ベース
カクテルをつくる上で主体となる酒のこと。「ベース酒」とも。

●ペストル
グラスの中でミントの葉やフルーツをつぶすときに使う棒状の道具。プラスティック、木製、ステンレス製がある(P.221)。

●ベルモット
ワインをベースに香草類や果実などで風味をつけた「フレーバード・ワイン」のこと(P.145)。

●ホワイト・キュラソー　→キュラソー

ま

●マラスキーノ
マラスカ種のサクランボを原料とした果実系リキュール。

●マラスキーノチェリー
種を抜いてマラスキーノ(リキュールの一種)に漬け込み着色したチェリーのこと。カクテルの飾りとして使われ、赤色の「レッドチェリー」、緑色の「ミントチェリー」がある。

●メジャー・カップ
カクテルをつくるときに欠かせない液体材料を計る器具。大小それぞれ45mℓと30mℓのカップが背中合わせになっているものが一般的(P.220)。

ら

●ライ・ウィスキー
ライ麦を主原料とするウィスキー。

●ラム
サトウキビの糖蜜や絞り汁を原料につくられる蒸留酒。製法により3つに分類され、砂糖をつくるときに取り除く糖蜜を原料にした伝統的なタイプ「トラディショナル」が主流。サトウキビジュース100%が原料の「アグリコール」、サトウキビジュース100%をシロップ化した原料でつくる「ハイテストモラセス」がある。また、樽熟成させていない無色透明のラムを「ホワイト・ラム」、3年未満の樽熟成したものを「ゴールド・ラム」、3年以上熟成させたものを「ダーク・ラム」と呼ぶ(P.140)。

●リキュール
蒸留酒(スピリッツ)にフルーツや薬草などのフレーバーを加え、別の味わいと香り、色みを持たせた酒の総称。「混成酒」ともいう。一般に、原料により「フルーツ系」「ハーブ系」「ナッツ・種子系」「その他」の4つのカテゴリーに分けられる(P.146)。

●リッキー・スタイル　→P.43

●レシピ
カクテルの材料や分量、調合方法などを解説したつくり方のこと。もとは薬の処方箋の意味。

●ロング・ドリンク
タンブラーやコリンズグラスなどの大きめのグラスでつくられ、ゆっくりと時間をかけて飲むカクテルのこと。「ロング・カクテル」とも呼ばれる。

わ

●ワイン
主としてブドウの果汁を原料とする醸造酒のこと。製造法で分類すると、「赤ワイン・白ワイン・ロゼワイン」など無発泡性の「スティル・ワイン」、シャンパンに代表される「スパークリング・ワイン(発泡性ワイン)」、ベルモットに代表される「フレーバード・ワイン」、発酵途中または発酵後にブランデーなどのアルコールを添加した「酒精強化ワイン」に分けられる(P.144)。

●ワイン・クーラー
ワインを冷やすために氷を入れて使う容器。「ワイン・クーラー(P.203)」という名のカクテルもある。

協力先一覧(50音順)

[撮影協力]
◉東洋佐々木ガラス株式会社
東京都中央区日本橋馬喰町 2-1-3
☎ 03-3663-1140

[写真協力]
◉アサヒビール株式会社
0120-011-121(お客様相談室)

◉株式会社ウィスク・イー
☎ 03-3863-1501

◉キリンビール株式会社
0120-111-560(お客様相談室)

◉サントリーホールディングス株式会社
0120-139-310(お客様センター)

◉ジャパンインポートシステム株式会社
☎ 03-3516-0311

◉ディアジオ ジャパン株式会社
0120-014-969(お客様センター)

◉バカルディ ジャパン株式会社
☎ 03-5843-0660

◉ペルノ・リカール・ジャパン株式会社
☎ 03-5802-2756(お客様相談室)

◉ユニオンリカーズ株式会社
☎ 03-5510-2684

◉レミー コアントロー ジャパン株式会社
☎ 03-6441-3025

◉ CT Spirits Japan 株式会社
☎ 03-5856-5815

◉ MHD モエ ヘネシー ディアジオ株式会社
☎ 03-5217-9731

ひと目でわかる
カクテル材料早見表

※表内の数字で単位のないものはすべて「mℓ」。

■分類
▼＝ショート・ドリンク／□＝ロング・ドリンク
■ベース
G＝ドライ・ジン／V＝ウォッカ／R＝ラム／T＝テキーラ
W＝ウィスキー／B＝ブランデー／L＝リキュール／ワ＝ワイン
ビ＝ビール／N＝ノンアルコール・カクテル

ジン・ベース

カクテル名	分類	テクニック	ベース	リキュール・酒類
アースクェイク	▼	シェーク	G20	W20／ペルノ20
アイデアル	▼	シェーク	G40	Dベルモット20／マラスキーノ3dashes
青い珊瑚礁	▼	シェーク	G40	Gペパーミント20
アビエイション	▼	シェーク	G45	マラスキーノ1tsp
アベイ	▼	シェーク	G40	—
アペタイザー	▼	シェーク	G30	デュボネ15
アラウンド・ザ・ワールド	▼	シェーク	G40	Gペパーミント10
アラスカ	▼	シェーク	G45	シャルトリューズ(J)15
アレキサンダーズ・シスター	▼	シェーク	G30	Gペパーミント15
エイジアン・ウェイ	□	シェーク	G40	バイオレットL20
エメラルド・クーラー	□	シェーク	G30	Gペパーミント15
オレンジ・フィズ	□	シェーク	G45	—
オレンジ・ブロッサム	▼	シェーク	G40	—
カジノ	▼	ステア	G60	マラスキーノ2dashes
カルーソー	▼	ステア	G30	Dベルモット15／Gペパーミント15
キウイ・マティーニ	▼	シェーク	G45	—
キッス・イン・ザ・ダーク	▼	シェーク	G30	チェリーB30／Dベルモット1tsp
ギブソン	▼	ステア	G50	Dベルモット10
ギムレット	▼	シェーク	G45	—
クラリッジ	▼	シェーク	G20	Dベルモット20／アプリコットB10／コアントロー10
グリーン・アラスカ	▼	シェーク	G45	シャルトリューズ(V)15
クローバー・クラブ	▼	シェーク	G36	—
ゴールデン・スクリュー	□	ビルド	G40	—
ゴールデン・フィズ	□	シェーク	G45	—
ザザ	▼	ステア	G30	デュボネ30
サファイアン・クール	▼	シェーク	G25	コアントロー15／Bキュラソー1tsp
ジェームズ・ボンド・マティーニ	▼	シェーク	G40	V10／リレ・ブラン10
シティ・コーラル	▼	シェーク	G20	メロンL20／Bキュラソー1tsp
シルバー・フィズ	□	シェーク	G45	—
ジン・アップル	□	ビルド	G30〜45	—
ジン・アンド・イット	▼	ビルド	G30	Sベルモット30
ジン・カクテル	▼	ステア	G60	—
ジン・サワー	▼	シェーク	G45	—
ジン・スリング	□	ビルド	G45	—
ジン・デイジー	□	ビルド	G45	—
ジン・トニック	□	ビルド	G45	—
ジン・バック	□	ビルド	G45	—
ジン・ビターズ	□	ビルド	G60	—
ジン・フィズ	□	ビルド	G45	—
ジン・フィックス	□	ビルド	G45	—
ジン・ライム	□	ビルド	G45	——
ジン・リッキー	□	ビルド	G45	
シンガポール・スリング	□	シェーク	G45	チェリーB20
ストロベリー・マティーニ	▼	シェーク	G45	—
スプリング・オペラ	▼	シェーク	G40	ジャポネ桜10／ピーチL10
スプリング・フィーリング	▼	シェーク	G30	シャルトリューズ(V)15
スモーキー・マティーニ	▼	ステア	G50	モルト・ウィスキー10
セブンス・ヘブン	▼	シェーク	G48	マラスキーノ12
タンカレー・フォレスト	▼	シェーク	G20	メロンL10
タンゴ	▼	シェーク	G24	Dベルモット12／Sベルモット12／Oキュラソー12
テキサス・フィズ	□	シェーク	G45	—
トム・コリンズ	□	シェーク	G45	—

■リキュール・酒類　アプリコットB＝アプリコット・ブランデー／チェリーB＝チェリー・ブランデー／Gペパーミント＝グリーン・ペパーミント／Wペパーミント＝ホワイト・ペパーミント／Bキュラソー＝ブルー・キュラソー／Oキュラソー＝オレンジ・キュラソー／Wキュラソー＝ホワイト・キュラソー／Cカシス＝クレーム・ド・カシス／シャルトリューズ(J)＝シャルトリューズ(ジョーヌ)／シャルトリューズ(V)＝シャルトリューズ(ヴェール)／Dベルモット＝ドライ・ベルモット／Sベルモット＝スイート・ベルモット
■甘味類・香りづけ・その他　Gシロップ＝グレナデンシロップ／Sシロップ＝シュガーシロップ／Aビターズ＝アンゴスチュラ・ビターズ／Oビターズ＝オレンジ・ビターズ／Mチェリー＝マラスキーノチェリー

ジュース系	甘味類・香りづけ	炭酸系	その他	度数	テイスト	ページ
—	—	—	—	40	辛	56
グレープフルーツ1tsp	—	—	—	30	中	57
—	—	—	レモン(リンス用)／Mチェリー／ミントの葉	33	中	57
レモン15	—	—	—	30	辛	57
オレンジ20	Oビターズ1dash	—	Mチェリー	28	中	58
オレンジ15	—	—	—	24	中	58
パイナップル10	—	—	ミントチェリー	30	中	58
—	—	—	—	40	中	59
—	—	—	生クリーム15	25	甘	59
—	—	—	レモンの皮少々	30	中	60
レモン15	Sシロップ1tsp	ソーダ適量	Mチェリー	7	中	60
オレンジ20／レモン15	Sシロップ1tsp	ソーダ適量	—	14	中	60
オレンジ20	—	—	—	24	中	61
レモン2dashes	Oビターズ2dashes	—	オリーブ	40	辛	61
—	—	—	—	29	中	61
—	Sシロップ½〜1tsp	—	キウイ½個	25	中	62
—	—	—	—	39	中	62
—	—	—	パールオニオン	36	辛	62
ライム(コーディアル)15	—	—	—	30	中	63
—	—	—	—	28	中	63
—	—	—	—	39	辛	63
ライム(レモン)12	Gシロップ12	—	卵白1個分	17	中	64
オレンジ100〜120	Aビターズ1dash	—	Sオレンジ	10	中	64
レモン20	Sシロップ1〜2tsp	ソーダ適量	卵黄1個分	12	中	64
—	Aビターズ1dash	—	—	27	中	65
グレープフルーツ15	—	—	レモンピール	39	中	65
—	—	—	レモンピール	36	辛	65
グレープフルーツ20	—	Tウォーター適量	—	9	中	66
レモン20	Sシロップ1〜2tsp	ソーダ適量	卵白1個分	12	中	66
アップル適量	—	—	—	15	中	67
—	—	—	—	36	中	67
—	Oビターズ2dashes	—	レモンピール	40	辛	67
レモン20	Sシロップ1tsp	—	Mチェリー／Sレモン	24	中	68
—	砂糖1tsp	冷水(ソーダ)適量	—	14	中	68
レモン20	Gシロップ2tsp	—	Sレモン／ミントの葉	22	中	68
—	—	Tウォーター適量	カットライム(カットレモン)	14	中	69
レモン20	—	ジンジャーエール適量	Sレモン	14	中	69
—	Aビターズ2〜3dashes	—	—	40	辛	69
レモン20	Sシロップ1〜2tsp	ソーダ適量	カットレモン／Mチェリー	14	中	70
レモン20	Sシロップ2tsp	—	Sライム	28	中	70
ライム(コーディアル)15	—	—	—	30	中	70
—	—	ソーダ適量	生ライム½個	14	辛	71
レモン20	—	ソーダ適量	Sレモン／Sオレンジ／Mチェリー	17	中	71
—	Sシロップ½〜1tsp	—	フレッシュ・ストロベリー3〜4個	25	中	71
レモン1tsp／オレンジ2tsp	—	—	ミントチェリー	32	中	72
レモン15	—	—	—	32	中	72
—	—	—	レモンピール	40	辛	73
グレープフルーツ1tsp	—	—	ミントチェリー	38	中	73
グレープフルーツ25／レモン5	Aビターズ1dash	—	ミントの葉	16	中	73
オレンジ2dashes	—	—	—	27	中	74
オレンジ20	砂糖(Sシロップ)1〜2tsp	ソーダ適量	Sライム／ミントチェリー	14	中	74
レモン20	Sシロップ1〜2tsp	ソーダ適量	Sレモン／Mチェリー	16	中	74

	カクテル名	分類	テクニック	ベース	リキュール・酒類
ジン・ベース	ニッキーズ・フィズ	□	シェーク	G30	—
	ニンジャ・タートル	□	ビルド	G45	Bキュラソー15
	ネグローニ	□	ビルド	G30	カンパリ30／Sベルモット30
	ノック・アウト	▼	シェーク	G20	Dベルモット20／ペルノ20／Wペパーミント1tsp
	バーテンダー	▼	ステア	G15	Dシェリー15／Dベルモット15／デュボネ15／グラン・マルニエ1tsp
	バミューダ・ローズ	▼	シェーク	G40	アプリコットB20
	パラダイス	▼	シェーク	G30	アプリコットB15
	パリジャン	▼	シェーク	G20	Dベルモット20／クレーム・ド・カシス20
	ハワイアン	▼	シェーク	G30	Oキュラソー1tsp
	ビジュー	▼	ステア	G20	Sベルモット20／シャルトリューズ(V)20／Oビターズ1dash
	ピュア・ラブ	□	シェーク	G30	フランボワーズL15
	ビューティ・スポット	▼	シェーク	G30	Dベルモット15／Sベルモット15
	ピンク・ジン	▼	ステア	G60	—
	ピンクレディ	▼	シェーク	G45	—
	ブラッディ・サム	□	ビルド	G45	—
	プリンセス・メアリー	▼	シェーク	G20	カカオL(ブラウン)20
	ブルー・ムーン	▼	シェーク	G30	バイオレットL15
	ブルドック・ハイボール	□	ビルド	G45	—
	フレンチ75	□	シェーク	G45	—
	ブロンクス	▼	シェーク	G30	Dベルモット10／Sベルモット10
	ホノルル	▼	シェーク	G60	—
	ホワイト・ウイングス	▼	シェーク	G40	Wペパーミント20
	ホワイト・リリー	▼	ステア	G20	ラム(ホワイト)20／Wキュラソー20／ペルノ1dash
	ホワイト・レディ	▼	シェーク	G30	コアントロー15
	ホワイト・ローズ	▼	シェーク	G45	マラスキーノ15
	マグノリア・ブロッサム	▼	シェーク	G30	—
	マティーニ	▼	ステア	G45	Dベルモット15
	マティーニ(スイート)	▼	ステア	G40	Sベルモット20
	マティーニ(ドライ)	▼	ステア	G48	Dベルモット12
	マティーニ(ミディアム)	▼	ステア	G40	Dベルモット10／Sベルモット10
	マティーニ・オン・ザ・ロック	□	ステア	G45	Dベルモット15
	マリオネット	▼	シェーク	G20	アマレット10
	ミリオン・ダラー	▼	シェーク	G45	Sベルモット15
	メリー・ウィドウ	▼	ステア	G30	Dベルモット30／ベネディクティン1dash／ペルノ1dash
	メロン・スペシャル	▼	シェーク	G30	メロンL15
	ヨコハマ	▼	シェーク	G20	ウォッカ10／ペルノ1dash
	レディ80	▼	シェーク	G30	アプリコットB15
	ロイヤル・フィズ	□	シェーク	G45	—
	ロング・アイランド・アイス・ティー	□	ビルド	G15	V15／R(W)15／T15／Wキュラソー2tsp
ウォッカ・ベース	アンジェロ	▼	シェーク	V30	ガリアーノ10／サザン・カンフォート10
	イースト・ウィング	▼	シェーク	V40	チェリーB15／カンパリ5
	インプレッション	▼	シェーク	V20	ピーチL10／アプリコットB10
	ヴァヒネ	▼	シェーク	V30	チェリーB45
	ウォッカ・アイスバーグ	□	ビルド	V60	ペルノ1dash
	ウォッカ・アップル	□	ビルド	V30～45	—
	ウォッカ・アンド・ミドリ	□	ビルド	V45	ミドリ(メロンL)15
	ウォッカ・ギブソン	▼	ステア	V50	Dベルモット10
	ウォッカ・ギムレット	▼	シェーク	V45	—
	ウォッカ・ソーダ	□	ビルド	V45	—
	ウォッカ・トニック	□	ビルド	V45	—
	ウォッカ・マティーニ	▼	ステア	V45	Dベルモット15
	ウォッカ・ライム	□	ビルド	V45	—
	ウォッカ・リッキー	□	ビルド	V45	—
	カイピロスカ	□	ビルド	V30～45	—
	カミカゼ	□	シェーク	V45	Wキュラソー1tsp
	ガルフ・ストリーム	□	シェーク	V15	ピーチL15／Bキュラソー1tsp
	キッス・オブ・ファイヤー	▼	シェーク	V20	スロー・ジン20／Dベルモット20
	グランプリ	▼	シェーク	V30	Dベルモット25／コアントロー5

ジュース系	甘味類・香りづけ	炭酸系	その他	度数	テイスト	ページ
グレープフルーツ30	Sシロップ1tsp	ソーダ適量	Sレモン	10	中	75
オレンジ適量	—	—	Sレモン	14	中	75
—	—	—	Sオレンジ	25	中	75
—	—	—	—	30	辛	76
—	—	—	—	22	中	76
—	Gシロップ2dashes	—	—	35	中	76
オレンジ15	—	—	—	25	中	77
—	—	—	—	24	中	77
オレンジ30	—	—	—	20	中	77
—	—	—	Mチェリー／レモンピール	33	中	78
ライム15	—	ジンジャーエール適量	Sライム	5	中	78
オレンジ1tsp	Gシロップ½tsp	—	—	26	中	78
—	Aビターズ2〜3dashes	—	—	40	辛	79
レモン1tsp	Gシロップ20	—	卵白1個分	20	中	79
トマト適量	—	—	カットレモン	12	辛	79
—	—	—	生クリーム20	20	甘	80
レモン15	—	—	—	30	中	80
オレンジ30	—	ジンジャーエール適量	—	14	中	80
レモン20	砂糖1tsp	シャンパン適量	—	18	中	81
オレンジ10	—	—	—	25	中	81
オレンジ1tsp／パイナップル1tsp／レモン1tsp	Sシロップ1tsp／Aビターズ1dash	—	カットパイン／Mチェリー	35	中	81
—	—	—	—	32	中	82
—	—	—	—	35	中	82
レモンジ15	—	—	—	29	中	82
オレンジ15／レモン15	—	—	卵白1個分	20	中	83
レモン15	Gシロップ1dash	—	生クリーム15	20	中	83
—	—	—	レモンピール／オリーブ	34	辛	83
—	—	—	Mチェリー	32	中	84
—	—	—	レモンピール／オリーブ	35	辛	84
—	—	—	オリーブ	30	中	84
—	—	—	オリーブ／レモンピール	35	辛	85
グレープフルーツ30	Gシロップ1tsp	—	オレンジピール	22	中	85
パイナップル15	Gシロップ1tsp	—	卵白1個分	18	中	85
—	Aビターズ1dash	—	レモンピール	25	辛	86
ライム15	Oビターズ1dash	—	ミントチェリー／レモンピール	24	中	86
オレンジ20	Gシロップ10	—	—	18	中	86
パイナップル15	Gシロップ2tsp	—	—	26	甘	87
レモン15	Sシロップ2tsp	ソーダ適量	卵(小)1個	12	中	87
レモン30	Sシロップ1tsp	コーラ40	Sレモン／Sライム／Mチェリー	19	中	87
オレンジ45／パイナップル45	—	—	—	12	中	88
—	—	—	—	22	中	89
アップル20	—	—	—	27	中	89
パイナップル60／レモン10	—	—	ココナッツ・ミルク20／カットパイン	20	中	89
—	—	—	—	38	辛	90
アップル適量	—	—	Sライム	15	中	90
—	—	—	—	30	甘	90
—	—	—	パールオニオン	30	辛	91
ライム15	Sシロップ1tsp	—	—	30	中	91
—	—	ソーダ適量	Sレモン	14	辛	91
—	—	Tウォーター適量	Sレモン	14	中	92
—	—	—	オリーブ／レモンピール	31	辛	92
ライム(コーディアル)15	—	—	—	30	中	92
生ライム½個	—	ソーダ適量	—	14	辛	93
ライム½〜1個分	砂糖(Sシロップ)1〜2tsp	—	—	28	中	93
ライム15	—	—	—	27	辛	93
グレープフルーツ20／パイナップル5	—	—	—	19	中	94
レモン2dashes	—	—	砂糖(スノー・スタイル)	26	中	94
レモン1tsp	Gシロップ1tsp	—	—	28	中	95

	カクテル名	分類	テクニック	ベース	リキュール・酒類
ウォッカ・ベース	グリーン・ファンタジー	▼	シェーク	V25	Dベルモット25／メロンL10
	グレイハウンド	□	ビルド	V45	—
	ケープ・コッダー	□	シェーク	V45	—
	コザック	▼	シェーク	V24	B24
	コスモポリタン	▼	シェーク	V30	Wキュラソー10
	ゴッドマザー	□	ビルド	V45	アマレット15
	コロニー	▼	シェーク	V20	サザン・カンフォート20
	シー・ブリーズ	□	ビルド	V30	—
	ジプシー	▼	シェーク	V48	ベネディクティン12
	スクリュードライバー	□	ビルド	V45	—
	スレッジ・ハンマー	▼	シェーク	V50	—
	セックス・オン・ザ・ビーチ	□	ビルド	V15	メロンL20／フランボワーズL10
	ソルティ・ドッグ	□	ビルド	V45	—
	チチ	□	シェーク	V30	—
	ツァリーヌ	▼	ステア	V30	Dベルモット15／アプリコットB15
	テイク・ファイブ	▼	シェーク	V30	シャルトリューズ(V)15
	バーバラ	▼	シェーク	V30	カカオL(ブラウン)15
	ハーベイ・ウォールバンガー	□	ビルド	V45	ガリアーノ2tsp
	バカラ	▼	シェーク	V30	T15／Wキュラソー15／Bキュラソー1tsp
	バラライカ	▼	シェーク	V30	Wキュラソー15
	ファンキー・グラスホッパー	▼	ステア	V20	Gペパーミント20／カカオL(ホワイト)20
	ブラック・ルシアン	□	ビルド	V40	コーヒーL20
	ブラッディ・ブル	□	ビルド	V45	—
	ブラッディ・メアリー	□	ビルド	V45	—
	プラム・スクエア	▼	シェーク	V40	スロー・ジン10
	フランボワーズ・サワー	▼	シェーク	V30	フランボワーズL15／Bキュラソー1dash
	ブル・ショット	□	ビルド	V45	—
	ブルー・ラグーン	▼	シェーク	V30	Bキュラソー20
	ボルガ	▼	シェーク	V40	—
	ボルガ・ボートマン	▼	シェーク	V20	チェリーB20
	ホワイト・スパイダー	▼	シェーク	V40	Wペパーミント20
	ホワイト・ルシアン	□	ビルド	V40	コーヒーL20
	モスコー・ミュール	□	ビルド	V45	—
	雪国	▼	シェーク	V40	Wキュラソー20
	ルシアン	▼	シェーク	V20	G20／カカオL(ブラウン)20
	ロード・ランナー	▼	シェーク	V30	アマレット15
	ロベルタ	▼	シェーク	V20	Dベルモット20／チェリーB20／カンパリ1dash／バナナL1dash
ラム・ベース	エックス・ワイ・ジィ	▼	シェーク	R(W)30	Wキュラソー15
	エル・プレジデンテ	▼	ステア	R(W)30	Dベルモット15／Oキュラソー15
	キューバ・リバー	□	ビルド	R(W)45	—
	キューバン	▼	シェーク	R(W)35	アプリコットB15
	キングストン	▼	シェーク	R(J)30	Wキュラソー15
	グリーン・アイズ	▼	ブレンド	R(G)30	メロンL25
	グロッグ	□	ビルド	R(D)45	—
	コーラル	▼	シェーク	R(W)30	アプリコットB10
	ゴールデンフレンド	□	シェーク	R(D)20	アマレット20
	ジャマイカ・ジョー	▼	シェーク	R(W)20	ティア・マリア(コーヒーL)20／アドヴォカート20
	シャンハイ	▼	シェーク	R(J)30	ペルノ10
	スカイ・ダイビング	▼	シェーク	R(W)30	Bキュラソー20
	スコーピオン	□	シェーク	R(W)45	B30
	ソノラ	▼	シェーク	R(W)30	アップルB30／アプリコットB2dashes
	ゾンビー	□	シェーク	R(W)20	R(G)20／R(D)20／アプリコットB10
	ダイキリ	▼	シェーク	R(W)45	—
	チャイニーズ	▼	シェーク	R(W)60	Oキュラソー2dashes／マラスキーノ2dashes
	ネバダ	▼	シェーク	R(W)36	—
	パイナップル・フィズ	□	シェーク	R(W)45	—
	バカルディ	▼	シェーク	バカルディR(W)45	—
	ハバナビーチ	▼	シェーク	R(W)30	—

R(W)＝ホワイト・ラム　R(G)＝ゴールド・ラム　R(D)＝ダーク・ラム　R(J)＝ジャマイカ・ラム

ジュース系	甘味類・香りづけ	炭酸系	その他	度数	テイスト	ページ
ライム1tsp	—	—	—	25	中	95
グレープフルーツ適量	—	—	—	13	中	95
クランベリー45	—	—	—	20	中	96
ライム12	Sシロップ1tsp	—	—	30	辛	96
クランベリー10／ライム10	—	—	—	22	中	96
—	—	—	—	34	中	97
ライム20	—	—	—	22	中	97
グレープフルーツ60／クランベリー60	—	—	—	8	中	97
—	Aビターズ1dash	—	—	35	中	98
オレンジ適量	—	—	Sオレンジ	15	中	98
ライム（コーディアル）10	—	—	—	33	辛	98
パイナップル80	—	—	—	10	中	99
グレープフルーツ適量	—	—	塩（スノー・スタイル）	13	中	99
パイナップル80	—	—	ココナッツ・ミルク45／カットパイン／Sオレンジ	7	中	99
—	Aビターズ1dash	—	—	27	中	100
ライム15	—	—	—	25	辛	100
—	—	—	生クリーム15	25	中	100
オレンジ適量	—	—	Sオレンジ	15	中	101
レモン1tsp.	—	—	—	33	中	101
レモン15	—	—	—	25	中	101
—	—	—	—	20	中	102
—	—	—	—	32	中	102
レモン15／トマト適量	—	—	ビーフブイヨン適量／カットレモン／スティックキュウリ	12	辛	102
トマト適量	—	—	カットレモン／スティックセロリ	12	辛	103
ライム10	—	—	—	28	中	103
ライム15	—	—	—	12	中	103
—	—	—	ビーフブイヨン適量／Sライム	15	中	104
レモン20	—	—	Sオレンジ／Mチェリー	22	中	104
ライム10／オレンジ10	Oビターズ1dash／Gシロップ2dashes	—	—	25	中	104
オレンジ20	—	—	—	18	甘	105
—	—	—	—	32	中	105
—	—	—	生クリーム適量	25	甘	105
ライム15	—	ジンジャーエール適量	カットライム	12	中	106
ライム（コーディアル）2tsp	—	—	砂糖（スノー・スタイル）／ミントチェリー	30	中	106
—	—	—	—	33	中	107
—	—	—	ココナッツ・ミルク15／ナツメグ	25	甘	107
—	—	—	—	24	中	107
レモン15	—	—	—	26	中	108
—	Gシロップ1dash	—	—	30	中	109
ライム10	—	コーラ適量	Sライム	12	中	109
ライム10	Gシロップ2tsp	—	—	20	中	109
レモン15	Gシロップ1dash	—	—	23	中	110
パイナップル45／ライム15	—	—	ココナッツ・ミルク15／Sライム	11	中	110
レモン15	角砂糖1個	—	シナモンスティック／クローブ	9	中	111
グレープフルーツ10／レモン10	—	—	—	24	中	111
レモン20	—	コーラ適量	Sレモン	15	中	111
—	Gシロップ1tsp	—	—	25	甘	112
レモン20	Gシロップ2dashes	—	—	20	中	112
ライム10	—	—	—	20	中	113
オレンジ20／レモン20／ライム（コーディアル）15	—	—	Sオレンジ／Mチェリー	25	中	113
レモン1dash	—	—	—	33	辛	113
オレンジ15／パイナップル15／レモン10	Gシロップ5	—	Sオレンジ	19	中	114
ライム15	Sシロップ1tsp	—	—	24	中	114
—	Gシロップ2dashes／Aビターズ1dash	—	レモンピール／Mチェリー	38	中	115
ライム12／グレープフルーツ12	砂糖（Sシロップ）1tsp／Aビターズ1dash	—	—	23	中	115
パイナップル20	Sシロップ1tsp	ソーダ適量	—	15	中	115
ライム15	Gシロップ1tsp	—	—	28	中	116
パイナップル30	Sシロップ1tsp	—	—	17	甘	116

	カクテル名	分類	テクニック	ベース	リキュール・酒類
ラム・ベース	バハマ	▼	シェーク	R(W)20	サザン・カンフォート20／バナナL1dash
	ピニャ・カラーダ	□	シェーク	R(W)30	—
	プラチナ・ブロンド	▼	シェーク	R(W)20	Wキュラソー20
	プランターズ・カクテル	▼	シェーク	R(W)30	—
	プランターズ・パンチ	□	シェーク	R(J)60	Wキュラソー30
	ブルー・ハワイ	□	シェーク	R(W)30	Bキュラソー15
	フローズン・ストロベリー・ダイキリ	▼	ブレンド	R(W)30	Wキュラソー1tsp
	フローズン・ダイキリ	▼	ブレンド	R(W)40	—
	フローズン・バナナ・ダイキリ	▼	ブレンド	R(W)30	バナナL10
	ボストンクーラー	□	シェーク	R(W)45	—
	ホットバタード・ラム	□	ビルド	R(D)45	—
	マイアミ	▼	シェーク	R(W)40	Wペパーミント20
	マイタイ	□	シェーク	R(W)45	Oキュラソー1tsp／R(D)2tsp
	ミリオネーア	▼	シェーク	R(W)15	スロー・ジン15／アプリコットB15
	メアリー・ピックフォード	▼	シェーク	R(W)30	マラスキーノ1dash
	モヒート	□	ビルド	R(G)45	—
	ラム・アンド・パイン	□	ビルド	R(D)45	—
	ラム・カイピリーニャ	□	ビルド	R(W)45	—
	ラム・クーラー	□	シェーク	R(W)45	—
	ラム・コーク	□	ビルド	R30〜45	—
	ラム・コリンズ	□	シェーク	R(D)45	—
	ラム・ジュレップ	□	ビルド	R(W)30	R(D)30
	ラム・ソーダ	□	ビルド	R(D)45	—
	ラム・トニック	□	ビルド	R(G)45	—
	リトル・プリンセス	▼	ステア	R(W)30	Sベルモット30
テキーラ・ベース	アイスブレーカー	□	シェーク	T24	Wキュラソー12
	アンバサダー	□	ビルド	T45	—
	エバー・グリーン	□	シェーク	T30	Gペパーミント15／ガリアーノ10
	エル・ディアブロ	□	ビルド	T30	Cカシス15
	オレンジ・マルガリータ	▼	シェーク	T30	グラン・マルニエ(Oキュラソー)15
	コルコバード	□	シェーク	T30	ドランブイ30／Bキュラソー30
	コンテッサ	▼	シェーク	T30	ライチL10
	シクラメン	▼	シェーク	T30	コアントロー10
	シルク・ストッキング	▼	シェーク	T30	カカオL（ブラウン）15
	ストロー・ハット	□	ビルド	T45	—
	スロー・テキーラ	□	シェーク	T30	スロー・ジン15
	テキーラ・グレープフルーツ	□	ビルド	T45	—
	テキーラ・サンセット	▼	ブレンド	T30	—
	テキーラ・サンライズ	□	ビルド	T45	—
	テキーラ・マティーニ	▼	ステア	T48	Dベルモット12
	テキーラ・マンハッタン	▼	ステア	T45	Sベルモット15
	テコニック	□	ビルド	T45	—
	ピカドール	▼	ステア	T30	コーヒーL30
	ブレイブ・ブル	□	ビルド	T40	コーヒーL20
	フレンチ・カクタス	□	ビルド	T40	コアントロー20
	フローズン・ブルー・マルガリータ	▼	ブレンド	T30	Bキュラソー15
	フローズン・マルガリータ	▼	ブレンド	T30	コアントロー15
	ブロードウェイ・サースト	▼	シェーク	T30	—
	マタドール	□	シェーク	T30	—
	マリア・テレサ	▼	シェーク	T40	—
	マルガリータ	▼	シェーク	T30	Wキュラソー15
	メキシカン	▼	シェーク	T30	—
	メキシコ・ローズ	▼	シェーク	T36	Cカシス12
	メロン・マルガリータ	▼	シェーク	T30	—
	モッキンバード	▼	シェーク	T30	Gペパーミント15
	ライジング・サン	▼	シェーク	T30	シャルトリューズ(J)20／スロー・ジン1tsp
ウイスキー・ベース	アイリッシュ・コーヒー	□	ビルド	アイリッシュW30	—
	アフィニティ	▼	シェーク	スコッチW20	Dベルモット20／Sベルモット20

ジュース系	甘味類・香りづけ	炭酸系	その他	度数	テイスト	ページ
レモン20	—	—	—	24	中	117
パイナップル80	—	—	ココナッツ・ミルク30／カットパイン／ミントチェリー	8	甘	117
—	—	—	生クリーム20	20	中	117
オレンジ30／レモン3dashes	—	—	—	17	中	118
—	砂糖（Sシロップ）1～2tsp	—	Sライム／ミントの葉	35	中	118
パイナップル30／レモン15	—	—	カットパイン／Mチェリー／ミントの葉	14	中	118
ライム10	Sシロップ$\frac{1}{2}$～1tsp	—	フレッシュ・ストロベリー2～3個	7	中	119
ライム10	砂糖（Sシロップ）1tsp	—	ミントの葉	8	中	119
レモン15	Sシロップ1tsp	—	バナナ$\frac{1}{3}$本	7	中	119
レモン20	Sシロップ1tsp	ジンジャーエール適量	—	15	中	120
—	角砂糖1個	—	バター1かけ／熱湯適量	15	中	120
レモン$\frac{1}{2}$tsp	—	—	—	33	中	120
パイナップル2tsp／オレンジ2tsp／レモン1tsp	—	—	カットパイン／Sオレンジ／Mチェリー／ミントチェリー	25	中	121
ライム15	Gシロップ1dash	—	—	25	中	121
パイナップル30	Gシロップ1tsp	—	—	18	甘	122
生ライム$\frac{1}{2}$個	Sシロップ1tsp	—	ミントの葉6～7枚	25	中	122
パイナップル適量	—	—	カットパイン／ミントチェリー	15	中	122
ライム$\frac{1}{2}$～1個分	砂糖（シュガーシロップ）1～2tsp	—	—	28	中	123
ライム20	Gシロップ1tsp	ソーダ適量	—	14	中	123
—	—	—	カットレモン	12	中	123
レモン20	Sシロップ1～2tsp	ソーダ適量	Sレモン	14	中	124
—	砂糖（Sシロップ）2tsp	—	水（Mウォーター）30／ミントの葉4～5枚	25	中	124
—	—	ソーダ適量	Sライム	14	中	125
—	—	Tウォーター適量	カットライム	14	中	125
—	—	—	—	28	中	125
グレープフルーツ24	Gシロップ1tsp	—	—	20	中	126
オレンジ適量	Sシロップ1tsp	—	Sオレンジ／Mチェリー	12	中	127
パイナップル90	—	—	カットパイン／ミントの葉／Mチェリー／ミントチェリー	11	中	127
生ライム$\frac{1}{2}$個	—	ジンジャーエール適量	—	11	中	127
レモン15	—	—	塩（スノー・スタイル）	26	中	128
—	—	ソーダ適量	Sライム	20	中	128
グレープフルーツ20	—	—	—	20	中	129
オレンジ10／レモン10	Gシロップ1tsp	—	レモンピール	26	中	129
—	Gシロップ1tsp	—	生クリーム15／Mチェリー	25	甘	129
トマト適量	—	—	カットレモン	12	辛	130
レモン15	—	—	スティックキュウリ	22	中	130
グレープフルーツ適量	—	—	ミントチェリー	12	中	130
レモン30	Gシロップ1tsp	—	—	5	中	131
オレンジ90	Gシロップ2tsp	—	Sオレンジ	12	中	131
—	—	—	オリーブ／レモンピール	35	辛	132
—	Aビターズ1dash	—	ミントチェリー	34	中	132
—	—	Tウォーター適量	カットライム	12	中	132
—	—	—	レモンピール	35	甘	133
—	—	—	—	32	中	133
—	—	—	—	34	中	133
レモン15	砂糖（Sシロップ）1tsp	—	—	7	中	134
ライム15	砂糖（Sシロップ）1tsp	—	—	7	中	134
オレンジ15／レモン15	砂糖（Sシロップ）1tsp	—	—	20	中	135
パイナップル45／ライム15	—	—	—	15	中	135
ライム20／クランベリー20	—	—	—	20	中	135
ライム15	—	—	—	26	中	136
パイナップル30	Gシロップ1dash	—	—	17	甘	136
レモン12	—	—	—	24	中	136
レモン15	—	—	—	26	中	137
ライム15	—	—	—	25	中	137
ライム（コーディアル）10	Mチェリー	—	Mチェリー	33	中	137
—	砂糖1tsp	—	ホット・コーヒー適量／生クリーム適量	10	中	150
—	Aビターズ2dashes	—	—	20	中	151

	カクテル名	分類	テクニック	ベース	リキュール・酒類
ウィスキー・ベース	アルフォンソ・カポネ	▼	シェーク	バーボンW25	グラン・マルニエ(Oキュラソー)15／メロンL10
	インク・ストリート	▼	シェーク	ライW30	—
	インペリアル・フィズ	□	シェーク	W45	R (W) 15
	ウィスキー・カクテル	▼	ステア	W60	—
	ウィスキー・サワー	▼	シェーク	W45	—
	ウィスキー・トディー	□	ビルド	W45	—
	ウィスキー・ハイボール	□	ビルド	W45	—
	ウィスキー・フロート	□	ビルド	W45	—
	オールド・パル	▼	ステア	ライW20	Dベルモット20／カンパリ20
	オールドファッションド	□	ビルド	ライまたはバーボンW45	—
	オリエンタル	▼	シェーク	ライW24	Sベルモット12／Wキュラソー12
	カウボーイ	▼	シェーク	バーボンW40	—
	カリフォルニア・レモネード	□	シェーク	バーボンW45	—
	キス・ミー・クイック	▼	ステア	スコッチW30	デュボネ20／フランボワーズL10
	クロンダイク・クーラー	□	ビルド	W45	—
	ゴッドファーザー	□	ビルド	W45	アマレット15
	コモドアー	▼	シェーク	ライW45	—
	シャムロック	▼	シェーク	アイリッシュW30	Dベルモット30／シャルトリューズ (V) 3dashes／Gペパーミント3dashes
	ジョン・コリンズ	□	ビルド	W45	—
	スコッチ・キルト	▼	ステア	スコッチW40	ドランブイ20
	ダービー・フィズ	□	シェーク	W45	Oキュラソー1tsp
	チャーチル	▼	シェーク	スコッチW30	コアントロー10／Sベルモット10
	ニューヨーク	▼	シェーク	ライまたはバーボンW45	—
	バーボン・ソーダ	□	ビルド	バーボンW45	—
	バーボン・バック	□	ビルド	バーボンW45	—
	バーボン・ライム	□	ビルド	バーボンW45	—
	ハイハット	▼	シェーク	バーボンW40	チェリーB10
	ハイランド・クーラー	□	シェーク	スコッチW45	—
	ハリケーン	▼	シェーク	W15	G15／Wペパーミント15
	ハンター	▼	シェーク	ライまたはバーボンW45	チェリーB15
	ブルックリン	▼	シェーク	ライW40	Dベルモット20／アメール・ピコン1dash／マラスキーノ1dash
	ホール・イン・ワン	▼	シェーク	W40	Dベルモット20
	ホット・ウィスキー・トディー	□	ビルド	W45	—
	ボビー・バーンズ	▼	ステア	スコッチW40	Sベルモット20／ベネディクティン1tsp
	マイアミ・ビーチ	▼	シェーク	W35	Dベルモット10
	マウンテン	▼	シェーク	ライW45	Dベルモット10／Sベルモット10
	マミー・テイラー	□	ビルド	スコッチW45	—
	マンハッタン	▼	ステア	ライまたはバーボンW45	Sベルモット15
	マンハッタン(ドライ)	▼	ステア	ライまたはバーボンW48	Dベルモット12
	マンハッタン(ミディアム)	▼	ステア	ライまたはバーボンW40	Dベルモット10／Sベルモット10
	ミント・クーラー	□	ビルド	W45	Wペパーミント2〜3dashes
	ミント・ジュレップ	□	ビルド	バーボンW60	—
	モンテカルロ	▼	シェーク	ライW45	ベネディクティン15
	ラスティ・ネイル	□	ビルド	W30	ドランブイ30
	ロブ・ロイ	▼	ステア	スコッチW45	Sベルモット15
ブランデー・ベース	アレキサンダー	▼	シェーク	B30	カカオL(ブラウン)15
	エッグ・サワー	▼	シェーク	B30	Oキュラソー20
	オリンピック	▼	シェーク	B20	Oキュラソー20
	カルヴァドス・カクテル	▼	シェーク	アップルB (カルヴァドス) 20	Wキュラソー10
	キャロル	▼	シェーク	B40	Sベルモット20
	キューバン・カクテル	▼	シェーク	B30	アプリコットB15
	クラシック	▼	シェーク	B30	Oキュラソー10／マラスキーノ10
	コープス・リバイバー	▼	ステア	B30	アップルB15／Sベルモット15
	サイドカー	▼	シェーク	B30	Wキュラソー15
	シカゴ	▼	シェーク	B45	Oキュラソー2dashes
	ジャック・ローズ	▼	シェーク	アップルB30	—
	シャンゼリーゼ	▼	シェーク	B (コニャック) 36	シャルトリューズ(J)12
	スティンガー	▼	シェーク	B40	Wペパーミント20

ジュース系	甘味類・香りづけ	炭酸系	その他	度数	テイスト	ページ
—	—	—	生クリーム10	26	中	151
オレンジ15／レモン15	—	—	—	15	中	151
レモン20	砂糖（Sシロップ）1〜2tsp	ソーダ適量	—	17	中	152
—	Aビターズ1dash／Sシロップ1dash	—	—	37	中	152
レモン20	砂糖（Sシロップ）1tsp	—	Sオレンジ／Mチェリー	23	中	152
—	砂糖（Sシロップ）1tsp	—	水（Mウォーター）適量／Sレモン／Sライム	13	中	153
—	—	ソーダ適量	—	13	辛	153
—	—	—	水（Mウォーター）適量	13	辛	153
—	—	—	—	24	中	154
—	Aビターズ2dashes／角砂糖1個	—	Sオレンジ／Sレモン／Mチェリー	32	中	154
ライム12	—	—	—	25	中	155
—	—	—	生クリーム20	25	中	155
レモン20／ライム10	Gシロップ1tsp／砂糖（Sシロップ）1tsp	ソーダ適量	カットレモン	13	中	155
—	—	—	レモンピール	24	中	156
オレンジ20	—	ジンジャーエール適量	オレンジの皮	15	中	156
—	—	—	—	34	中	157
ライム15	Oビターズ2dashes／Sシロップ1tsp	—	—	26	辛	157
—	—	—	—	27	中	157
レモン20	Sシロップ1〜2tsp	ソーダ適量	Sレモン／Mチェリー	13	中	158
—	Oビターズ2dashes	—	—	36	中	158
レモン1tsp	砂糖（Sシロップ）1tsp	ソーダ適量	卵1個	14	中	158
ライム10	—	—	—	27	中	159
ライム15	Gシロップ$\frac{1}{2}$tsp／砂糖（Sシロップ）1tsp	—	オレンジピール	26	中	159
—	—	ソーダ適量	—	13	辛	160
レモン20	—	ジンジャーエール適量	—	14	中	160
—	—	—	カットライム	30	辛	160
グレープフルーツ10／レモン1tsp	—	—	—	28	中	161
レモン15	Aビターズ2dashes／砂糖（Sシロップ）1tsp	ジンジャーエール適量	—	13	中	161
レモン15	—	—	—	30	中	162
—	—	—	—	33	中	162
—	—	—	—	30	辛	162
レモン2dashes／オレンジ1dash	—	—	—	30	辛	163
—	砂糖（Sシロップ）1tsp	—	熱湯適量／Sレモン／クローブ／シナモンスティック	13	中	163
—	—	—	レモンピール	30	中	163
グレープフルーツ15	—	—	—	28	中	164
レモン10	—	—	卵白1個分	20	中	164
レモン20	—	ジンジャーエール適量	Sライム	13	中	164
—	Aビターズ1dash	—	Mチェリー／レモンピール	32	中	165
	Aビターズ1dash	—	ミントチェリー	35	辛	165
—	Aビターズ1dash	—	Mチェリー	30	中	165
—	—	ソーダ適量	ミントの葉	13	辛	166
—	砂糖（Sシロップ）2tsp	水またはソーダ2tsp	ミントの葉5〜6枚	26	中	166
—	Aビターズ2dashes	—	—	40	中	167
—	—	—	—	36	甘	167
—	Aビターズ1dash	—	Mチェリー／レモンピール	32	中	167
—	—	—	生クリーム15	23	甘	168
レモン20	砂糖（Sシロップ）1tsp	—	卵1個	15	中	169
オレンジ20	—	—	—	26	中	169
オレンジ20	Oビターズ10	—	—	20	中	169
—	—	—	パールオニオン	28	中	170
ライム15	—	—	—	22	中	170
レモン10	—	—	—	26	中	170
—	—	—	—	28	中	171
レモン15	—	—	—	26	中	171
—	Aビターズ1dash	シャンパン適量	—	25	中	171
ライム15	Gシロップ15	—	—	20	中	172
レモン12	Aビターズ1dash	—	—	26	中	172
—	—	—	—	32	中	173

	カクテル名	分類	テクニック	ベース	リキュール・酒類
ブランデー・ベース	スリー・ミラーズ	▼	シェーク	B40	R(W)20
	ダーティー・マザー	□	ビルド	B40	コーヒーL20
	チェリー・ブロッサム	▼	シェーク	B30	チェリーB30／Oキュラソー2dashes
	ドリーム	▼	シェーク	B40	Oキュラソー20／ペルノ1dash
	ニコラシカ	▼	ビルド	B適量	—
	ハーバード	▼	ステア	B30	Sベルモット30
	ハーバード・クーラー	□	シェーク	アップルB45	—
	ハネムーン	▼	シェーク	アップルB20	ベネディクティン20／Oキュラソー3dashes
	ビー・アンド・ビー	▼	ビルド	B30	ベネディクティン30
	ビトウィーン・ザ・シーツ	▼	シェーク	B20	R(W)20／Wキュラソー20
	ブランデー・エッグ・ノッグ	□	シェーク	B30	R(D)15
	ブランデー・カクテル	▼	ステア	B60	Wキュラソー2dashes
	ブランデー・サワー	▼	シェーク	B45	—
	ブランデー・スリング	□	ビルド	B45	—
	ブランデー・フィックス	□	ビルド	B30	チェリーB30
	ブランデー・ミルク・パンチ	□	シェーク	B40	—
	フレンチ・コネクション	□	ビルド	B45	アマレット15
	ホーセズ・ネック	□	ビルド	B45	—
	ホット・ブランデー・エッグ・ノッグ	□	ビルド	B30	R(D)15
	ボンベイ	▼	ステア	B30	Dベルモット15／Sベルモット15／Oキュラソー2dashes／ペルノ1dash
リキュール・ベース	アフター・ディナー	▼	シェーク	アプリコットB24	Oキュラソー24
	アプリコット・クーラー	□	シェーク	アプリコットB45	—
	アメール・ピコン・ハイボール	□	ビルド	アメール・ピコン45	—
	イエロー・パロット	▼	ステア	アプリコットB20	ペルノ20／シャルトリューズ(J)20
	カカオ・フィズ	□	シェーク	カカオL(ブラウン)45	—
	カシス・ウーロン	□	ビルド	Cカシス45	—
	カルーア・ミルク	□	ビルド	カルーア(コーヒーL)30〜45	—
	カンパリ・オレンジ	□	ビルド	カンパリ45	—
	カンパリ・ソーダ	□	ビルド	カンパリ45	—
	キング・ピーター	□	ビルド	チェリーB45	—
	クリスタル・ハーモニー	▼	シェーク	ピーチL40	V10／チェリーB2tsp
	グラスホッパー	▼	シェーク	カカオL(ホワイト)20	Gペパーミント20
	ゴールデン・キャデラック	▼	シェーク	ガリアーノ20	カカオL(ホワイト)20
	ゴールデン・ドリーム	▼	シェーク	ガリアーノ15	Wキュラソー15
	サンジェルマン	▼	シェーク	シャルトリューズ(V)45	—
	シャルトリューズ・トニック	□	ビルド	シャルトリューズ(V)30〜45	—
	スカーレット・オハラ	▼	シェーク	サザン・カンフォート30	—
	スプモーニ	□	ビルド	カンパリ30	—
	スロー・ジン・カクテル	▼	ステア	スロー・ジン30	Dベルモット15／Sベルモット15
	スロー・ジン・フィズ	□	シェーク	スロー・ジン45	—
	チナール・コーラ	□	ビルド	チナール45	—
	チャーリー・チャップリン	□	シェーク	スロー・ジン20	アプリコットB20
	チャイナ・ブルー	□	ビルド	ライチL30	Bキュラソー1tsp
	ディサリータ	▼	シェーク	アマレット30	T15
	ディスカバリー	□	シェーク	エッグL(アドヴォカート)45	—
	ディタ・フェアリー	□	シェーク	ライチL(ディタ)30	R(W)10／Gペパーミント10
	バイオレット・フィズ	□	シェーク	バイオレットL45	—
	バナナ・ブリス	□	ビルド	バナナL30	B30
	バレンシア	▼	シェーク	アプリコットB40	—
	ピコン・カクテル	▼	ステア	アメール・ピコン30	Sベルモット30
	ピンポン	▼	シェーク	スロー・ジン30	バイオレットL30
	ファジー・ネーブル	□	ビルド	ピーチL45	—
	プース・カフェ	□	ビルド	—	メロンL10／Bキュラソー10／シャルトリューズ(J)10／B10
	ブルー・レディ	▼	シェーク	Bキュラソー30	G15
	ブルドッグ	▼	シェーク	チェリーB30	R(W)20
	ベルベット・ハンマー	▼	シェーク	Wキュラソー20	ティア・マリア(コーヒーL)20
	ボッチボール	□	ビルド	アマレット30	—
	ホット・カンパリ	□	ビルド	カンパリ40	—

ジュース系	甘味類・香りづけ	炭酸系	その他	度数	テイスト	ページ
レモン1dash	Gシロップ1tsp	—	—	38	辛	173
—	—	—	—	32	甘	173
レモン2dashes	Gシロップ2dashes	—	—	28	中	174
—	—	—	—	33	中	174
—	砂糖1tsp	—	Sレモン1枚	40	中	174
—	Aビターズ2dashes／Sシロップ1dash	—	—	25	中	175
レモン20	Sシロップ1tsp	ソーダ適量	—	12	中	175
レモン20	—	—	—	25	中	175
—	—	—	—	40	中	176
レモン1tsp	—	—	—	36	中	176
—	砂糖2tsp	—	卵1個／牛乳適量／ナツメグ	12	中	176
—	Aビターズ1dash	—	レモンピール	40	辛	177
レモン20	砂糖(Sシロップ)1tsp	—	Sライム／Mチェリー	23	中	177
レモン20	砂糖(Sシロップ)1tsp	—	Mウォーター適量	14	中	177
レモン20	砂糖(Sシロップ)1tsp	—	Sレモン	25	中	178
—	砂糖(Sシロップ)1tsp	—	牛乳120	13	中	178
—	—	—	—	32	甘	178
—	—	ジンジャーエール適量	—	10	中	179
—	砂糖2tsp	—	卵1個／牛乳適量	15	中	179
—	—	—	—	25	中	179
ライム12	—	—	—	20	甘	180
レモン20	Gシロップ1tsp	ソーダ適量	Sライム／Mチェリー	7	中	181
—	Gシロップ3dashes	ソーダ適量	レモンピール	8	中	181
—	—	—	—	30	甘	181
レモン20	Sシロップ1tsp	ソーダ適量	Sレモン／Mチェリー	8	甘	182
—	—	—	Sレモン	7	中	182
—	—	—	牛乳適量	7	甘	183
オレンジ適量	—	—	Sオレンジ	7	中	183
—	—	ソーダ適量	Sオレンジ	7	中	183
レモン10	—	Tウォーター適量	Sレモン／Mチェリー	8	中	184
グレープフルーツ30	—	シャンパン適量	—	12	甘	184
—	—	—	生クリーム20	14	甘	184
—	—	—	生クリーム20	16	甘	185
オレンジ15	—	—	生クリーム15	16	甘	185
レモン20／グレープフルーツ20	—	—	卵白1個分	20	中	185
—	—	Tウォーター適量	Sライム	5	中	186
クランベリー20／レモン10	—	—	—	15	中	186
グレープフルーツ45	—	Tウォーター適量	カットレモン／ミントチェリー	5	中	186
—	—	—	レモンピール	18	中	187
レモン20	Sシロップ1tsp	ソーダ適量	カットレモン	8	中	187
—	—	コーラ適量	カットレモン	6	甘	187
レモン20	—	—	—	23	甘	188
グレープフルーツ45	—	Tウォーター適量	—	5	中	188
ライム(コーディアル)15	—	—	—	27	中	188
—	—	ジンジャーエール適量	—	7	甘	189
グレープフルーツ10	—	Tウォーター適量	ミントの葉	5	中	189
レモン20	Sシロップ1tsp	ソーダ適量	ミントチェリー	8	甘	189
—	—	—	—	26	甘	190
オレンジ20	Oビターズ4dashes	—	—	14	甘	190
—	—	—	—	17	甘	190
レモン1tsp	—	—	—	29	甘	191
オレンジ適量	—	—	—	8	中	191
—	Gシロップ10	—	—	28	甘	191
レモン15	—	—	卵白1個分	16	中	192
ライム10	—	—	—	25	中	192
—	—	—	生クリーム20	16	甘	192
オレンジ30	—	ソーダ適量	Sオレンジ／Mチェリー	6	中	193
レモン1tsp	ハチミツ1tsp	—	熱湯適量	10	中	193

	カクテル名	分類	テクニック	ベース	リキュール・酒類
リキュール・ベース	ボヘミアン・ドリーム	☐	シェーク	アプリコットB15	—
	ミント・フラッペ	▼	ビルド	Gペパーミント45	—
	メロン・ボール	☐	ビルド	メロンL60	V30
	メロン・ミルク	☐	ビルド	メロンL30〜45	—
	ライチ・グレープフルーツ	☐	ビルド	ライチL45	—
	ルビー・フィズ	☐	シェーク	スロー・ジン45	—
	レット・バトラー	▼	シェーク	サザン・カンフォート20	Oキュラソー20
ワイン&シャンパン・ベース	アディントン	☐	ビルド	Dベルモット30	Sベルモット30
	アドニス	▼	ステア	ドライ・シェリー40	Sベルモット20
	アメリカーノ	☐	ビルド	Sベルモット30	カンパリ30
	アメリカン・レモネード	☐	ビルド	赤ワイン30	—
	キール	▼	ビルド	白ワイン60	Cカシス10
	キール・ロワイヤル	▼	ビルド	シャンパン60	Cカシス10
	グリーン・ランド	☐	ビルド	白ワイン30	メロンL30
	クロンダイク・ハイボール	☐	シェーク	Dベルモット30	Sベルモット30
	シャンパン・カクテル	▼	ビルド	シャンパン1グラス	—
	シンフォニー	▼	ステア	白ワイン30	ピーチL15
	スプリッツァー	☐	ビルド	白ワイン60	—
	ソウル・キッス	▼	シェーク	Dベルモット20	Sベルモット20／デュボネ10
	デュボネ・フィズ	☐	シェーク	デュボネ45	チェリーB1tsp
	バックス・フィズ	☐	ビルド	シャンパン適量	—
	バンブー	▼	ステア	ドライ・シェリー40	Dベルモット20
	ベリーニ	▼	ビルド	スパークリングW適量	—
	ホワイト・ミモザ	▼	ビルド	シャンパン適量	—
	マウント・フジ	▼	シェーク	Sベルモット40	R(W)20
	ミモザ	▼	ビルド	シャンパン適量	—
	ワイン・クーラー	☐	ビルド	ワイン(赤・白・ロゼ)90	Oキュラソー15
	ワイン・フロート	▼	シェーク	赤ワイン30	ライチL10／ピーチL10
ビール・ベース	カンパリ・ビア	☐	ビルド	ビール適量	カンパリ30
	クランベリー・ビア	☐	ビルド	ビール適量	—
	サブマリノ	☐	ビルド	ビール適量	T60
	シャンディー・ガフ	☐	ビルド	ビール(ペールエール)½グラス	—
	ドッグズ・ノーズ	☐	ビルド	ビール適量	G45
	パナシェ	☐	ビルド	ビール½グラス	—
	ビア・スプリッツァー	☐	ビルド	ビール½グラス	白ワイン½グラス
	ピーチ・ビア	☐	ビルド	ビール適量	ピーチL30
	ブラック・ベルベット	☐	ビルド	ビール(スタウト)½グラス	—
	ミント・ビア	☐	ビルド	ビール適量	Gペパーミント15
	レッド・アイ	☐	ビルド	ビール½グラス	—
	レッド・バード	☐	ビルド	ビール適量	V45
焼酎・ベース	泡盛カクテル	▼	シェーク	泡盛20	Wキュラソー20／Gペパーミント1tsp
	泡盛フィズ	☐	シェーク	泡盛45	—
	あんずんちゅ	▼	シェーク	泡盛20	アプリコットB20
	オイソジュ	☐	ビルド	焼酎(甲類)45	—
	黒糖ピニャ	☐	シェーク	黒糖焼酎30	—
	島カイピリーニャ	☐	ビルド	黒糖焼酎45	—
	酎ブルドッグ	☐	ビルド	焼酎(甲類)45	—
	レモン酎ハイ	☐	ビルド	焼酎45	—
ノンアルコール・カクテル	クール・コリンズ	☐	ビルド	—	—
	サラトガ・クーラー	☐	ビルド	—	—
	シャーリー・テンプル	☐	ビルド	—	—
	シンデレラ	▼	シェーク	—	—
	バージン・ブリーズ	☐	シェーク	—	—
	ピーチ・メルバ	☐	シェーク	—	—
	プッシーフット	▼	シェーク	—	—
	フロリダ	▼	シェーク	—	—
	ミルク・セーキ	☐	シェーク	—	—
	レモネード	☐	ビルド	—	—

ジュース系	甘味類・香りづけ	炭酸系	その他	度数	テイスト	ページ
オレンジ30／レモン1tsp	Gシロップ2tsp	ソーダ適量	Sオレンジ／ミントチェリー	18	中	193
—	—	—	ミントの葉	17	甘	194
オレンジ60	—	—	Sオレンジ	19	甘	194
—	—	—	牛乳適量	7	甘	194
グレープフルーツ適量	—	—	ミントチェリー	5	中	195
レモン20	Gシロップ1tsp／砂糖(Sシロップ)1tsp	ソーダ適量	卵白1個分	8	中	195
ライム10／レモン10	—	—	—	25	甘	195
—	—	ソーダ適量	オレンジピール	14	中	196
—	Oビターズ1dash	—	—	16	中	197
—	—	ソーダ適量	レモンピール	7	中	197
レモン40	砂糖(Sシロップ)2〜3tsp	—	Mウォーター適量	3	中	197
—	—	—	—	11	中	198
—	—	—	—	12	中	198
—	—	Tウォーター適量	カットパイン	6	甘	198
レモン20	砂糖(Sシロップ)1tsp	ジンジャーエール適量	Sレモン	7	中	199
—	Aビターズ1dash／角砂糖1個	—	レモンピール	15	中	199
—	Gシロップ1tsp／Sシロップ2tsp	—	—	14	甘	200
—	—	ソーダ適量	—	5	中	200
オレンジ10	—	—	—	13	中	200
オレンジ20／レモン10	—	ソーダ適量	Sオレンジ	7	中	201
オレンジ60	—	—	Sオレンジ／ミントチェリー	8	中	201
—	Oビターズ1dash	—	—	16	辛	201
ピーチ・ネクター60	Gシロップ1dash	—	—	9	甘	202
グレープフルーツ60	—	—	—	7	中	202
レモン2tsp	Oビターズ1dash	—	—	19	中	202
オレンジ60	—	—	—	7	中	203
オレンジ30	Gシロップ15	—	Sオレンジ	12	中	203
パイナップル30／レモン1tsp	—	—	—	12	中	203
—	—	—	—	9	中	204
クランベリー30	Gシロップ1tsp	—	—	4	中	205
—	—	—	—	28	辛	205
—	—	ジンジャーエール½グラス	—	2	中	206
—	—	—	—	11	辛	206
レモネード½グラス	—	—	—	2	中	206
—	—	—	レモンピール	9	中	207
—	Gシロップ1〜2tsp	—	—	7	甘	207
—	—	シャンパン½グラス	—	9	中	208
—	—	—	—	6	甘	208
トマト½グラス	—	—	—	2	辛	209
トマト60	—	—	カットレモン	13	辛	209
パイナップル20／ライム1tsp	—	—	—	15	中	210
レモン20	Sシロップ1tsp	ソーダ適量	Sライム	8	中	211
オレンジ10／レモン10	—	—	—	18	中	211
—	—	ソーダ(Mウォーター)適量	スティックキュウリ3〜4本	10	辛	212
—	—	—	ココナッツ・ミルク30／Sオレンジ／カットパイン／Mチェリー	7	中	212
—	砂糖(Sシロップ)½〜1tsp	—	Sオレンジ1枚／Sライム2枚／Sレモン2枚	20	中	213
グレープフルーツ適量	—	—	Mチェリー／ミントチェリー	9	中	213
—	—	ソーダ適量	カットレモン	10	辛	213
レモン60	Sシロップ1tsp	ソーダ適量	ミントの葉5〜6枚	0	中	214
ライム20	Sシロップ1tsp	ジンジャーエール適量	Sライム	0	中	215
—	Gシロップ 20	ジンジャーエール適量	カットレモン／Mチェリー	0	甘	215
オレンジ20／レモン20／パイナップル20	—	—	Mチェリー／ミントの葉	0	中	216
グレープフルーツ60／クランベリー30	—	—	—	0	中	216
ピーチ・ネクター60／レモン15／ライム15	Gシロップ10	—	—	0	中	217
オレンジ45／レモン15	Gシロップ1tsp	—	卵黄1個分	0	中	217
オレンジ40／レモン20	Aビターズ2dashes／砂糖(Sシロップ)1tsp	—	—	0	中	217
—	砂糖(Sシロップ)1〜2tsp	—	牛乳120〜150／卵1個	0	甘	218
レモン40	砂糖(Sシロップ)2〜3tsp	—	水(Mウォーター)適量／Sレモン	0	中	218

50音順インデックス
INDEX

あ

か

さ

た

な

は

ま

や・ら・わ

編集工房桃庵（へんしゅうこうぼうももあん）

フリーランスのエディター・ライター、吉原信成が主宰する編集プロダクション。書籍、雑誌、広告などの企画、編集制作、執筆、グラフィックデザインを手がける。酒と料理関係の書籍を多く担当し、編集制作を手がけた作品に『冬つまみ』、『おつまみ小鍋』(以上、池田書店)、『珈琲のおさけ』(文友舎)、『バラッツ流！絶品スパイスカレー』(ナツメ社) ほか多数。

カクテル制作	吉原 信成（編集工房桃庵） 櫻庭 基成
本文・カバーデザイン	柳田 尚美（N/Y graphics）
撮影	岡田 圭司（岡田写真事務所）
編集・構成	編集工房桃庵

参考文献

『新版NBAオフィシャル・カクテルブック』（柴田書店）
『リキュールブック』（柴田書店）
『世界の名酒事典』（講談社）
『ラム酒大全』（誠文堂新光社）
『ウイスキー&シングルモルト完全ガイド』（池田書店）

本書は当社既刊のロングセラー「カクテル完全ガイド」に新たな情報を加え、リニューアルしたものです。

改訂版

カクテル完全ガイド
うまいつくり方の方程式

編　著　編集工房桃庵
発行者　池田士文
印刷所　図書印刷株式会社
製本所　図書印刷株式会社
発行所　株式会社池田書店
〒162-0851
東京都新宿区弁天町 43 番地
電話 03-3267-6821（代）
FAX 03-3235-6672

落丁・乱丁はお取り替えいたします。

ISBN 978-4-262-13070-5

[本書内容に関するお問い合わせ]
書名、該当ページを明記の上、郵送、FAX、または当社ホームページお問い合わせフォームからお送りください。なお回答にはお時間がかかる場合がございます。電話によるお問い合わせはお受けしておりません。また本書内容以外のご質問などにもお答えできませんので、あらかじめご了承ください。本書のご感想についても、弊社HPフォームよりお寄せください。

[お問い合わせ・ご感想フォーム]
当社ホームページから
https://www.ikedashoten.co.jp/

21000011